本书受四川省社会科学重点研究基地——地方文化资源保护与开发研究中心重点课题"地域文化视野下的四川德阳方言研究"（17DFWH-004）资助

四川德阳方言语音演化与接触研究

饶冬梅 著

中国社会科学出版社

图书在版编目(CIP)数据

四川德阳方言语音演化与接触研究/饶冬梅著．—北京：中国社会科学出版社，2020.5
ISBN 978-7-5203-0134-3

Ⅰ.①四… Ⅱ.①饶… Ⅲ.①西南官话—方言研究—德阳 Ⅳ.①H172.3

中国版本图书馆 CIP 数据核字（2017）第 074462 号

出 版 人	赵剑英
责任编辑	刘 艳
责任校对	陈 晨
责任印制	戴 宽

出　　版	中国社会科学出版社
社　　址	北京鼓楼西大街甲 158 号
邮　　编	100720
网　　址	http://www.csspw.cn
发 行 部	010-84083685
门 市 部	010-84029450
经　　销	新华书店及其他书店
印　　刷	北京明恒达印务有限公司
装　　订	廊坊市广阳区广增装订厂
版　　次	2020 年 5 月第 1 版
印　　次	2020 年 5 月第 1 次印刷
开　　本	710×1000　1/16
印　　张	17
插　　页	2
字　　数	262 千字
定　　价	96.00 元

凡购买中国社会科学出版社图书，如有质量问题请与本社营销中心联系调换
电话：010-84083683
版权所有　侵权必究

目 录

第一章 绪论 ………………………………………………………… (1)
  第一节 德阳市建制沿革及地理人口概况 ……………………… (1)
    一 德阳市地理人口概况 ………………………………………… (1)
    二 德阳市历史建制沿革 ………………………………………… (3)
  第二节 德阳地区的历史移民与方言互动 ……………………… (7)
    一 德阳地区移民史概述 ………………………………………… (8)
    二 德阳地区的现代工业移民 ………………………………… (21)
    三 外来移民与当地语言的接触及影响 ……………………… (22)
  第三节 德阳方言研究现状及趋势 ……………………………… (33)
    一 前人对四川方言研究的贡献 ……………………………… (33)
    二 前人对德阳方言研究的成果 ……………………………… (37)
    三 德阳方言研究的趋势和不足 ……………………………… (39)
  第四节 本研究的目的、意义、方法 …………………………… (41)
    一 研究目的及意义 …………………………………………… (41)
    二 研究方法 …………………………………………………… (44)
  第五节 方志使用情况、发音合作人简况及书中符号说明 …… (45)
    一 方志使用情况 ……………………………………………… (45)
    二 发音合作人简介 …………………………………………… (46)
    三 特殊符号说明 ……………………………………………… (46)

第二章 德阳市所辖区县方言最新音系调查情况 ……………… (48)
  第一节 旌阳话音系 ……………………………………………… (48)
    一 声母表 ……………………………………………………… (48)

二　韵母表……………………………………………………(49)
　　三　声调表……………………………………………………(51)
　　四　声韵配合表………………………………………………(51)
　　五　本次调查与《四川方言调查报告》数据差异…………(54)
第二节　中江话音系………………………………………………(57)
　　一　声母表……………………………………………………(57)
　　二　韵母表……………………………………………………(58)
　　三　声调表……………………………………………………(59)
　　四　声韵配合表………………………………………………(60)
　　五　本次调查与《四川方言调查报告》数据差异…………(62)
第三节　广汉话音系………………………………………………(64)
　　一　声母表……………………………………………………(64)
　　二　韵母表……………………………………………………(65)
　　三　声调表……………………………………………………(66)
　　四　声韵配合表………………………………………………(67)
　　五　本次调查与《四川方言调查报告》数据差异…………(69)
第四节　什邡话音系………………………………………………(71)
　　一　声母表……………………………………………………(71)
　　二　韵母表……………………………………………………(72)
　　三　声调表……………………………………………………(73)
　　四　声韵配合表………………………………………………(74)
　　五　本次调查数据与《四川方言调查报告》数据差异……(77)
第五节　绵竹话音系………………………………………………(78)
　　一　声母表……………………………………………………(78)
　　二　韵母表……………………………………………………(79)
　　三　声调表……………………………………………………(81)
　　四　声韵配合表………………………………………………(81)
　　五　本次调查与《四川方言调查报告》数据差异…………(84)
第六节　罗江话音系………………………………………………(85)
　　一　声母表……………………………………………………(85)
　　二　韵母表……………………………………………………(86)

三　声调表……………………………………………………(88)
　　四　声韵配合表………………………………………………(88)
　　五　本次调查与《四川方言调查报告》数据差异……………(91)

第三章　各区县方言音韵结构比较……………………………(93)
　第一节　声母结构特征比较……………………………………(93)
　　一　古帮组字今读情况………………………………………(93)
　　二　非晓组今读音的分混……………………………………(94)
　　三　关于泥来母的分混………………………………………(95)
　　四　古影疑母字今读情况……………………………………(95)
　　五　古见系开口二等字今读情况……………………………(101)
　　六　中古知庄章组字今读情况………………………………(102)
　　七　精组字今读情况…………………………………………(104)
　　八　古船禅母今读擦音塞擦音的分混及分布………………(106)
　　九　古日母字今读情况………………………………………(107)
　第二节　韵母结构特征比较……………………………………(107)
　　一　果摄字今读情况…………………………………………(107)
　　二　假摄开口三等精组见系字今读情况……………………(109)
　　三　遇摄一等合口帮端系字今读情况………………………(109)
　　四　咸山摄舒声今读情况……………………………………(110)
　　五　宕江摄舒声今读情况……………………………………(113)
　　六　深臻曾梗摄舒声今读情况………………………………(115)
　　七　咸山摄入声字今读情况…………………………………(118)
　　八　宕江摄入声字今读情况…………………………………(123)
　　九　深臻曾梗摄入声今读情况………………………………(124)
　　十　通摄入声今读情况………………………………………(129)
　　十一　深臻曾梗摄的鼻音韵尾………………………………(131)
　　十二　古明母庄组流摄部分字的鼻音韵尾…………………(132)
　　十三　古端系蟹止山臻摄合口字今读音的开合情况………(133)
　第三节　声调特征比较…………………………………………(136)
　　一　调类比较…………………………………………………(136)

二　调值比较 …………………………………………………… (137)

第四章　德阳方言语音历时演化分析 ……………………………… (138)
第一节　声母的历时演化分析 …………………………………… (138)
　　一　非晓组字的演化 …………………………………………… (138)
　　二　古泥来母字的演化 ………………………………………… (146)
　　三　古疑影母字的历时演化分析 ……………………………… (150)
　　四　舌齿音的分布及演化 ……………………………………… (152)
　　五　全浊塞音、塞擦音声母仄声送气现象分析 ……………… (154)
　　六　全清塞音、塞擦音声母部分读送气现象分析 …………… (157)
第二节　韵母的历史演化分析 …………………………………… (160)
　　一　阴声韵的历史演化 ………………………………………… (160)
　　二　鼻音韵尾的演化 …………………………………………… (164)
　　三　入声韵的历史演化 ………………………………………… (167)
第三节　德阳方言声调研究 ……………………………………… (179)
　　一　德阳境内西南官话声调情况概述 ………………………… (179)
　　二　德阳方言入声演化分析 …………………………………… (180)
　　三　连读音变分析 ……………………………………………… (184)

第五章　从德阳方言与周边方言的比较看语言接触 ……………… (193)
第一节　德阳方言与成都话语音特征比较 ……………………… (193)
　　一　成都话的总体音系特点 …………………………………… (193)
　　二　德阳方言与成都话主要语音特征的比较 ………………… (194)
　　三　德阳方言各点与成都话异同分析 ………………………… (204)
　　四　德阳方言与成都话的接触影响 …………………………… (208)
第二节　德阳方言与南路话语音特征比较 ……………………… (209)
　　一　"南路话"概述 …………………………………………… (209)
　　二　南路话主要语音特点 ……………………………………… (210)
　　三　德阳方言与南路话语音特征比较 ………………………… (211)
　　四　德阳方言各点与南路话主要语音特征异同分析 ………… (224)

第三节　从德阳话、成都话及南路话语音特征的地理
　　　　分布看其语言接触 ………………………………………（227）
第四节　德阳话与周边方言语音特征不同地理分布的
　　　　历史成因 …………………………………………………（230）
　　一　历史移民因素 ………………………………………………（230）
　　二　地理条件因素 ………………………………………………（231）
　　三　建制沿革与行政区划的变动 ………………………………（232）

第六章　从特殊音变看历史移民与方言接触 ……………………（235）
第一节　中江话 x/f 混读现象分析 …………………………………（235）
第二节　从影疑母字演化规律看德阳话与湘赣方言之间的
　　　　历史联系 …………………………………………………（236）
第三节　中江话流摄明母字的演变 …………………………………（239）
第四节　蟹摄字开口二等见系字的流变 ……………………………（241）
第五节　中江话缺少撮口呼现象分析 ………………………………（245）

第七章　结论 ………………………………………………………（249）
第一节　德阳方言音系特征总结 ……………………………………（249）
　　一　德阳方言内部的一致性 ……………………………………（249）
　　二　德阳方言内部的差异性 ……………………………………（250）
第二节　德阳方言的内部结构及层次 ………………………………（250）

参考文献 ……………………………………………………………（253）

后记 …………………………………………………………………（261）

第一章 绪论

第一节 德阳市建制沿革及地理人口概况

方言的分区主要依据语言自身特点来进行，因此方言的分区非行政区域的分区。但方言的形成和发展与使用该方言的人及社会团体有必然联系，跟与当地人生活密切相关的地理环境、建制及历史沿革等也有着密切联系。因为在社会生产和生活中，人们不可能封闭在本群体范围之内，经济文化等方面的基本生活需要，成为不同群体之间人们交流的动力。同时，由于人的活动空间会受自然条件的影响，因而地势平坦、往来便利的地理条件，可以方便群体之间的交流和沟通，群体间的关系也会因此更加密切。另外，行政管辖关系往往以原有的地方群体的联络关系为基础，行政管辖关系的形成，又会促进所辖地区内各群体人们之间的交往。交往频繁的人们，在语言方面互相影响，共有因素自然增加。因此，"自然环境、山川地理、行政区划等因素虽然不能作为区分汉语方言的必备条件，然而作为一种参考因素确是不可忽视的。"[①]

一 德阳市地理人口概况

德阳市从地理位置上看，东北紧靠绵阳，东南毗邻资阳、遂宁两市，西南接壤成都，西北连接阿坝州，是四川省重点建设的九大城市之一。全市幅员面积5911平方千米，总人口约359万，市区人口约73万（2012年数据）。现辖旌阳区、中江县、罗江县、广汉市、绵竹市、什邡市，是全国闻名的新兴工业城市。1983年，德阳经国务院批准为省

---

① 崔荣昌：《四川方言与巴蜀文化》，四川大学出版社1996年版，第31页。

辖地级市，除管辖原德阳县部分区域外，原属绵阳地区的德阳、中江、绵竹三县和原温江地区的广汉、什邡两县也划归德阳市管辖。1996年8月3日，国务院批准撤销原德阳市市中区，设立旌阳区和罗江县。

德阳市境狭长，东西宽约65千米，南北长约162千米，地势西北高东南低。市境包括山脉、丘陵、平原三种不同地形地貌，其中西北部为龙门山脉中段，山地面积1171.87平方千米，占全市总面积的19.68%；中部为成都平原东北部，面积1838.75平方千米，占全市总面积的30.88%；东南部为丘陵地区，面积2943.13平方千米，占全市总面积的49.44%。

旌阳区为德阳市人民政府驻地，是德阳市区规划百万人口大都市的重要区域。东南与中江县毗邻，西连绵竹、什邡两市，西南接广汉市，东北靠罗江县。全区幅员面积约648平方千米，城市人口约73.51万。绵远河以西为平原区，约占全区幅员面积的64.9%；以东为丘陵区，呈环状或脉状起伏，约占全区幅员面积的35.07%。[①]

中江县位于旌阳区东南部，川中丘陵地区西部，东与绵阳市相连。总面积2063平方千米，绝大部分为丘陵地貌，龙泉山脉纵贯境域西部，成为涪江与沱江水系的分水岭，全县人口约143万（2011年数据）。什邡市位于旌阳区西北部，城区至成都市直线距离48千米。全市总人口约42万（2011年数据）。市境位于龙门山脉中段，全县土地总面积约863.77平方千米，境域西北为山，东南为坝，山坝间有少量丘陵，山区丘陵约占总面积的6/10，耕地面积约占总面积的3/10。广汉市位于旌阳区以西，成都平原东北侧，地处龙泉山西麓。全市总人口61万（2008年数据）。县境总面积约538.28平方千米，主要为平原地区。至德阳市区28千米，至成都市区41千米。绵竹市位于旌阳区北部，距旌阳约31千米，全市总人口约52万（2007年数据）。境内西北部为龙门山脉，东南部为成都平原，地势西北高、东南低，由西北至东南逐渐倾斜。山地面积约648.55平方千米，占全市总土地面积的52.08%；平原面积约596.75平方千米，占全市总土地面积的47.92%。罗江县

---

① 地理人口数据来源于四川百科信息网，http://sc.zwbk.org/MyLemmaShow.aspx?lid=1220。

位于德阳市东北角及成都平原的北部，县域呈现西高东低的走势。县政府驻万安镇，面积447.88平方千米，全县总人口约25万（2011年数据）。其中平原面积占县域面积的5.0%，而台地、丘陵面积约占县域面积的95%。

二 德阳市历史建制沿革

游汝杰（2000：56）认为："行政区划和方言区划绝不是一回事，但是历史上长期稳定的行政区划，特别是中国历史上的二级行政区划——府或州对方言区划的形成往往起到显著作用。"周振鹤、游汝杰（1997：65）等指出："这种行政区划制度对全国各地的政治、经济、文化都产生深远的影响。这种影响使得一府（或与府相当的州、郡）或一省（或与省相当的路、州）之内的语言、风俗等文化因素趋向一体化。……因此州（府）属各县与州（府）治之间在政治、经济、文化、交通之间的密切接触，也必然有助于消除各县方言的特殊之处。"[①]德阳地区历史上行政规划变动较为频繁，各区县在历史上建制沿革的变动，如分合拆并等，都可能对当地方言的形成和发展带来深远影响。

1983年德阳设立为地级市，在此之前，德阳境内所辖的各区县在历史上曾划归其他行政区域所辖，几经变动调整，才形成了今天的建制格局。

1. 旌阳区

旌阳区即原德阳市市中区，与罗江县并属原德阳县管辖。汉高祖六年（公元前201年），分秦置之巴、蜀二郡地置广汉郡。广汉郡所辖十三县之一绵竹县，治今旌阳区黄许镇，这是德阳地境置县之始。东汉时，分梓潼县置德阳县，治今江油县小溪坝，是为德阳得名之始。西晋末中原大乱，北方士族及关陇流人大批入蜀，先后建制不少侨郡侨县。到隋朝，改郡为州，以州统县。开皇初，改蜀郡，复置益州。隋炀帝大业三年又罢州改郡。唐高祖回复隋代开皇旧制，不设郡，实行州、县二级制度，《旧唐书·地理志》载："德阳，后周废县，武德三年，分雒置。"即唐武德三年（620年），分雒县、绵竹地置德阳县，隶属益州，

[①] 周振鹤、游汝杰：《方言与中国文化》，上海人民出版社1997年版，第65页。

是今德阳县建置之始。唐垂拱二年（686年），分益州置汉州，德阳县由益州改属汉州。唐天宝年间实行道、府、郡、县制，天宝元年（742年），改汉州为德阳郡，德阳县属德阳郡。唐乾元元年（758年）复置汉州，德阳县属剑南道西川汉州。至宋太祖乾德三年（965年）灭蜀后，以剑南道东西两川之地置西川路，实行路、州、县三级制，德阳县仍置，属西川路汉州。北宋真宗咸平四年（1001年），今四川地区分为益州路、梓州路、夔州路、利州路，总称四川路，路以下设府、州、郡、监，德阳属益州路成都府。明崇祯十七年（1644年），张献忠入川，建立大西政权，德阳县为大西政权所属。清顺治十六年（1659年）八月清兵入成都后，四川始为清王朝所有，同年将罗江并入德阳，隶属成都府。1727年，德阳县改属绵州，1729年复置罗江县。1802年，为加强对四川的统治，在省和府之间增设道，德阳即属成绵龙茂道。1908年，成绵龙茂道改名川西道，德阳属川西道绵州。1935年，国民党派中央军入川，设四川省政府，德阳县隶属第十三行政督察区，区专员公署治地绵阳。中华人民共和国成立后，1950年中央人民政府将四川省划为川东、南、西、北四个行政区，德阳县隶属川西行政公署绵阳专区。1953年合并四个行署成立四川省，德阳县仍隶属绵阳专署。1959年3月罗江与德阳合县。1983年8月建立德阳市，德阳县改隶属德阳市。

2. 罗江县

罗江，作为江名始于隋，作为县名始于唐。明曹学佺《名胜志》载："罗江两水（即汋水、瀍水）相蹙成罗纹，县因以得名。"（嘉庆《罗江县志·建制》）西汉高祖六年（公元前201年），分巴、蜀二郡置广汉郡时，罗江县地属广汉郡、涪县（今绵阳）之犀亭。东汉末，献帝建安十九年（214年），刘备定蜀自称益州牧后，于公元217年分广汉郡置梓潼郡，涪县属益州梓潼郡，罗江县地属涪县。西晋时期置万安县，属梓潼郡。梁改万安县为犀亭县，属巴西梓潼郡，治所在今罗江镇。隋开皇五年（585年），改潼州为绵州，万安县隶属绵州（今绵阳）。唐天宝元年（742年），改万安县为罗江县，隶属巴西郡。元世祖至元十二年（1275年）平蜀，改成都府路为成都路，罗江县隶属成都路绵州。1659年，罗江县省入德阳县。1727年，绵州升为直隶州，以成都府属之绵竹、德阳、安县改隶绵州。1729年，复置罗江县；1769

年，又省罗江入绵州，移州治于罗江；1802年，复置罗江县，还州治于绵州（今绵阳）。1935年，全省设置18个行政督察区，罗江县属第十三行政督察区，区专员公署治地绵阳。中华人民共和国成立后，罗江县隶属川西行政公署绵阳专区。1953年成立四川省建制，罗江县仍隶属绵阳专区。到1959年3月，罗江并入德阳县，罗江县治地改为德阳县罗江镇。1996年复设罗江县。

3. 中江县

据《汉书·地理志》和《后汉书·地理志》载，今中江县境在汉代属广汉郡郪县地，县治在今三台县郪江乡，与今中江县地仅一江之隔。三国蜀汉建置五城县，治所在今中江城东南一千米处，是为建县之始。两晋及南北朝时期，西晋咸宁四年（278年）复置五城县。西晋太康六年（285年）省，七年（286年）再立五城县，属广汉郡。据《宋书》《华阳国志》载："晋沿两汉、三国置郪县，南朝刘宋置五城，南齐改'五城'为'伍城'。南梁省郪县立新州。北周置玄武郡，辖伍城县。"隋开皇三年（583年），改伍城县名为玄武县，废玄武郡归属蜀郡，治所在今中江县城关镇。隋开皇十年（590年）在今县东南建置飞乌镇，十三年（593年）改镇为县，属新城郡，郡治今三台。唐武德元年（618年）改新城郡名梓州，武德三年（620年）玄武改属梓州。唐贞观二十三年（649年）在今广福场西一千米处置铸钱官，调露元年（679年）罢，析郪、飞乌置铜山县。唐天宝元年（742年）改梓州为梓潼郡，乾元元年（758年）复名梓州。宋真宗大中祥符五年（1012年）改玄武县名中江县，上属梓州潼州府。宋末元初，蒙古贵族为统一四川，采取武力征服和野蛮屠杀政策，境内飞乌、铜山二县城毁于战火，两县在元世祖至元十六年（1279年）和二十年（1283年）先后并入中江，成为三县合一的大县，上属潼川府。明洪武九年（1376年）改潼川府为直隶潼川州，下辖中江。民国初期，属嘉陵道潼川府。民国二十四年（1935年），改属四川省第十二行政督察区，行政专员公署设遂宁。1958年10月，因遂宁专区并入绵阳，县改属绵阳专员公署（署设绵阳）。1983年8月18日改属德阳市至今。

4. 什邡市

什邡，先秦时名"十方"，后有"汁方""什方""什防""汁邡"

等称谓。什邡建置，最早见于《史记·留侯世家》。汉高祖六年（公元前201年），分封功臣，用张良计，封雍齿为什方侯，食邑二千五百户（汉制：列侯所食县曰国，汁邡为列侯国），号肃侯，建元雍齿，在位九年。景帝中元六年（公元前144年），其曾孙雍桓嗣位，号终侯，改元侯桓，在位三十一年，到武帝元鼎元年（公元前116年）被罢去封侯，撤除侯国。国除后的什邡，从列侯国变为普通县，属益州广汉郡，县序列第二，设有"汁邡长""汁邡丞""汁邡尉"等官职。如新建国元年（9年），王莽代汉，改汁邡县为美信县，新亡后，什邡复名。北周时更名方亭县。五代前蜀时更名通汁县，历7年复名什邡。明洪武十年（1377年）并入绵竹县，历3年复置。

1950年什邡属绵阳专区，1953年改属温江专区，1960年什邡县（现什邡市）并入广汉县（现四川广汉市），1963年析出，复置什邡县，1983年划入成都市，同年建四川德阳市，什邡划属德阳市。1988年什邡撤县设市。现驻地为方亭镇。

5. 绵竹市

西汉高祖六年（公元前201年）置绵竹县，属广汉郡，三国蜀分置阳泉县，西晋初，废除阳泉，并入绵竹。晋泰始二年（266年）绵竹改属新都郡。东晋隆安二年（398年）分置晋熙郡，领苌阳、南武都、晋熙三县。刘宋孝建元年（454年）废晋熙，属南新巴郡，梁天监元年复置晋熙郡，领南武都、苌阳，属潼州。北周废晋熙县入阳泉。隋开皇元年（581年）废晋熙郡，阳泉改属梁州，开皇十八年（598年），改阳泉为孝水。隋大业二年（606年）复名绵竹县，并徙治于今剑南镇，属蜀郡。民国时，绵竹属四川省川西道。1935年，属第十三行政督察区。1981年绵竹属绵阳地区行政公署，1983年8月改属德阳市。1996年10月绵竹撤县设市。

6. 广汉市

广汉自秦朝始名为雒县。西汉高祖六年（公元前201年），置广汉郡。《四川通志·地域沿革》载："元封五年（公元前106年）置十三州刺史，此为益州，……刺史治雒。"东汉光武帝建武十二年（36年），复置益州和广汉郡，雒县为广汉郡属县。三国时期，魏元帝景元四年（263年），魏灭蜀，分益州为梁州。广汉郡改属梁州，雒县仍为郡治。

唐高祖武德元年（618年），改蜀郡为益州。次年，分雒县置什邡县。唐武德三年（620年），析雒县置德阳县。武则天垂拱二年（686年），于雒县置汉州，领雒县、绵竹、德阳、什邡、金堂等五县，以雒为州治。唐玄宗天宝元年（742年），改汉州为德阳郡。唐肃宗乾元元年（758年），复改德阳郡为汉州。景定元年（1260年），复置汉州，领什邡、德阳、绵竹3县，撤销雒县建制，由汉州直辖原雒县地区，以原雒县为州治。至正二十二年（1362年），明玉珍在蜀称帝，建立大夏国，复置雒县。明太祖洪武四年（1371年），灭大夏国。同年，省雒县入汉州，仍领三县。明末，张献忠在四川建立大西政权，建置沿旧。1687年，降汉州为散州（单州），不再辖县，隶属成都府，沿袭至民国元年（1912年）。1913年，改汉州为广汉县（缘广汉郡而名），属川西道（次年改为西川道）。1950年初，四川省分为川东、川南、川西、川北四个行署区，广汉县隶属于川西行署区绵阳专区。1952年9月，各行署区被撤销，合并为四川一省。1953年7月，广汉县改属于温江专区。1960年4月，什邡、广汉合县，仍叫广汉县。1963年1月，广汉、什邡分县。1983年划入成都市，同年德阳建市，广汉县划为德阳市管辖。1988年广汉撤县设市。

第二节 德阳地区的历史移民与方言互动

文化传播学派的先驱F.拉策尔认为："一切的民族连同自然民族都有其历史性，有必要研究他们的遭遇，这些遭遇大部分是迁徙的结果。民族及文化在迁徙时，互相接触互相影响，其相互影响程度，往往出乎我们的意料之外。"[①] 吴安其（2006）认为："方言的地理分布和行政辖区、社会的变迁有着密切的联系。解释古代行政辖区、人群迁徙和现代方言关系也就成为现代方言学的一部分。""不同类型的文化从相互隔离进入渗透和交融状态，其最主要的原因之一就是人口的迁徙，亦即移民。……人口的迁徙在促使文化发展的同时，也使语言

---

① 黄淑娉、龚佩华：《文化人类学理论方法研究》，广东高等教育出版社2004年版，第59页。

发生很大的变化。方言是语言逐渐分化的结果,而语言的分化往往是从移民开始的。"① 因此,人口的迁移和流动是影响语言变异的重要因素之一。

一 德阳地区移民史概述

从秦到宋末,四川地区陆续有外来移民的迁入,这些移民主要来自西北或北方。到了汉朝,蜀地方言成为汉语一大方言区,这一时期的蜀地受秦的影响在语言上有所变化,向中原语言靠拢,形成秦晋陇冀梁益方言片区②。崔荣昌(1996:9)将这一时期的四川方言称为"巴蜀方言",而这一时期的巴蜀方言是在秦汉时期,由于华夏族大批移民落户巴蜀之后,才逐渐孕育形成的。刘晓南(2008)认为,宋代的西音应该是继承秦汉时期西部秦晋梁益音系而来,属于西部方言的一支。而四川地区在历史上最大规模的移民潮是在元明清时期,这个历史阶段的移民具有数量巨大、来源复杂、延续时间长、分多次填入等特点,对四川地区包括德阳地区的文化、人口、经济、方言等方方面面都产生了深远的影响。

(一)元末明初入川移民

四川地区经历宋元、宋金战争的蹂躏,人口锐减。《中国人口通史》载:"南宋嘉定十六年(1223年),四川地区有人口1322万,经蒙军反复围剿之后,到元朝至元二十七年(1290年)统计,人口大约只有85万,耗损人口达93%。"人口的锐减使得许多州县因此民稀荒废,到公元1282年,"十月,以四川民仅十二万户,所设官府二百五十余,令四川省议减之"。在这种情况下,政府开始减并行政机构。元初四川地区降府为州,降州入县的政区有15个,减并的县达77个。在此之后,元末明玉珍带领属下军人及招抚的乡亲子弟自湖北麻城、黄州一带移入四川,再到明初洪武年间,大量移民开始填川,移民来源仍以湖北为主,其中多为麻城人。据黄友良(1995)考证,明洪武五年至洪武

---

① 周振鹤、游汝杰:《方言与中国文化》,上海人民出版社1986年版,第15页。
② 赵振铎、黄峰:《〈方言〉里的秦晋陇冀梁益方言》,《四川大学学报》(社会科学版)1998年第3期。

十四年10年间为最高峰，四川总人口增长155.83%，达146.45万人口。苏东来（2010）根据清嘉庆《四川通志》卷44—47《舆地志·陵墓》收集到的24例元明时期的四川墓志，通过对墓志内容的分析，发现其中22例中的家族均自元末明初来川，其中因避乱来川的最多，就迁川的祖籍来源看，湖广麻城迁来的最多，其次是江西。这些家族在迁川时间上（多在元末明初）、祖籍地上（多集中于发达的江淮流域）及迁川原因上（多由于避兵乱、战乱迁川）几乎具有同样的移民背景。"四川自宋元战争始，终元一代及至明朝初年，人口一直呈大幅下降趋势。元末农民起义首先爆发于富饶的江淮流域，围绕这一地区，红巾军与元军之间及红巾军各部在此地不断进行反复争夺，使该地区人口大量逃亡。而此时的四川在明夏政权的庇护下相对稳定，从而吸纳了大量的江淮移民。"

德阳地区县志多为清代所修，对元末明初移民的记载甚少，但我们仍然可以从这些零星的记录中窥见当时德阳地区人口锐减，外来移民大量填入的情况。清《绵竹县乡土志》："罗天宝，元末由湖广入蜀，始迁嘉定乐山，后迁绵竹。"清嘉庆《中江县志·祠庙》及民国《中江县志·纪事》均载："王先世楚之荆州公安人，居其县南。洪武初，祖安富携二子……移家入蜀，抵中江黄柏坡。时兵荒之余，人烟几断，乃结茅且止。开榛莽，得古瓦屋三间，安富定家焉。"明万历年间中江广福人王惟贤撰《铜山乡闲祠记》（今中江县境内存石刻）中记载："继遭元兵荼毒，吾土人烟几熄。""军所至，但有发一矢相格者，必尽屠之。蜀人如余玠、杨立诸坚守不下，故川中受祸独惨。明初中江开设，土著人户止七八家，余则自别省流来者。"①战祸使得川中德阳地区人口受损严重，个别州县因人口数量急剧减少而被合并或降级。如中江县在明以前归潼川府辖，而到明洪武九年（1376年）改潼川府为直隶潼川州。什邡于洪武十年（1377年）并入绵竹县。我们结合整个四川地区当时移民的情况来看，德阳地处川中，大部分区域位于成都平原腹地，吸引了大量外来移民迁入。

---

① 管锡庆：《中江人口的历史与现状》，载《德阳文史资料选辑·第十一辑》（内部资料）1992年版。

（二）明末清初德阳地区的移民

1. 移民背景：战乱和灾荒使得本地人口锐减

明末清初，从崇祯初到康熙二十年，持续数十年的战乱及天灾造成整个四川地区人口锐减。"清初四川人口残存约10%，约50万人"。[①]德阳地处成都平原腹地，成为明末战争频繁地区。天灾人祸，使得本地区人口大量减少。

（1）明朝崇祯年间张献忠农民起义军，在德阳地区作战频繁

民国《中江县志·纪事》载："献忠攻罗江不克，走绵竹、嗣昌至顺庆。诸将不会师，贼转掠至汉州，去中江百里。守将方国安避之去，贼遂纵掠什邡、绵竹、德阳、金堂间，所至空城而遁，全蜀大震。""川中自献贼乱，列城内杂树成拱，狗噬人肉。若猛兽虎豹啮人死辄去之，不尽食也。民逃深山中，草衣木食，遍体皆生毛。"

民国《中江县志·祥异》载："清顺治元年甲申六月后，四川日月无光，赤如血，北斗不复见。有大星出西方，芒炎闪耀，摇漾不定。时张献忠屠蜀，贼灭后星乃隐。"

清末《中江乡土志·兵事录》载："明末献贼之乱，县城横被屠戮，邑民流离转徙，得生还者不过千之一二而已。"

民国《中江县志·杂记》载："崇祯末，有处女不知其姓，遭献贼乱，与其叔避与治西密峰山中。未几叔死。女居山洞，食果木，衣棕皮，不见烟火者数年……顺治庚寅（1650年）邑民赵起瑞，偶见于山间，约数人纵迹之，得诸洞中，携之归。"

民国《绵竹县志·建制》载："崇祯十五年，知县陆经术于税粮中酌派千余缗两，……庚辰春正月动工，中秋告竣，周围七百寻，高一丈八尺。至流寇张献忠犯蜀，城乃陷。"

民国《绵竹县志·杂录》载："清顺治元年甲申六月四日，日月无光，赤如血，北斗不复见，有大星出西方，芒炎闪耀，摇漾不定，时张献忠屠蜀，贼灭后星乃隐。五年戊子及巳丑，全蜀大饥，人民出食逃亡几尽。"

民国《重修什邡县志·建制》载："清顺治元年甲申五月，故命南京诸臣尊立福王，改元宏光。命故大学士王应熊督川湖军事，兵力弱，

[①] 曹树基：《中国移民史·第六卷》，福建人民出版社1997年版，第69页。

不果行。献忠在蜀，陷涪州、屠重庆，三月十五日，攻克成都，蜀王宫被难。忠遂僭号大西，改元大顺。冬十一月庚寅，即伪位。诡开科取士，至集青羊宫，尽杀之，笔墨成邱冢。又杀各卫籍军九十八万人。遣将分屠州县。明年乙酉，七月十五日屠汉州，八月十五日屠什邡。将卒以杀人多少论功，以右手为验。故常百方钓诱，设计屠戮，遂致士民殆尽，野无烟火。"

罗江李氏祠堂《李氏宗祠敦本堂存颐》碑文载："后值流寇张献忠作乱，人多逃亡。……是时，贼众猖獗，焚掠殆尽，民食无所处，惟匿迹深山，采树皮草子充饥。公在石权数年，值蜀中平定乃归住河村坝。"

以上为部分旧志中记录的关于张献忠屠蜀的内容，张献忠三次入川，分别在1634年、1639年和1644年，对成都平原地区进行屠戮，德阳县为大西政权所属地。德阳地区人口受此战乱的影响，数量锐减，损耗严重。

（2）除了战乱，还加上天灾，使得德阳地区的人口再一次遭受大量损耗

民国《中江县志·祥异》载："顺治五年戊子及六年己丑，全蜀大饥，人民相食，逃亡殆尽。乾隆四十三年戊戌，蜀中大饥，斗米千钱，遍郡邑立人市，鬻子女。蜀秦称沃土，此岁凶荒，为百余年仅见之事。"上述内容表明，战乱和天灾成为德阳及整个四川地区土著居民人口锐减的重要原因。

2. 政府招徕，大批移民填入德阳

明末清初川东、川中及德阳地区人口受损严重，为了增加人口，恢复生产，清政府倡导并组织的大规模移民四川的活动拉开了序幕。"康熙七年，四川巡抚张德地请求朝廷扩大招垦范围，鼓励湖广等外省农民进川垦荒。康熙十年，川湖总督蔡毓荣提出放宽招民授官的标准，并延长垦荒起科的年限，大大鼓励了官员招徕移民的积极性，大规模的移民填川由此展开。"（葛剑雄1997：370）中江《赵氏家谱》中有附录《清圣祖仁皇帝招民填蜀诏》："……独痛西蜀一隅，自献贼蹂躏以来，土地未辟，田野未治，荒芜有年，贡赋维艰。今特下诏，仰户部饬行川省、湖南等处文武官员知悉：凡有开垦百姓，任从通往，毋得关碍阻挡，俟开垦六年外，候旨起科。凡在彼官员招抚有功，另行嘉奖。康熙

三十三年岁次甲戌正月诏。"同时，清政府也对赋税制度进行改革，康熙五十年（1711年）政令："圣世滋生人丁永不加赋。"清康熙五十五年（1716年）又实行"地丁合一，摊丁入亩"政策，第一次使人口与赋税脱离直接关系，大大促进了人口增长。从这些资料中我们可以了解到，清政府实施的移民垦荒政策最迟，在公元1684年就已经在德阳地区开始实施，这场移民活动从清初开始，大概到道光年间为止，规模浩大。在清政府的招徕政策下，德阳地区各区县都吸纳了大量外来移民。但这一次的移民与明初移民来源有所不同，除了湖广地区来的移民，还有来自江西、广东、陕西、福建等地的移民，移民呈现多元化特点。据曹树基（1997）考证："至乾隆四十一年，四川地区土著占总人口的38%，而移民占62%"[①]。由此可知，德阳地区地处成都平原，吸纳了大量外省籍人口落户。正史中关于德阳地区这一时期的记载有限，我们从地方旧志中还可以找到一些线索。

(1) 德阳县（今旌阳区）外来移民概况

德阳县属成都平原腹地，位于成都平原东北部。同时，德阳是古蜀道上重要的交通要道。诗圣杜甫在《鹿头山》一诗中描写了德阳的地理条件优越"及兹险阻尽，始喜原野阔"。由于德阳地区在地理位置上的特点，在当时土著居民稀少的情况下，加上清政府实行的招徕政策，德阳地区吸引了大量的外来移民来此聚居。据民国《德阳县志·风俗》载："旧志云：德阳民兼五土，聚族而居。"清同治十三年《德阳县志·风俗》"称谓"条下："人少土著之家，地多杂处之民。"又据清光绪《德阳县续志》卷三所载《陕西会馆祀田记》："德阳土著之民千百中不一、二见。……时朝廷功令，听他省人入蜀报垦。"旧志中对当时招徕有功的官员也有所记载，清《德阳县乡土志·政绩录》："屠直，汉中城固进士，康熙八年上任。时距兵火未远，荆棘丛生，人烟寥落，招徕抚绥，民皆乐业。""冷宗昱，黄陂进士，康熙三十九年上任。清廉不苟，时县境土广人稀，宗昱竭尽心力，招徕开垦。"我们从清代德阳县人口的增长数量也可以看出当时各方迁来德阳的人口众多。[②] 见表1-1。

---

① 曹树基：《中国移民史·第六卷》，福建人民出版社1997年版，第96页。
② 德阳市地方志编纂委员会编：《德阳县志》，四川人民出版社1994年版，第100页。

表1-1　　　　　　　清代德阳县人口户丁数统计

年份	户	丁
雍正八年（1730年）	6408	30420
乾隆十八年（1753年）	12529	45605
嘉庆元年（1796年）	25066	115564
嘉庆十七年（1812年）	20830	82159
道光十五年（1835年）	23740	90912
同治三年（1864年）	25799	98075

从表1-1中可以看出，清初以来德阳人口持续增长，尤其从雍正到嘉庆元年期间人口增长迅速，外来的移民充实了旌阳地区的人口数量。而这些外来移民的原籍是何处？我们从德阳旧志关于氏族来源的记录中找到一些关于德阳地区具体家族落户此地的记载，清末抄本《德阳县乡土志·氏族》中有部分家族迁移的相关记录。见表1-2。

表1-2　　　　　　清代德阳县外来移民家族落户情况

氏族		入川前籍贯	迁入时间	迁入地点	至清末子嗣情况
刘氏	才亨	湖南武冈破塘	康熙五年	仁寿，后辗转至县北之盘龙山	传九代
	奇禄	湖南籍	不详	县之刘家营	传八代
	立富	湖南宝庆邵阳桐木桥	康熙十四年	县东春景桥侧	传十代
	廷禄	楚麻阳	康熙三十九年	中江	传七代
郭氏		福建龙岩	清朝先后	一居县北之牛耳铺，一居城中	传九代
江氏	涵宾	福建汀州永定	康熙中	邑西南	不详
	不详	广东长乐县	乾隆二十四年	先居汉州，后迁县东村抛嶍湾	至今传八代
铎氏		安徽	顺治十五年	县北之弥勒寺	至今传十代
舒氏		湖北黄州麻城	康熙初	县西路下景寺	今传十代，扬嘉场左右前后数里之间皆舒姓也

续表

氏族	入川前籍贯	迁入时间	迁入地点	至清末子嗣情况
高氏	湖南武冈州	元时	汉州	今传十六代
		明时	县南八角井高家营	
尹氏	湖南武冈	康熙十二年	县北土将台	不详
田氏	广东长乐县	康熙	县东七星桥	传七代
	广东长乐县	乾隆	县北清凉寺	不详
	湖北蒲圻	乾隆	县治南街	传六代
姜氏	湖北黄州麻城	明万历	县西鏊华乡	传十四代,丁口约三百余人
黄氏	湖北黄州麻城	清初	县北之萧家场	传十二代
张氏	湖北麻城孝感乡	明崇祯	县之孝泉	至今传十一代
			县北仙人桥	丁口尤众
曾氏	湖南宝庆兴化	乾隆初	德阳	不详
		明中叶	县东之瓦子堰	不详
温氏	陕西蒲城	乾隆初	县北之柏社镇	传六代
贺氏	江西莲花厅	道光	县治北街	传五代
谢氏	广东平远	乾隆	中江	不详
		嘉庆五年	县城南	传五代
黎氏	湖北麻城	明正德	县东马鞍山	不详
		康熙初	县西杨嘉场高东寺	至今传十四代
	陕西	康熙初	县北之柏社镇清凉寺	传十二代
陈氏	福建平河县	嘉庆	利西桥侧	传六代
王氏	陕西城固	康熙	县北街	传八代
李氏	广东绍祥	乾隆	城南八角井	传九代
李氏	福建永定	雍正五年	中江宏蕃	不详
		乾隆元年	县南七里刘家坝	传七代
萧氏	湖北黄州麻城孝感乡	康熙五年	县东挂榜山	传九代
叶氏	广东惠州龙县	康熙初年	县东小山门	传七代
杨氏	江西丰城	嘉庆七年	县治南街	不详
林氏	湖南会同	乾隆初年	县东之玉皇观	传十代
唐氏	湖南武冈	康熙四十二年	县西许村	传九代

续表

氏族	入川前籍贯	迁入时间	迁入地点	至清末子嗣情况
卢氏	湖南武冈	康熙中	县西通江镇	传九代
本氏	甘肃阶州	康熙初	县北仙人桥	传九代
李氏	广东省嘉应州长乐县黄土村	清初	县北孟家店	不详
姜氏	广东	乾隆、雍正年间	汉州、德阳	不详

我们从表1-2中的内容可以看出，旧志记录的迁往德阳地区的外来移民迁入时间主要在明末清初至清嘉庆年间。从移民的来源来看，主要以湖北及湖南地区居多，其中迁自湖南的有9例，迁自湖北的有8例，且多来自湖北麻城，迁自广东的有7例，迁自福建的有4例，迁自陕西的有3例，迁自安徽和甘肃的各1例。另德阳《大井乡志》记载，清代从外地迁来有29个宗族，其中湖广地区有14个，广东13个，陕西2个，且这29个宗族中有24个是清康熙、雍正和乾隆时期迁入的。[1]

（2）中江县外来移民概况

中江县位于德阳地区东南部丘陵地带，地理位置相对偏僻，但清初人口受损严重，据民国十九年《中江县志》记载："顺治三年，中江县人几近逃光，……顺治六年，有杨可举返归，邑境人稀地广，朝夕与居者，惟投诚数百余人。"但在清政府官员的招徕下，吸引了大量外来移民在此落户。据清嘉庆《中江县志·政绩》载："李维翰，字西屏，康熙丙戌年由司铎陞任中江。是时旧户不满数百，皆疮痍凋敝之余，嗷嗷待哺。且先后招徕驯顽不齐，遂致开荒占孰，讼端日起。维翰莅任，痛绝苞苴，履亩亲查，拨真荒以安新民，禁侵夺以安土著。"清《中江县乡土志》："李嗣熊，字梦叶，顺治初……召集流亡练乡。""戴廷对，字存赤，……且因疮痍以后，抚绥数年，桑麻遍野，楚民至今德之。"

我们从清嘉庆《中江县志·户口》中的人口记录可以窥见当时外来移民填入中江对当地人口数量产生的影响，见表1-3：

---

[1] 德阳市地方志编纂委员会编：《德阳市志》，方志出版社2012年版，第1840页。

表1-3　　　　　　　　　清代中江县户数统计

年份	户
康熙三年至康熙十二年	62
康熙十三年至康熙四十二年	428
康熙四十三年至康熙五十四年	1663
康熙五十四年至乾隆三十二年	3233
乾隆四十九年至嘉庆十七年	15966

从表1-3中，我们可以了解到清朝初年中江人口的锐减，康熙初年人口仅62户，随着政府招徕及外来移民的迁入，到嘉庆十七年，人口数量达到15966户。清道光十九年（1839年）《中江县志·田赋》载："现计承民户男55319丁，妇51517口，共计男妇106936丁口。"这仅是当时纳税丁口，不承粮户的人口还未计算在内。我们从这一时期中江地区人口的快速恢复看到当时外来移民对当地人口数量恢复的重要作用。

另外，旧志和部分家谱中也有关于当时外来移民落户中江的零星记录。民国《中江县志·风俗》载："吾邑多由闽粤楚赣而来，先至者或恣睢自雄，今则靡相龃龉，互通婚姻。"中江唐氏清道光《唐氏族谱·序》载："明永乐年间，由江西迁湖南，康熙五十八年弃楚迁蜀，由潼川府入中江。"民国《中江县志·行谊》记载了部分清朝时期中江地区的人物及迁蜀经历："王安国，祖父之章，博学能文，自楚来蜀。""刘必闻，性孝友，乐施与，家贫，有兄六，幼析居。自楚来中。""王大晓，字尔耀，幼浑朴。父殁，随母刘氏自楚来中。""邓命位，雍正二年，侍父由闽来川。""唐坤文，湖广宝庆人，乾隆中叶服贾来川。"民国《中江县志·贤媛》载："牟马氏，武举尼妻，陕西宝鸡人也。张献忠之乱，尼三岁，随母避难。""李袁氏，仁忠妻，康熙初随舅姑与夫自楚迁蜀。"民国《中江县志·杂记》载："陈此和，湖南临湘人，嘉庆十七年摄邑篆。先是，其叔迁蜀。"中江人李昌绪曾谈道"我们杰兴李家，祖先就是从湖南郴州迁来的；我的舅父龙台张家，祖先就是从湖北孝感迁来的。此外还有从广东、广西、福建、江西、浙江等地迁移来的。"①

从这些记录中我们可以看出，清初迁入中江地区的外来人口仍以湖广楚地为主，也有他籍来源。除了对个别人物及家族来源籍贯的了解，我们还可以从旧志中了解到外来移民带来的会馆文化。这些会馆大多为明清时期所建，今天在德阳地区个别区县城镇尚存遗迹，也成为当时各省移民来此定居生活的一个见证，如民国《中江县志·建制》载："关圣宫，在灵皈寺右，康熙雍正间，楚籍人公建，额曰湖广馆。天后宫，在小东街，灵皈寺后，粤籍人公建，一曰广东馆。三元宫，在小西街，秦人公建，一曰陕西馆。万寿宫，在新城小南门，赣人公建，一曰江西馆。天上宫，在北门外，闽人公建，一曰福建馆。"

（3）罗江县外来移民概况

罗江县自明末清初以来，人口数量锐减，据清嘉庆七年《罗江县志》（李调元撰）载："土旷多年，田地在荆棘中……兵焚之后，乡人存者百仅一二。"由于土著人口的急剧减少，清顺治十六年（1659年），罗江划入德阳县。"康熙六年，奉文清查，认定共925丁，雍正六年，1165户"。清雍正七年（1729年）复设罗江县。"乾隆十一年户1835，丁3599"；清乾隆三十四年（1769年）复裁罗江归并绵州，到乾隆三十九年（1774年），人口达2604户。清嘉庆七年（1802年）州移旧治，复设罗江县。还州治于绵州（今绵阳）。到清嘉庆编撰县志之时"盛世滋生日繁"，统计的人口数达13268丁（清嘉庆《罗江县志·人口》）。清同治《罗江县志》增补："同治四年遵查，增至13744万户，男60198丁，女46239口。"罗江县建制的裁拆和复设以及旧志中记录的丁口户数情况，一方面反映了明末清初该地人烟稀少、人口锐减的情况；另一方面也反映了外来移民对本地人口的迅速填补。个别旧志及家谱族谱中也记载了当时外来移民落户罗江的情况，如清光绪五年（1879年）《黄氏族谱·序》："我族先世自康熙己卯年，有湖南宝庆府武冈州入川，住德阳、罗江两处"。清同治《罗江县志》卷二十载："原籍溆浦之舒氏，亦因溆浦岁饥，尔遂携女入川，侨居罗江。"

---

① 李昌绪：《说说中江话》，载《德阳文史资料选辑·第十八缉》（内部资料）2001年版，第291页。

（4）什邡市外来移民概况

什邡自明末清初以来，经历战乱灾害，依然是土著人口锐减，民生凋敝的景象。旧志中记录了当时战乱后什邡当地萧条的景象。民国《重修什邡县志·官政》："胡之鸿，浙江山阴人，康熙二十三年由福建富沙陞令什邡。时兵焚后，土地荒芜，人民稀少，官居草莱之间。""李若璋……康熙九年，授什邡尹，时人民稀少，景物荒凉，署中止草屋数椽，城窟存虎豹之迹。"民国《重修什邡县志·礼俗》载："张献忠蹂躏之后，土著稀少，四方侨寓，率多秦楚闽粤之人，人心不谐，党类攸分，生气诉讼，往往有之。近日时加劝喻，习久相安，渐归醇厚。"1988年新版《什邡县志》引清乾隆《乾隆县志》中对前明土著的调查数据："或从本地逃出，或从远方归来，邑中只有四十九姓，计七十三宗，一百多人。余皆在康、乾时期移湖广之民以填川西。"①

另外，民国《重修什邡县志·人物》中也零星记录了当时外来移民入什邡的情况："清赵居仁，名锐以，字行。其先麻城人，远祖萧姓，名宦裔也，清初流寓绵竹。""清刘迪旭，自楚来川，居方亭乡，安分守正。""吴相富，云南人，随父来什，生平好善。""杨周冕，字铁崖，云南大溪名士也。乾隆时以甲科捧檄来川，辅绵州牧，廉明憨直。""□祝，先系楚人，康熙初年落业什邡新市镇侧，为人自守，专行善。""徐溥，字渊泉，陕西宝鸡贾村人，通五经，性理诸书，父母早丧，年二十余以荒歉入川。""毕子宾，垫江人，状貌魁梧，言辞倜傥，随子来什入籍。""陈维，字霞轩，垫江县举人……入方亭书院主讲十载。"又据清同治《广汉益兰祠续修张氏族谱》载：广东嘉应州平远县河头乡张氏的31个支系，于雍正、乾隆和嘉庆三朝陆续迁川，其中有13支迁入什邡，其余迁入毗邻什邡的绵竹、金堂、新都等地。

由此可见，什邡地区在明末清初由于战乱仍吸引了大量外来移民填入。而什邡清初土著多居住于山区，尤其是什邡西山一带，为明末战乱偏远之地，土著以朱、杨二姓最多。

（5）绵竹市外来移民概况

绵竹自明末清初以来人烟稀少，吸引了大量外来移民，民国《绵竹

---

① 中江县地方志编纂委员会编：《中江县志》，方志出版社2012年版，第1840页。

县志·官师》载:"陆箕永,康熙十五年出宰绵竹,……蜀遭兵劫后,土著少,报垦半楚民。"民国《绵竹县志·风俗》:"绵竹自姜诗、张栻以孝子大儒著闻汉宋,风被百世,蒸为善俗,代有闻人。清初志称简僻,因平三藩后,流寓杂处,渐染浇漓。"由于土著稀少,当地政府官员也积极招徕抚民,民国《绵竹县志·官师》载:"明绵竹知县陶文斌,湖广襄阳人,洪武初,绵竹始建,文斌首知邑事。兵革之余,百度毁废,今学校县治及诸制,皆其遗矩。抚绥流移疮痍,民赖以安。"

从数量来看,也可以看到当时绵竹地区外来人口众多,民国《绵竹县志·人口》载:"清雍正六年风行清查,计报部承量花户6982户,丁20153口。……嘉庆元年起至道光二十九年征输止计报部承量花户34178户,男妇共101195丁。"从雍正到道光年间,绵竹人口增长几近5倍,数量惊人。外来移民的填入无疑对当地人口的增长起了非常重要的作用。

(6)广汉市外来移民概况

清初汉州有土著"仅存四百户"之说。[①] 旧志中对广汉地区移民的填入只有零星的记录,如清嘉庆《汉州志·艺文》:"汉州有曾鹤溪者,世籍闽漳南靖,父学志,雍正四年迁蜀合州,续金堂,续汉州。"清同治《广汉益兰祠续修张氏族谱》载:"平原县河头乡张氏,裔孙张士海六十余人等由粤迁蜀。"但据清嘉庆《汉州志·户口》记录的广汉人口数据,证明广汉地区依然在清初有大量人口填入,见表1-4:

表1-4　　　　　　　　清代广汉人口统计

年份	男丁	女丁	合计
雍正元年	14230	8820	23050
乾隆元年至乾隆六十年	39880	39337	79217
嘉庆元年至嘉庆十六年	57401	52191	109592

从清雍正元年(1723年)到嘉庆十六年(1811年),广汉地区人

---

① 冯菊:《德阳宗族的来源及祠堂的兴废》,载《德阳文史资料选辑·第十四辑》(内部资料)1996年版,第178页。

口增长接近5倍，外来移民人口应占据了很大一部分。

以上我们收集到的关于德阳各区县外来移民的资料中，可以大致了解德阳地区自明末清初以来人烟稀少，外来移民众多，对填补当地人口数量起到了非常明显的作用。据葛剑雄（2005）统计，到清嘉庆十七年（1812年），德阳各区县的人口数量情况大致见表1-5：

表1-5　　　　德阳境内各区县人口统计（1812年）

德阳境内各区县	户数	人口	户均口数
德阳县（今旌阳）	25066	115561	4.6
绵竹	31085	148031	4.8
罗江	18402	100227	5.4
汉州（今广汉）	49659	229485	4.6
什邡	72209	174652	2.4
中江	33345	150178	4.5

从表1-5我们可以看出，此时德阳境内各区县的人口数量已得到明显的恢复，最低也已达到上万户的数量规模。

（三）外来人口多元化，以湖广地区来源为主

从上一部分各区县迁入居民原籍地来看，迁来德阳地区的人口来源多样，人口结构复杂，各地迁来的家庭氏族对定居地取舍似乎也有区别。由于来自不同地域，加之来川移民对自有文化的认同，因此会在文化方面具有一定差异，最终可能体现在移民初期各地来的移民在空间上形成不同地理位置的聚集。张敏等（2008）通过对四川移民地名的研究，分析入川移民的总体定居偏好以及各省移民在入川后的空间分布，总结出四川移民地名中地理位置反映的距离递减规律。"川西平原和德阳、绵阳地区移民中，来自湖广的有121个，占69.54%，川中湖广籍占91.49%，川东北占90.64%，川东占85.22%，宜宾、泸州、乐山地区为75%，川西高原不足4%。这一现象可以大致体现出距离递减规律：距移民原籍地（湖广）越远，移民聚居点相对越少。同时，移民入川都选择交通便利且自然条件优越的平原和平坝丘陵地区，长江及其川中支流为移民点集中地区。"

我们结合德阳本地旧志的记载，进一步证明明末清初的这次移民来源复杂，闽粤楚赣等地均有人口大量迁入，其中以湖广人口为多。据清光绪《德阳县续志·卷三·陕西会馆祀田记》所载："……当此之日，楚来最多，亦最先，秦次之，江右为后，粤、闽则出于乱定数十年之外，故今邑人率皆五方聚处。"《绵竹县志·政绩志》载："蜀遭兵劫后，土著少，报垦半楚民。"民国《重修什邡县志·礼俗》："占籍惟楚人最多，粤人次之，江西、陕西、福建之人又次之。"清代胡用宾[①]《旌阳竹枝词》："《楚歌》哪得多如许，半是湖南'宝老倌'"（"宝老倌"：宝庆府人的俗称）又如清代陆箕永[②]《绵州竹枝词》："村墟零落旧遗民，课雨占晴半楚人。"[③]

二　德阳地区的现代工业移民

20世纪60年代前后，党中央根据国际和国内形势的需要，为了改善国家工业布局，建立和巩固后方战略基地，作出"加速三线建设"的重大决策。在这一政策指引下，来自东北、华北、华中一带的一些国营大型厂矿迁入四川地区，随之而来的一批外省籍工人干部，包括其家属子女也移居四川。凌子（1994）认为这是第七次移民入川。据崔荣昌先生（1996）给出的统计数据，1954—1971年四川迁入人口达184.4万。

德阳地区地处平原，其气候、地质、水文条件都非常适合建造大型厂矿。从交通条件方面看，德阳城区依傍绵远河，西靠宝成铁路，距离省会成都市市区仅几十公里路程，境内公路四通八达，因此德阳成为外来工业的理想迁入地。自1958年始，国家开始在德阳地区兴建大规模工业厂矿，为了支援德阳地区工业建设，至1959年，约10.5万外来人口迁入德阳，参与工业区建设。[④] 这些大型工业厂矿中，迁来人口最多，影响最大的有：（1）德阳东方电机厂：1958年秋，国家第一工程

---

① 胡用宾，字雁臣，德阳县人，著有《孝泉诗抄》。
② 陆箕永，字二永，江南华亭（今上海市）人，康熙五十一年任绵竹县令。
③ 《竹枝词》内容摘自林孔翼、沙铭璞《四川竹枝词》，四川人民出版社1989年版，第82页。
④ 闻元馨：《德阳县人口概貌》，载《德阳市文史资料选辑·第十一缉》（内部资料）1992年版。

局一、局二、局四公司在完成长春第一汽车制造厂和齐齐哈尔重机厂的基建任务后，五万多人的施工队伍迁入德阳。（2）德阳第二重型机械厂：工厂在1958年初建，1964年续建。（3）东方电工机械厂：20世纪60年代由上海迁到德阳。1965年1月20日，第一机械工业部决定，将上海新业电工机械厂部分设备和人员迁往四川德阳，后成立了现在的东方电工机械厂。

除此以外，新中国成立初期还有其他一些大型厂矿入迁德阳，厂矿职工及家属也落户德阳。据1994年版《德阳县志》载：1957年德阳县（今旌阳区）城镇人口为57859人。我们根据当时对德阳市旌阳区人口迁入情况的数据来看，1954年到1984年，外来移民迁入人口激增主要在1958—1966年，其中，1958年，德阳县外迁入人口49407人，除去当年外迁人数，当年人口总增长比例达46.19%。1959年德阳县外迁入人口达54914人，除去外迁人口数，当年人口总增长比例高达50.55%。由于迁入德阳的工业厂矿数量较多，经过几十年的经营发展，今天的德阳已成为一座闻名全国的重工业城市。

三　外来移民与当地语言的接触及影响

（一）元明清时期外来移民与德阳土著方言的接触与演变

自元明清以来，德阳地区由于移民来源的多元化，在移民初期通常出现多方言共存现象，据清道光十七年（1837年）《德阳县新志·风俗》"楚语粤云，数代弗改。"清同治十三年（1874年）《德阳县志·风俗》"称谓"条下："声音不同，故称呼各异。"清代胡用宾《旌阳竹枝词》："分别乡音不一般，五方杂处应声难。"

多方言共存只是一个阶段，各地居民长期杂处，互相接触交流，原来各持的方言之间也慢慢接触并产生同化，如民国十八年（1929年）《重修什邡县志·卷七·礼俗》："什地经献贼屠戮，土著无多。秦、楚、闽、粤之人先后来兹，各省文化四方输入，二百余年，久已同化。"我们从旧志、家谱族谱等资料当中收集到的关于明清时期外来移民，移入时间先后不一，同时来源地点多元化，来源户籍人口零散。今天整个德阳六区县城区之间的方言虽然在语音词汇方面仍有各自的一些特点，但在交流上基本不存在沟通阻碍，这说明元明清时期德阳各地五方杂处的方言面貌到今天已经基本同化。

周及徐先生（2013）认为："明初以后的50年时间内，中央政府组织湖北江汉平原及相邻地区大规模移民，迅速填补了宋元战乱和萧条在四川留下的巨大的人口空间，在重庆和四川中东部的人口中第一次形成了'湖广话'方言社会，在重庆和四川中东部方言形成中，起到了决定的作用，成为明代成渝片方言的主流。相比而言，自发组织的、来源时间上先后不一、来源地分散、在迁入地与当地人杂居的移民，形成自身方言能力相对较弱。在这一背景下，由于不能形成自己的一定规模的方言社会，只能与讲当地话的人群交流，会很快融入移居地的方言社会。"① 德阳地区明清时移民带来的客家话和湘方言等南方方言由于与当地土著方言差别较大，加之人们自身的语言保守意识，原方言母语一般只在本方言聚居地内部交流中使用，个别聚居群落较集中的地区形成方言岛现象，而一些零散分布的移民，其方言母语在与周围方言的接触过程中逐渐演变乃至被改造和同化。从整体上看，移民主体仍是湖北移民。

而从今天德阳地区各区县的语音面貌看，我们仍能找到德阳方言与湖广话的个别对应联系。周及徐先生（2012）从方言语音特征的相似度考证了成都话与湖广话的联系，结果显示：今成都话、重庆话与麻城话相似度很小，今成渝地区的"湖广话"主要来自于三峡东部地区和相邻的江汉平原地区，如恩施、宜昌等地区。我们观察今天德阳地区的语音特征，发现其仍与湖北方言有较密切的联系。但从各区县具体的语音特点来看，部分方言点中的一些特殊现象则揭示了该地方言除与三峡东部及相邻江汉平原有联系之外，还有来自其他地区移民方言带来的影响，如中江话中撮口呼的缺失及"x/f"在旌阳、罗江、中江话中特殊的混读规律等（具体分析见第六章），这些语音特征在大多数四川地区的西南官话中都没有，德阳邻近的方言也很少发现，这些语音特征反映了德阳历史移民情况的复杂性。

词汇方面，罗昕如等（2006）认为，"清初以前的四川方言已经与

---

① 周及徐：《从移民史和方言分布看四川方言的历史——兼论"南路话"与"湖广话"的区别》，《语言研究》2013年第1期。

周边地区的方言有了接触,特别是受到楚方言和秦晋方言的影响。"向学春(2012:159—160)通过对地方志中四川各地方言词汇的记录,观察历代四川方言词汇留存率,得出的结论是:宋元以前的巴蜀方言与近现代的四川方言仍有较大差异,上古、中古时期的巴蜀方言词绝大部分已经消失,留存率仅19%;明、清、民国三个时期四川方言的词语状况大体一致,明清留存率为60%—70%,民国词汇留存率约为89%。因此,她认为:"从影响近现代四川方言形成与发展的外因看,对现代四川方言形成有着直接、深远影响的是元末明初和清前期的两次大规模移民。元末明初数量居首的湖广移民把湖北话为代表的官话方言传入四川,从而形成了以湖北话为基础的四川方言,清前期的湖广移民则进一步加强和巩固四川方言在四川境内的传播和发展。今天四川方言中的很多词语都是受湖广话影响而保留下来的。"

除了古代典籍材料中关于方言词汇的记载,我们还可以到德阳地区大部分农村所通行的方言中进一步寻求证据。城市交通的便捷和人口流动的频繁可能使得语言的发展变化速度加快,并向强势方言靠拢。而在地势偏远的农村地区,原移民语言的特点可能在此长久保存,尤其是在口语中出现频率很高的常用词,其保守性可能最强,这些目前仍在使用的词语如同语言发展的"活化石",生动地记录了外来移民方言在德阳地区留下的印记。如在德阳地区旌阳、罗江、中江大部分农村土语中,将"竹子"的"竹"读为[tsəu45],我们在德阳周边的方言中都没有找到类似的读法,而越过地域的鸿沟,在今天的麻城、武汉等湖北大部分西南官话中,则有"竹"音[tsəu]。郭丽(2009:35)认为:模韵端系字是否裂化读为əu韵是湖北西南官话区别于四川西南官话的重要特征。另外,湖南长沙、娄底、韶山、溆浦、益阳、安化、双峰等地模韵在端泥精组声母后韵母也读əu韵。[①] 这些在湖北湖南地区存在的音韵特征,经移民带到四川,经过几百年的时间,仍留存了其部分音系和词汇特征的面貌,因而我们能够从中找到历史移民方言部分残留的痕迹。又如第二人称代词"你"音[n̩],这一特征在四川地区西南官话基本

---

① 彭建国:《湘方言音韵历史层次研究》,上海师范大学博士学位论文,2006年,第97页。

没有，而在湖南部分湘语、湖北西南官话、赣语中大量存在。郭丽（2009：144）认为：湖北方言中表示第二人称的声化韵［n̩］是"尔"的白读。这一白读层次的来源说明，今湖北省的西南官话方言曾经受到江西移民的影响，黄孝方言的早期形式是赣语。今天德阳境内大部分农村土语中还保留了"你"［n̩］这一语音形式。郭丽认为湖北黄孝方言是官话同赣语或湘语之间的过渡方言区，它的早期层次是赣语或湘语。我们通过高频词"你"［n̩］的读音管窥到"江西填湖广，湖广填四川"这一移民历史对方言产生的深远影响。

上文中提及的德阳地区的农村土语，由于在语音词汇系统方面与城区官话存在一些明显区别，大多以方言岛的形式存在。由于德阳地区历史移民来源较为复杂，迁入时间先后不一，加之与当地土著方言长期深入的语言接触和融合，目前大多数方言岛已经找不到源语言与之对应，因此我们将它们称之为"孤岛方言"，如德阳黄许话。① 崔荣昌先生曾亲赴中江调查过当地的永兴话，根据其语音特点将其定义为湘方言岛。② 另据笔者走访调查，在今天德阳市旌阳区、广汉市、罗江县、绵竹市、中江县均遗留有带有湘方言底层的方言岛及客家话方言岛，如旌阳区的德新镇、八角井镇、寿丰镇、黄许镇、双东乡、东泰乡、广汉市的小汉、绵竹市的广济、土门等镇，罗江县除城区外的大部分乡镇③、中江县南边如永兴等大部分乡镇。德阳当地流行的一段顺口溜，模仿方言岛内人们说话的"土腔"，带有调侃意味："佢（他）讲［kaŋ51］

---

① 参见饶冬梅《四川德阳黄许话音系调查研究》，四川师范大学硕士学位论文，2007年。黄许为笔者的家乡，至今黄许地区过年吃年夜饭的日期在来源不同的移民家族之间存在差异，有的是农历腊月二十三吃团圆饭，有的是腊月二十四，有的是腊月二十八，也有腊月三十吃年夜饭的。另外，吃年夜饭的时辰在不同家族也有不同，有的是早上，有的是中午，还有的是下午或晚上吃团圆饭。据老人们说这是为了纪念当时迁来此地的祖辈们，而延续下来的团圆习俗。当年从湖广来川，移民来源复杂，来自湖北、湖南、江西等不同地方的人们各自过年的习俗有所不同，到了四川以后仍旧沿用原来的一些家族习俗，并以此和其他来源的家族区分开来。

② 崔荣昌、李锡梅：《四川境内的老湖广话》，《方言》1986年第3期。

③ 又如《四川方言调查报告》中，罗江一点的记音，发音人为罗江新盛场人，我们仍可以看出其保留有湖广移民方言的特征。如词汇对比表中，普通话"说"——罗江话"讲［kaŋ］"，普通话"这里"——罗江话"［ko］里，普通话"爸爸"——罗江话"爹爹"，等等。

佢打佢，佢讲冒（没）打佢，打佢冒打佢，我之（我们）嗯（不）晓得。"

但湖广移民与目前这些农村土语遗存之间的关系，尚待进一步分析和厘清。这些方言岛内的语言既称之为"孤岛方言"，总体而言有两个原因：一是它并非单纯以某一种移民方言作为语音词汇系统的输入来源；二是移民达到新的目的地后，即使形成方言岛，也不可避免地会与当地土著语言发生接触，甚至发生语言融合，从而产生变异。前者我们已经通过对移民史的考察，证实了德阳地区历史移民的多元化，那么这些移民方言与当地方言接触变异的机制是什么？

元明清时期的德阳移民人口众多，从当时战乱及灾荒之后的本地土著人口数量看，移民的到来改变了德阳地区的人口比例，促使方言之间有了密切接触，并进一步催生了方言兼用和方言转用，这种深层次的语言接触可能产生一种变异现象，即柯因内化。"柯因内化是一个因语言接触而导致比较迅速、有时是大范围的语言变化的过程。"① 特鲁杰尔（Trudgill, P. J., 1986）认为这种现象最容易在一个语言区内不同地方的移民迁徙至同一个新的地方时产生。他认为移民类型的柯因内化包括三个步骤：混合、拉平和简化，后又发现"重新定位"这一特征。混合是指不同方言背景的人迁徙到一个新的目的地，语言之间必然产生一定的接触，人们为了较快适应新的言语社区，会在交谈的过程中互相妥协，在交谈中刻意使用对方方言的一些成分以拉近距离，形成方言的混用。拉平是指"语音、词汇以及语法方面多种形式的混合使用过程中，随着某些常用形式的固定，少数一些不被常用的或者较异常的语音词汇和语法成分被剔除。"（Trudgill, P. J., 2003）我们把这些被剔除的成分看作语言拉平过程中的冗余成分。简化则是"在实际语言中的表现主要为形态方面不规则性减少，而不变化形式的词增多"。（Trudgill, P. J., 1986）重新定位是指"方言混合过程中，不同的变式经过拉平后却仍然保留了下来，但是在柯因内语中被赋予了新的社会或结构功能。"（Britain, D. and Trudgill, P. J., 1999）。

以印地语的柯因内化为例。19世纪末20世纪初，大量印度人到欧

---

① 徐大明：《语言变异与变化》，上海教育出版社2006年版，第260页。

洲国家谋生，产生了海外印地柯因内语。这些柯因内语几乎都出现了大量的词汇和语法的缩减与简化。又如在纳塔尔的柯因内化过程中，原印地语表示敬称的一系列手段没有保留下来，梅斯特里（Mesthrie，1993）认为"用来表示对话者间权势关系的各种代词用法一定是让位于那些用来表达在他家乡的认同感的表达方式了"①。

柯因内理论也适用于分析汉语方言中语言接触现象。孙德平（2012）考察了江汉油田内部产生的移民型柯因内语。不同地区的移民来到江汉油田，形成新的言语社区，语言的频繁接触使得第一代移民开始说带乡音的普通话，并在这个过程中继续发生一系列拉平简化的过程，如音位的合并及音系的简化（例如不分舌尖前后、不分边鼻音、不分前后鼻音等），特殊的与标准音差距较大的方音被进一步拉平，"油田普通话"形成，随着第二代第三代移民普通话发音渐趋标准，最终形成成熟的柯因内语——"油田话"。

我们结合德阳地区的移民历史，发现其语言接触过程中同样具备柯因内化的一些特点。德阳地区外来移民的多样性，使得我们相信在移民到来的初期，德阳当地的言语社区是一个混合型的、发散型的方言社区，多地移民到了新的目的地之后，随着交际需求的增加，不可避免地会使得语言接触日益密切，原本来自不同方言区的人们在交谈时为了保证沟通的顺畅，会有一个互相适应，互相妥协的过程，具体的表现就是混合、拉平和简化这几个过程，继而形成一种新的言语社区共同语——柯因内语。"移民型柯因内语是在一个新聚居地形成的新方言，它取代了原始移民的原有方言，而成为该新社区的本地话"（Kerswill, P. E., 2002）。

新形成的柯因内化的语言与源方言之间会形成一定差异。今天德阳地区大部分较偏远的农村遗留的孤岛方言内部语言使用人口数量不等，多则整个乡镇或邻近几个乡镇，少则仅限于一个大家族内部，对内人们仍使用岛内方言，对外则较多使用德阳城区通行的西南官话。这些孤岛方言在一定程度上也是一种"柯因内语"，它是多地移民到了新的目的地以后，经过混合、拉平、简化等过程，带有某种方言底层但又混合了

---

① 转引自徐大明《语言变异与变化》，上海教育出版社2006年版，第262页。

其他方言特征的一种柯因内语。比较有意思的一个简化特征是，在德阳市旌阳区大部分农村，第二人称代词仍保留了原住地湖广话的特点，读为［n̩］，鼻辅音自成音节。（前文已有相关说明，此处不再赘述）而我们追溯到今天的湖北大部分地区，第二人称代词实际上还有一个相应的敬称表示"您"。湖北西南官话、黄孝方言、鄂东赣语地区大部分有"［n̩］［na］""［n̩］家"等称法（郭丽，2009），但这一特征随着移民到一个新的言语社区，代词系统的"您"在语言接触的过程中被削减了，只保留了更为常用的"你"的语音形式［n̩］，这一现象即典型的方言混合后产生的简化现象。

  我们结合德阳地区方言接触的实例，发现在柯因内化的过程中，并非所有语言因素都会参与混合、简化及拉平的过程。如亲属称谓词，这些词通常在移民家族内部被高频使用，虽然来自不同方言区的人使用的亲属称谓词差异较大，但是与外界交流时这些词用到的频率却很低，因此较少参与到方言混合过程中，亦不容易被拉平和排除，具有较强的保守性。这一方面是由于在大型的混合型方言社区中，来自不同地区的移民有的达到一定的数量和规模，形成大小不同的家族聚居群落，内部的亲属称谓词得以代代相传；另一方面是由于亲属称谓词从某种程度上表达着传统的家族伦理观念，使得人们对这一类语言特征容易持语言保守态度，如客家人便是其中典型。自明清移民在德阳地区落户以来，原方言的亲属称谓词在德阳境内多个方言岛内部得以延续，据民国《重修什邡县志·卷七·礼俗风俗》载："嘉道以来，家庭淳厚多兴旺，后渐凉薄多衰落。……粤人称父母曰阿爸阿姆，称祖父母曰阿公阿婆，楚人称父母曰爹妈，祖父母曰爷婆，亦有称父亲母亲者。"今广东粤语区移民在今德阳地区家庭内部仍称爷爷为"阿公"，奶奶为"阿婆"[①]；又如中江部分地区称呼爷爷为［ia31 ia31］；称呼父亲为"爹爹"［tia55 tia55］，母亲为"嬷嬷"［ma31 ma31］，称呼兄弟为"老倌"或"哥老倌"。中江新中、富兴等地部分外来移民后裔，如邹氏家族，称"婶娘"

---

  ① 笔者儿时听长辈说起祖辈自广东嘉应迁来，直至笔者的父辈称呼"爷爷""奶奶"一直沿用"阿公""阿婆"这一称呼。到笔者这一辈称呼"爷爷""奶奶"则开始称呼为"爷爷""婆婆"，与城区话一致。

为［mæn45 mɛ45］、"大伯"为［thai45 pA31］、"叔叔"为［mæn45 su31］等，与周围的城区官话亲属称谓差别很大。

除了亲属称谓词，我们发现今德阳地区孤岛方言保留下来的部分特色词，如代词、否定词等，通常是今天湘语、湖北西南官话、赣语，包括客家话较通用的一些词。这些词在移民初期不同方言混合的过程中不容易被拉平和剔除。在不同来源地之间的人们交流时，这些词由于其共通性，使得人们更容易接近，更方便交流，促进了移民接触的言语适应行为，因而其使用频率也可能因此而增加。而这些词突显以后大多一直被沿用下来，逐渐定型，并被移民后代延续使用。之前学者们根据移民史资料和语音词汇系统将四川境内部分方言岛定义为湘方言岛或客家方言岛（崔荣昌，1996），并认为这些特征词主要是由于在口语中常用，因使用频率高而被保留了下来。但我们观察对比方言岛中的词汇，发现不仅德阳，今天四川多地遗留的"老湖广话"，或客家话方言岛，词汇系统中有很多读音相同用法一致的词，这些流通度高的词加快了各地移民之间的语言适应行为，而这些词一经定型，即在口语中常常使用，才有可能一直被沿用下来，成为混合拉平过程中的胜利者，否则可能在移民的第二代或者第三代就被剔除了。

表1-6　　四川境内非西南官话方言岛与湖广方言特征词对比①

普通话	什么	这里	你	他	没有	不
德阳黄许话	么果 ［mu51ko31］	咯里 ［ko31li45］	嗯 ［n̩51］	佢 ［tɕi51］	冒得 ［mau45te45］	嗯 ［m̩45］
罗江新盛话	么果 ［mu51ko31］	咯里 ［ko31li45］	嗯 ［n̩51］	佢 ［tɕi51］	冒得 ［mau45te45］	嗯 ［m̩45］
中江永兴话	么果 ［mo53ko53］	果里 ［ko53li53］	你 ［n̩i53］	他 ［tha55］	—	嗯 ［m̩55］

---

① 表中德阳黄许、罗江新盛两点词汇资料系笔者调查所得；龙泉驿客家话词汇资料引自向学春《巴蜀旧志词汇研究》，四川大学博士学位论文，2012年，第107页；湖南邵阳词汇资料引自袁慧《邵阳县塘渡口方言的代词系统》，《湖南经济管理干部学院学报》2002年第10期；湖北麻城、通城相关词汇数据来自杨时逢《湖北方言调查报告》，台北中研院历史语言研究所1948年版；其余资料引自崔荣昌《四川境内的湘方言》，台北中研院历史语言研究所1996年版。

续表

普通话	什么	这里	你	他	没有	不
金堂竹篙话	么果 [mo55 ko55]	果里 [ko53 li44]	嗯 [ŋ̍53]	他 [tha55]	冒得 [mau55te44]	嗯 [m̩55]
乐至靖州腔	哪何 [nai53 xo31]	这里 [tse55li13]	你 [n̩i55]	渠 [ki55]	冒得 [mau31te44]	冒 [mau31]
达县安仁话	么给 [mɣ41 ke41]	~里 [i13 ni41]	嗯 [ŋ̍41]	佢 [tɕi41]	—	
达县长沙话	么格 [mɣ51ke31]	咯里 [kɣ31ni31]	嗯 [ŋ̍51]	佢 [tɕi51]	没得 [mei51te55]	嗯 [ŋ̍55]
成都龙泉驿客家话	么格 [mo31ke31]	—	—	渠	冒得	嗯 [m̩13]
湖南邵阳	么咯 [mo42 ko12]	咯里 [ko12 li]	嗯 [ŋ̍42]	佢 [tɕi42]	冒得	□ [ŋ35]
湖南长沙	么子 [mo41 tsɿ]	咯里 [ko24 li]	你[ŋ̍41] [ni41] / [li41]	他 [tha33]	冒得 [mau21tə24]	—
湖北麻城	么事	□□ [ti4 te]	嗯 [ŋ̍]	他	冒	不
湖北通城	么哩	□ [ko4]	嗯 [ŋ̍]	□ [i]	冒	不 [pə]

从表 1-6 中我们可以看到，在语言接触过程中，系统性较强的代词、口语中出现频率较高的否定副词、语气词等今在四川各地方言岛中广泛存在，并可以与源方言找到印证。如普通话"什么""你""没有"等词在今四川境内非官话方言岛与湖北麻城、通城，湖南长沙、邵阳等地的读音基本相同或相似。第三人称代词"佢"则在客赣方言中常用，在今四川多地方言岛代词系统中保留。移民史资料证实明清时期填入德阳地区主要为湖南、湖北地区的移民，同时广东、江西、福建等地的移民也占有一定比例。我们从这些方言岛遗留的一些异于城区官话的常用词，看到了其与源方言之间可以辨认的来源痕迹。这些词在明清时期随着移民来到德阳，由于其在移民聚居地内部高度的流通性，因而在语言接触过程中没有被改造或者剔除，而是被直接保留了下来。而其他大多数语音词汇特征，由于方言之间的差异较大，在接触的过程中可能被简

化、改造甚至剔除，或被当地土著方言同化。尤其是岛内移民各自母语中的一些"超强特征"，这些特征一般为某一方言所独有，但对于其他方言区的人来讲特征性很强，学习起来发音难度很大，因此可能在心理上给人压势，从而使得这些带有"超强特征"的语音或词汇语法结构在方言接触中极易被拉平、剔除。

因此，在多地移民形成的新言语社区中，人们往往倾向于寻找交际中的同质因素，或者通过融合、简化等手段不断创造新的同质因素，而排斥彼此母语中差异较大的异质因素。同质因素在第二代第三代移民中被定型之后可能一直沿用下来，而异质因素则可能随着时间的推移逐渐被拉平、剔除，以至于在经历很多代移民以后，已经看不出源方言的面貌了。从今天四川境内部分移民方言岛来看，如表1-6中所举例的四川境内方言岛，我们似乎较难从所收集到的移民史资料证明某地移民来源的统一性和唯一性。单从词汇使用情况来看，也呈现出与多种来源方言之间的对应联系，因此我们推测，遗留在四川多地的方言岛在一定程度上并不是纯粹的某一种外来方言形成的方言岛，而是一种以某来源方言为底层，同时混杂了其他方言的共通成分的方言岛。

语法方面，德阳方言也吸收了外来移民方言的一些特点。如德阳各地农村土语中广泛使用的"咖"字①。"咖"在四川多地方言岛中常用，功能强大，可以作为结构助词和语气词，在口语中使用频率较高。"方言接触中，出现空格的地方通常容易吸收异方言的相应成分。同时某种语法成分在源方言的表现会直接影响它在新方言中的表现。"②"咖"在今湘、赣及客家话中常用，用法与德阳地区的"咖"相似。这个异源成分与德阳土著方言接触以后，与本地方言产生了互动，由于其丰富的语法功能及简洁形式为新方言所接受，进而被借入新的言语社区继续使用。又如德阳大部分农村地区广泛使用的带"子"尾的词，如"耳巴子"（巴掌）、雾罩子（雾）、哈咕噜子（挠痒痒）、饭蚊子（苍蝇）、花生米子（花生米）、女子（女儿、小女孩）、鬼逗子（对小孩的骂

---

① 饶冬梅：《析德阳黄许话中的"咖"字》，《四川理工学院学报》（社会科学版）2006年第6期。
② 王健：《从苏皖方言体助词"著"的表现看方言接触的后果和机制》，《中国语文》2008年第1期。

称)、私娃子（对小孩的骂称）等，这些"子"尾词在湘赣地区被普遍使用，随移民植入当地方言，并一直沿用至今。

目前，这些方言岛内的居民由于与外界接触的机会不断增多，加之年轻人大部分外出务工或求学，岛内语言已处于濒危状态，只有大部分老年人还坚持说岛内的方言，而年轻人对外已经开始说城区官话，只在岛内说自己的家乡话，产生"双语"现象。关于这一部分方言岛的全面记录和调查，是我们未来研究的一个方向。

(二) 现代工业移民与德阳本地方言的接触

现代工业移民迁入德阳后主要在厂矿企业内部生活区聚居，根据来源地的不同在厂矿内部形成不同的言语社区。迁来的移民原籍主要为东北和上海地区，由于东北方言和吴方言与德阳本地方言差异较大，为了融入当地，这些外来居民在同籍老乡中仍说自己的母语，而与德阳本地居民交流时倾向于学习说德阳话。"一般来说，移民语言对于当地语言的影响是非常有限的，除非移民的后裔所组成的社区自成一体，使用的语言规范成为整个社会效仿的对象，这样才会产生较大的影响。"[①] 从目前厂矿内部方言与德阳本地方言使用的情况看，本地方言成为强势方言，而移民母语方言成为弱势方言。由于移民方言迁入的人口数量与本地人口的总量相比显得势单力薄，因此这些现代工业移民并不能替代原有的土著语言，他们的下一代在与当地人接触的过程中语言已经逐渐本地化。

不同方言母语背景的人在交流时，为了减少交流的阻碍，可能在交际过程中互相妥协，以缩小方言之间的差距，厂区的人与德阳本地人交流时会尽量使用本地方言的一些语音特征，讲"带德阳腔的普通话"，而德阳本地人与这些外地人交流时也会尽量使用"带普通话的德阳话"。这种方言混合现象进一步产生了简化，简化的特征如平翘舌音不分，前后鼻音不分，无 in-ing, en-eng 的对立，边鼻音不分等。这些特征的简化，使得德阳本地人讲普通话的难度大大减小，在交际中可以较频繁尝试使用。除此之外，厂区的外来移民也会在词汇使用上吸收混用德阳本地特色词语，来拉近与本地人距离，增强交流的亲切感。如"解 [tɕiai] / [kai] 手""搭伙""瓜（傻）"等带有德阳本地方言特色的

---

① 徐大明:《语言变异与变化》，上海教育出版社 2006 年版，第 251 页。

词，另外，外来移民在长期与本地居民交流接触中学习并掌握了部分甚至整套语气词系统，如相当于普通话的"嘛""蛮［mæn31］"，表谦和语气的"哈［xa51］"，表示询问并求得肯定回答的"咖［ka51］"等。

但这种由语言接触而形成的变异现象仅限于厂区中的外来移民与德阳本地人交流时产生，德阳话与东北话或上海话在交际过程中形成的一些简化特征，也只在一定的言语社区内定型，随着这些外来移民的后代在德阳地区的长期生活，第二代第三代移民的语言基本已被德阳话同化，或产生"双语"现象：在家庭内部说原籍方言，对外说德阳话。因此这些特征没有对强势方言即德阳话产生重要影响，德阳人与这些厂区中的人交流时说"德阳普通话"，但在与本地人交流时，仍然讲德阳方言。对于这些由现代工业移民形成的方言岛现象，我们今后还可以从社会语言学的角度去进一步调查分析。

第三节 德阳方言研究现状及趋势

一 前人对四川方言研究的贡献

（一）四川方言的普查

从 20 世纪 20 年代开始，汉语方言研究开始逐渐受到学界的重视。20 世纪 40 年代和 50 年代，学者们对四川方言开展了两次大规模的普查。第一次普查由台北"中央"研究院历史语言研究所牵头，共调查 182 处，以县为单位共 134 县，最后由杨时逢执笔，于 1984 年在台湾整理出版 240 万字的《四川方言调查报告》。第二次普查由四川大学、西南师范大学、四川师范学院牵头，于 1956 年对四川汉族地区的 150 个县（市）的城区方言进行了调查，最后由四川大学的几位先生执笔于 1960 年整理出版《四川方言音系》。

《四川方言调查报告》是于 1941 年秋和 1946 年春夏实地调查四川方言得出的较为详细的方言调查报告，该调查包括了德阳地区六区县：旌阳区（原德阳县）、什邡、广汉、绵竹、罗江、中江。每一方言点调查内容主要包括发音人履历、声韵调表、声韵调描写、与古音比较、同音字表以及音韵特点六个部分。调查记音人主要是丁声树和董同龢两位学界前辈。其中，旌阳、广汉、绵竹三地调查的是城区音，另外，罗江、什邡和中江三地调查的是非城区话音系，罗江调查地点为罗江县新盛场、中江调查地点为中江县大桑镇、什邡调查地点为双盛场镇。

郝锡炯、甄尚灵、陈绍龄三位先生发表于1960年的《四川方言音系》[《四川大学学报》（社会科学版）1960年第3期]对四川境内包括德阳市市中区（今旌阳区）、罗江、广汉、什邡、绵竹、中江在内的150多个调查点作了方言调查，均以县（市）人民委员会所在地为代表点。但《四川方言音系》只是列出了各个点的声、韵、调表，以及450余字的字音，并没有作详细的声、韵、调的比较及分析。

（二）关于四川方言源流的探讨

四川地区自元明清以来，成为一个移民大省。因此，考察现代四川方言的源流，一直是研究四川方言的前贤们关注的重要论题。崔荣昌先生（1985）认为，"元末明初的大移民把以湖北话为代表的官话方言传播到四川，从而形成了以湖北话为基础的四川话；清朝前期的大移民则进一步加强了四川话在全省的主导地位，布下了四川话的汪洋大海"。而后崔荣昌先生在《四川境内的湘方言》（1996：1）"四川方言的形成"一节中强调："我们认为，四川方言，包括四川官话都是外省移民带来的。"黄尚军（1997）先生在《湖广移民对四川方言形成的影响》一文中，引用了大量的方言志和族谱资料，进一步证明了这一观点。

但是，也有持不同观点的学者，如李蓝先生在《六十年来西南官话的调查与研究》（1997）一文中指出，是原来的四川话改造和影响了移民带来的方言，而不是移民的方言取代了原有的西南官话。他认为崔荣昌先生的结论与语言事实并不符合。李蓝先生从词汇方面给出了理由：明末四川遂宁人李实《蜀语》记录了563条明代遂宁话词语，清代贵州学者郑珍修《遵义府志》时，根据遵义话选择了"与其相合"者入志，结果选入近500条词语，说明清代移民对西南官话的影响并不大。又引《广韵》："坝，蜀人谓平川为坝。"据李考证，该词在现代汉语方言中主要用于云、贵、川三省的西南官话区，而湖南、湖北、江西等地极少使用，这一词例辅证了明代进入四川的湖北话并没有完全取代原来的四川话。李蓝先生指出湖广、云贵、广西的官话形成途径和方式并不一致，他认为商旅的往来和移民的迁移，使得以四川为中心的西南官话同云、贵、鄂、湘、桂的官话逐渐趋同，即四川地区的西南官话是西南官话的中心。郭丽（2009：114）认为：李蓝先生虽然指出了四川西南官话的重要地位，但是并未从语言本体上给出例证，使得该观点缺乏论证的力度。杨波（1997）研究四川合江话入声现象时，曾指出四川西南官话中入声区和非入声区的不同来源，入声区方言是由中原汉语发展而来，即秦到宋时期的"老四川话"，而后者则是由于明清移民入川，带来的明清官话覆盖了原来的土著语言。这是由历史文化原因造成的。宋晖、路越（2011）认为，"现代四川方言大致以岷江为界，以东以北地区是明清移民带来的方言，以西以南是当地宋元方言的遗存"。孙越川（2011：148）认为："四川地区的西南官话主要来自明清时期的'湖广填四川'移民，但是这个过程并非一蹴而就，移民过程具有地点性和程度性，其影响由东到西逐渐减弱。在土著与移民的语言竞争中，川东地区湖广话取得了竞争的胜利，而四川盆地尤其岷江流域的'老四川话'以底层方式保留自己更多的痕迹。"但除了入声是否独立这一条特征，作者并没有明确具体哪些特征属于"老四川话"。

刘晓南先生（2012）考证历史文献，分析了宋元时期巴蜀方言的语音特征，结合这一时期四川社会变迁的历史，认为大概在宋元时期，古代巴蜀方言已经走向了历史的尽头，只在历史文献中留下了某些零星的保存。即宋元之前的巴蜀方言和元以后的西南官话不是同一来源。周及徐先生（2013）根据四川方言调查得到的资料和四川地区移民史的资料证明："四川（以及重庆）地区的方言有错层的历史沉积，特别是仍然成片地保存着元明清大移民以前延续下来的方言。"他指出："四川盆地岷江以西以南地区以及与其相延续的长江以南地区的有独立入声调类的方言（即'南路话'），应是更早的宋元时期古代四川方言的遗留。岷江以东以北四川中东部地区，以成都、重庆话为代表的成渝片方言（即'湖广话'），才是明清'湖广填四川'的结果。"现代四川方言的形成有两种情况："即明清以后外来方言在四川中东部地区直接填入和明以前当地方言在四川西南部地区存留。这是官话方言在四川和重庆地区两大不同的历史分支。"[①]

[①] 周及徐：《从移民史和方言分布看四川方言的历史——兼论"南路话"与"湖广话"的区别》，《语言研究》2013年第1期。

正是由于四川方言形成历史的复杂性，使得深受移民文化影响的四川方言成为一个饶有趣味的研究课题，这种外来移民的植入性特征成为我们今天讨论四川方言形成历史的一个重点。德阳地区独特的地理位置加之其复杂的移民历史，使其今天的语音面貌也带上了独特混合型方言特征。同时，德阳境内各区县方言的语音差异也在一定程度上体现了地理条件、移民情况、行政区划等方面的差异对方言形成的影响。对德阳方言音系的描写和分析，有助于我们进一步梳理四川方言的源流，揭示移民史与方言之间的联系。我们认为，从元明时期开始，秦汉以来的古巴蜀语言体系被打乱，由于战乱、饥荒等原因，巨大的移民潮将原巴蜀方言的部分地区基本覆盖了，这些移民方言在部分地区落地生根，与当地方言密切接触，改变了原地区的语音面貌，今天的四川中东部的"湖广话"主要是由元明时期的湖广移民带来的，而沿岷江以西、以南的大部分地区还保留了部分移民之前四川土著方言的语音特点。

（三）四川西南官话的分区讨论

"西南官话"这一概念于1937年提出①，继而西南官话区作为一个独立方言区存在。根据《中国语言地图集》（1987年版）调查显示，西南官话主要分布在四川、云南、贵州三省，此外还分布于湖北、湖南、广西、陕西、甘肃等省区的一些县市。

《四川方言音系》中提出以入声的有无和入声的归并作为四川方言的分区标准，将四川方言分为四个区②，郝锡炯、胡淑礼（1985）运用模糊数学方法的运算，进一步证明《四川方言音系》中分区标准的合理性，将四川方言分为四区："第一区（阳平区）、第二区（入声区）、第三区（去声区）、第四区（阴平区）以及单列的一个'拒绝归类'的西昌方言区。"其中，德阳地区的旌阳、广汉、绵竹、罗江、中江属于阳平区，什邡属于入声区。

黄雪贞（1986）列出了西南官话区96个县市的声调调值，将西南官话分为11片："成渝片、滇西片、黔北片、昆贵片、灌赤片、鄂北

---

① 李方桂：《中国的语言和方言》，《民族译丛》1980年第1期。
② 郝锡炯、甄尚灵、陈绍龄：《四川方言音系》，《四川大学学报》（哲学社会科学版）1960年第3期，第120页。

片、武门片、岑江片、黔南片、湘南片、桂柳片。"其中，德阳地区的旌阳、广汉、绵竹、罗江、中江属于成渝片，什邡属于灌赤片。

1987年中国社会科学院和澳大利亚人文科学院合作出版了《中国语言地图集》，其中对西南官话的定义为："古入声今读阳平的是西南官话，古入声今读入声或阴平、去声的方言，阴平、阳平、上声、去声调值与西南官话的常见调值相近的，即调值与成都、昆明、贵阳等六处的调值接近的，也算西南官话。"我们从地图集中的《官话之六》图（黄雪贞绘制）可以看到：德阳地区的旌阳、罗江、中江、广汉、绵竹属于成渝片，而什邡划归到灌赤片的岷江小片。

李蓝（2009）再次提出西南官话分区的问题，从划分区域的层级和名称看，与黄雪贞的划分有所不同，他者将西南官话分为"川黔片、西蜀片、川西片、云南片、湖广片、桂柳片等6片，下分为22个小片"。但从划分标准看，李蓝的分区本质上是与黄雪贞相同的，也主要以古入声的归派不同为标准，将原来的一些分片进行了合并，并在小片的层级上将其区别开来。旌阳、罗江、中江、绵竹、广汉在黄、李的划分中均划分到成渝片，将什邡划分到西南官话灌赤片中的岷江小片。

吴红英（2010）根据实地调查的结果，认为川西广汉等五县市的广汉话、什邡话、新津话、新都话与成都话有很大的不同，保留了入声声调。作者将广汉话、什邡话与其他三个方言点的音系横向进行了比较，并总结出其与成都话的语音差异。作者认为，广汉话入声调类独立清楚，即古入声今读入声，与西南官话灌赤片中的岷江小片的特点相同，当划归岷江小片。

综上所述，德阳大部分地区独立入声调消失，派入阳平，一般划归到成渝片中，什邡话划归到保留独立入声区，而广汉话的方言划归似乎有一定争议。我们希望结合本次最新调查结果，对德阳各区县方言状况再进行一个划属。

二 前人对德阳方言研究的成果

目前针对德阳方言语音的整体调查研究还没有专门的论著。对德阳市所辖区县方言的调查，有上文提及的吴红英《川西五县市方言调查研究》（2010），文中只涉及德阳境内两个点的调查，虽然该文总结了广汉、什邡等五县市方言与成都话的共同的特点及其在声母、韵母和声调方面与成都话的不同，并进行初步的归纳，但文中尚未揭示出形成这种差异的深层次原因。语法方面有廖庆《德阳方言语法现象管窥》（2006），文章列举了德阳地区较有特色的几种构词现象，并加以举例说明。但内容较零散，尚无法了解德阳方言语法特征全貌。

除了德阳各区县城区通行的西南官话，德阳境内还存在大大小小的一些非西南官话方言岛。这些方言岛内的语言虽然在长期与周边西南官话的接触中不断受到影响甚至同化，但其语音、词汇和语法方面还保留了一些自身特点。对德阳境内非官话方言的研究有崔荣昌《四川境内的"老湖广话"》（1986），作者主要对中江、金堂和乐至进行了调查，涉及中江县的非官话主要以永兴话为代表，分析了其音系特点，并结合移民史证明了永兴话的来源。

根据崔荣昌先生（1986）的调查，在德阳境内存在湘方言岛、客家方言等，这些方言的遗留均与历史移民有密切联系。崔先生在广汉、中江调查了"老湖广话"，广汉市说这种方言的群众自称"死湖广"，中江县内多个乡镇都说老湖广话，崔先生将中江县内的这一派方言以永兴话为代表，根据所收集的家谱资料证明该地主要由原湖南地区移民而来，而现在的永兴话"从表面看来，既不像四川官话，也不像湘方言"①。

陈保亚先生（2006）在《从接触看濒危方言、濒危特征和濒危机制》（2006）一文中以德阳孟家方言岛为例，列举了孟家话与德阳城区话不同的特色词语，并认为孟家话的这些特点"对于解释方言远征形成的语言变化有很高的价值。如果孟家话消失了，对历史比较语言学研究是一个很大的损失"。另有廖庆、唐磊的《德阳客家话方言特色探讨》（2006），文章描写了德阳客家话声韵调，并有特色词汇举例，但作者没有在文中标明调查点，对方言岛的性质定义模糊。饶冬梅的《德阳黄许话音系调查研究》（四川师范大学硕士学位论文，2007），该文对德阳黄许方言进行了全面音系描写，认为黄许话是遗留在德阳境内的一个非西南官话方言岛。文章将黄许话与城区官话及中古音系统进行比较，

---

① 崔荣昌：《四川境内的老湖广话》，《方言》1986年第3期。

对比其差异，并结合移民史分析了黄许话今与城区官话语音词汇差异形成的原因。对非官话方言语法研究的有饶冬梅（2006）的《浅析德阳黄许话中的"咖"字》，文章从德阳黄许话中的"咖"字入手，描写了该词在当地方言中的用法，"咖"字在黄许话中既可以作为语气词也可以作为结构助词，其功能和形态丰富。作者从"咖"与城区官话的区别以及移民史的角度，考察了"咖"一词的来源，追溯了黄许话与湘语、赣语之间存在的源流关系。

以上涉及德阳地区方言研究的论文从内容上主要还是对单点或个别现象的调查与分析，德阳方言的音系特点，内部各区县音系特征差异性的形成，与周边方言的关系，历史移民对德阳方言有何影响等问题在之前的研究中都未得到重视和研究。因此，对德阳方言的研究在广度和深度上还有很多欠缺和不足，尚有很大的研究空间。

三　德阳方言研究的趋势和不足

（一）从"普查"到深入具体方言点调查

20世纪40年代和50年代开展的两次四川方言调查，掀起了近现代四川方言研究的热潮。两次方言调查范围均涉及德阳地区的六个方言点，为我们提供了德阳方言音系的宝贵资料。但两次调查均属于"普查"性质，其主要目的是描写整个四川方言的概况，德阳境内各方言点的音系特征还有待进一步深入调查研究才能得到更全面的揭示。

自20世纪80年代开始，对四川方言的调查研究进入了从面到点的阶段。方言学者们开始着力于调查具体方言点的音系、词汇及语法特征，并细致描写各方言点一些特殊的语言现象，对具体方言点的调查研究进一步深入。但目前，对各地县市话的调查和研究情况呈现出明显的不均衡现象，主要集中在对成都、攀枝花、南充、达县、西昌等地，即有些县市话的调查研究相对丰富，而个别地方的方言语音系统的记录尚不健全，加之一些县市方言志描写也不够准确详细，某些点的调查研究甚至还是空白，因此一些县市的方言研究还有待进一步深入，还需进一步研究以揭示具体方言点的特殊语言规律。德阳地区的方言面貌至今还没有得到方言学者的重视，作为具体方言点还没有人进行过全面细致的由面到点的调查，对于德阳方言的语音体系，以及内部独特的一些语音现象，都还没有得以展现。这离实现四川方言的全面调查研究还有一段距离，是方言研究者们需努力前进的一大方向。

（二）从共时描写到历时溯源

过去的方言调查研究，通常是从共时的维度，对其语音、词汇及语法系统进行描写，并将其与普通话或其他方言作横向比较，以看出其中差别，并以此总结方言点特征。但要进一步对某地方言进行全面研究，还需从历时的角度，透过方言的表征去揭示形成这些特征及规律的历史成因。只有在追溯方言形成历史的过程中，我们才能进一步认清影响方言形成和演变的各种因素，这其中既有来自语言自身内部演化的力量，也可能存在与其他方言接触影响而发生的演变。

德阳地区在历史上有着复杂的移民历史，自元明清以来的外省移民填入德阳地区，移民与当地土著长期生活和交流，对当地方言形成了深远影响。这种移民迁徙产生的方言互动，是考证当地方言源流的重要线索。目前，关于德阳方言的语音词汇及语法系统，还没有前人进行过系统的共时描写，更没有从源流上去考证过其历史演变。因此，德阳方言在四川方言当中的性质及地位目前还没有得到深入的研究和揭示。

（三）从调查城区官话到发掘乡区方言岛

四川地区大部分方言属于西南官话，因而对四川方言的研究大多都以境内西南官话为对象。"普查"时期，《四川方言音系》调查的对象都是四川地区的西南官话，即以各县市城区方言为调查对象。而《四川方言调查报告》中涉及的调查点不全是县城，也有部分乡区。对德阳地区六区县的调查中，旌阳、绵竹、广汉调查点在城内，而罗江、什邡、中江三点为境内乡镇方言。《报告》中详细记录了这些乡区方言的语音特征，但并没有进一步从历时角度考察其来源。随着对四川方言研究的深入，学者们发现四川境内除西南官话外，还存在其他方言，如湘语、客家话、闽语、属于江淮官话的安徽话以及北方官话的河南话等（崔荣昌，1996）。这些调查结果大大丰富了四川方言的内容，同时也扩宽了四川方言研究的视野。

目前，德阳地区境内也遗留有不少移民方言岛，这些方言岛有的可以从其音系特征找到对应的源语言，如中江"永兴话"（崔荣昌，1996）。而很多移民方言岛由于历史原因，方言接触演化到今天，从方言岛的音系结构特征已经找不到基本对应的源语言了，因此这些方言岛成了区别于城区西南官话的孤岛方言。方言岛内的居民随着现代交通条件的便捷，传播媒介的多元化，加之年青的一代外出务工，方言岛内操原方言的居民越来越少，对内用岛内方言，对外说城区话，形成"双语"现象。这些方言岛语言目前已经成为濒危方言，有待于引起方言学者的关注并记录研究。

第四节 本研究的目的、意义、方法

一 研究目的及意义

德阳，被誉为"川西明珠"。从地理上看，德阳地区的地理位置非常重要，是从古蜀道进入成都平原的必经之路，加之德阳地区山区、丘陵、平原交错，地形复杂，自古以来就成为重要的军事重地。同时，从历史上看，德阳地区行政划属变动较为频繁，同时也是明清"湖广填四川"外来移民的聚集地之一。明清移民入川大致经过由东向西的覆盖过程，而从今天四川方言的分布情况来看，德阳方言正处在湖广话与"老四川话"（即"南路话"）竞争演变的焦点位置。由于德阳地区特殊的地域及移民特征，使得其方言呈现出一定的独特性。因此，德阳方言的研究对整个四川地区西南官话的深入研究都具有重要意义。

（一）填补德阳市西南官话语音全面调查研究的空白

本书对德阳市所辖六区县的方言调查研究，为展开全面细致的四川西南官话调查，及时发现记录一些濒临灭绝方言的语言事实，具有重要意义。我们对方言点音系进行深入细致的记录和描写，并运用相关的实验语音学理论和方言处理软件对该方言点的音系特点做细致分析，为历史语言学、社会语言学、方言地理学、语言接触等相关研究领域提供鲜活生动的语言材料，促使四川方言研究更加全面与深入，同时对汉语史研究也有着积极和重要作用。

（二）从德阳方言地理分布特征分析其历史成因

共时的语言分布在一定程度上反映了历时的变化规律。李荣先生（1985）曾指出方言分布格局与山川形势、交通条件、居民意见、通话情况、人口流动、行政区划之间的重要关系，其中前两者属于自然地理，后四种情况属于人文地理。洪惟仁先生（2013）认为："语言空间分布的扩散与消长往往无法摆脱自然地理、社会发展、政治事件、族群迁徙、人口变动等因素对语言发生的影响。"德阳地区地处川中，历史上行政区划变动频繁，外省人口大量迁徙入境，地理上山川平原丘陵交错，从共时语音面貌看，内部既具有一致性也具有较明显的差异。结合德阳六区县语音特征的不同地理分布，我们试图对其语言面貌进行语言地理学分析，将其与周边方言进行语音特征的比较，并结合历史语言学、历史学相关的知识进行解释，分析其如此分布的原因。

（三）进一步深化对四川西南官话源流的认识

崔荣昌先生（1996：108）认为今天的四川话都是以原来的湖广话为基础形成的。"到清朝前期，以湖广地区（特别是湖北）为主的大批移民入川，从而形成了今天的四川话和西南官话的体系"。李蓝先生（2009）认为西南官话的中心是以四川为中心辐射影响其他地区的。陈保亚先生（2001）认为西南官话是以多中心为源流。周及徐先生（2013）注意到了原四川话的底层，认为湖广话并没有对四川地区形成整体覆盖，在岷江以西以南地区仍保留了移民前四川话的特征。我们根据全面详细的德阳方言语音资料，分析其历时层面的演变规律，以解释德阳地区方言的语音特征，并将德阳地区的语音特点同"湖广话"代表点成都话进行语音特征的比较，找出其语音特征的相同和差异之处，同时，又将德阳话与南路话音系特征进行比较，揭示其移民填入之前的方言底层。通过横向的语音比较，可以看出德阳方言同周边两种分属不同音系格局的方言之间的联系。同时，根据德阳方言中的一些特殊音变现象，我们试图去寻求地理上更遥远的移民源方言印证，从而为厘清德阳地区西南官话的形成历史寻求更深入的语音证据，使我们能够深入了解德阳乃至四川西南官话的来源。

德阳正处在元明清湖广移民方言与老四川话竞争重叠地带，所辖六区县中，靠近岷江及川西的什邡、绵竹、广汉仍有老四川话的语音特点遗存，而靠近川东川北的旌阳、罗江、中江则已被湖广话基本覆盖。这些现象说明在今天四川方言形成的历史过程中，本地土著的四川话与大量明清移民来的"湖广话"经过长时间的接触、竞争，形成了今天四川地区两大方言派系的格局。德阳方言可以作为方言远征的一个生动案例，因此，摸清德阳方言的历史演变规律，对整个四川方言源流的研究将起到积极作用。

(四) 进一步丰富语言接触理论

德阳方言内部的差异性形成的原因，我们可以从历史语言学、方言地理学、社会语言学等角度去分析，但从语言接触的角度研究移民混合型方言的意义变得越来越重要。萨丕尔曾提出："语言如同文化一样，很少是自给自足的。交际的需要使得说一种语言的人和说临近语言的或文化上占优势的语言的人发生直接或间接接触。"① 德阳方言的形成，与历史上的外来移民方言有密切联系。因此，研究今天德阳方言的语音特点以及内部语音的差异，就必须要了解元明清时期外来移民之间的语言接触情况。德阳方言复杂的地理条件，历史上多元化的移民，使得移民方言与土著方言发生了长达三四百年的语言接触，这些方言之间相互接触、影响乃至融合，形成了今天德阳方言的语音格局。

如果我们从语言接触的角度出发，可以去考察这样几个问题：一方面，明朝洪武年间大移民，在德阳地区奠定了以湖北话为基础的"湖广话"方言社会，这种"湖广话"在德阳地区落地生根以后，是否受到明初以后陆续来德阳的其他地区的二次移民方言影响？另一方面，德阳地区元明清时期的移民在自东向西的移民潮流中，和四川当地的土著居民长期杂居，从南方迁入的移民，由于原籍地的语言与当地土著语言差别很大，为了融入当地生活，语言上不断向当地靠拢，那么第一代移民与后代移民在语言上的变异机制是什么？是一种语言替换还是语言融合？同时，我们还注意到，从今天德阳整个地区的语音面貌来看，部分乡村还保留着原来湘方言岛和客家移民方言岛，岛内居民内部通行的语言和城区通行的西南官话有一定的差距，但目前这种差距随着社会的发展、人们交流的频繁而逐渐缩小，在这个过程中出现"双语"现象，这是语言接触中出现的一种现象。可能在一段时期以后，方言岛的范围不断缩小，甚至消失。因此，我们通过对德阳地区历史移民和目前境内方言使用情况的调查，可以试图从语言产生的变异现象去探讨德阳方言

---

① ［美］萨丕尔：《语言论》，陆卓元译，商务印书馆1991年版，第173页。

接触演变的特点和规律，以解决方言形成过程中的一些实际问题，反过来又可以用这些生动的实际案例进一步丰富语言接触理论。

（五）探究德阳地区的语言民俗文化，丰富地方志材料

对整个德阳市各区县方言点的深入细致调查，有利于更好地认识德阳方言在四川方言中的地位，并以之为线索，探究德阳地区的文化和社会发展历程，从而为更完整地记录当地语言和民俗文化及历史做出贡献。

二 研究方法

（一）方言田野调查

本次方言调查录音软件为 AdobeAuditionv15 和上海师范大学潘悟云教授研发的田野调查系统 TFW。以笔记本电脑为载体，使用 SONY 公司的 ECM-MS907 型号话筒，录音参数为采样频率 32000 赫兹，单声道、最大录音长度 5 秒、波形显示长度 5 秒。以读字表的方式将发音人的声音录入，调查用字采用中国社会科学院语言研究所编写的《方言调查字表》（2005 年修订本），同时考虑四川方言语音中文白异读、一字多音等情况，对字表中的部分例字加以筛选，最终形成声韵调调查表和 3592 字的四川方言调查字表。

（二）相关语音软件处理分析

本研究拟结合实验语音学的方法，运用语音分析软件进行分析比较。所调查的数据用 praat 软件和 TFW 软件进行分析，采用国际音标记音，对调查录音进行语音研究，分析包括声韵调的发音特点，客观细致描写调查点实际语音情况，最后用 Visual Foxpro 程序制作数据库，对数据库数据的分析使用潘悟云教授研发的"汉语方言处理系统（TDF）"。

（三）方言地图绘制

本书所绘方言地图，均采用由美国 ESRI（环境系统研究所）研发的地理信息系统软件 Arcview GIS 3.0 绘制。方言地图中所涉及的表格数据均使用 Visual Foxpro 制作和关联。

（四）比较法、权重值统计法

本书涉及较多语音数据的横向比较，在计算方言之间语音特征的相似度时运用权重值计算法。权重是统计学中的一个术语，它主要反映个

体在总体中占有的地位或者比重,本书根据同一语音特征在不同方言中的对比,计算其占据的比重值,并与总体特征权重值相比,得出数据的百分比,以观察两者的相似程度。

第五节　方志使用情况、发音合作人简况及书中符号说明

一　方志使用情况

(一) 地方旧志

本书考察德阳地区移民史参考的地方旧志主要来自于:

(1)《中国地方志集成·四川府县志辑》(第10、11、21、22分册),巴蜀书社,1992。

清嘉庆十七年《汉州志》刻本;

清嘉庆二十年《罗江县志》刻本;

清同治四年《续修罗江县志》刻本;

清同治八年《续汉州志》刻本;

民国十八年《重修什邡县志》铅印本;

民国十九年《中江县志》铅印本;

民国二十八年《德阳县志》影印本。

(2)《珍稀四川地方志丛刊》,巴蜀书社,2009。

清嘉庆十七年《中江县志》手抄本;

清末《德阳县乡土志》手抄本。

(3) 四川大学图书馆古籍资料室:

清乾隆三年《直隶绵州志》刻本;

清嘉庆二十年《德阳县志》刻本;

清道光五年《续增德阳县志》刻本;

清道光十六年《什邡县志》刻本;

清道光十七年《德阳县志》刻本;

清同治十三年《德阳县志》刻本;

清同治四年《续增什邡县志》刻本;

清同治十二年《直隶绵州志》影印本。

（二）地方新志

本书参考的关于德阳市及各区县地理人口概况及历史沿革情况，主要参考以下几部地方志资料：

绵竹市地方志编纂委员会：《绵竹县志》，中国文史出版社2007年版。

德阳县志编纂委员会：《德阳县志》，四川人民出版社1994年版。
德阳市地方志编纂委员会：《德阳市志》，方志出版社2012年版。
中江县地方志编纂委员会：《中江县志》，方志出版社2012年版。
中江县志编纂委员会：《中江县志》，四川人民出版社1994年版。
什邡市地方志编纂委员会：《什邡市志》，方志出版社2009年版。
广汉市地方志编纂委员会：《广汉县志》，四川人民出版社1992年版。

二 发音合作人简介

本次调查目标为德阳境内六区县城区方言，因此所联系发音人均为土生土长的本地人，一直生活在城区，没有长时间离开过本地，年龄在60—70岁的男性。学历在小学以上，能达到常用字识字水平，思维清晰，说话吐字清楚，其平时交际对象多为本地人，基本不会普通话，见表1-7。

表1-7　　　　　　　　发音人简况

方言点	姓名	性别	年龄	文化程度	职业	原住地	记音时间
旌阳	温德森	男	69岁	初中	退休干部	德阳市制面厂职工小区	2013.5.1—5
罗江	周英全	男	69岁	初中	会计	罗江麓峰社区	2013.5.10—13
绵竹	韩兴伦	男	69岁	高小	企业家	绵竹市滨河西路	2013.5.6—10
什邡	邓远清	男	63岁	中师	退休干部	什邡西顺城街	2013.7.14—15
广汉	蒲一福	男	61岁	初中	退休工人	广汉市轴承厂职工小区	2013.7.12—13
中江	谢英能	男	60岁	初中	退休干部	中江武城南路	2012.10.26—28

三 特殊符号说明

（1）具体方言点采用国际音标严式记音，使用"潘悟云国际音标输入法"输入,文中输入的字母均为国际音标,为统一格式,不再用"//"或"[ ]"标注,为具体例字注音时用"[ ]"标记。音标字体文件格式为 IpapanNew。

(2) 音节调值不采用右上角标的形式,在国际音标后用五度标记法的数字标出,如:玻 [po35]。

(3) 描述例字的中古音韵地位时,本书主要采用两种方式:一种为中古"声+韵+调",如"虐,疑药入";另一种为"声+韵+开合+等+声调",如"内,泥队合一去";若开合口韵字相同,则在韵后加"开/合"以示区别,如"靴,晓戈合平"。

(4) 对于新老两派读音不同的字,在音标后加注"新""老"以示区别;对于存在文白异读情况的例字,加注"文""白"以示区别。

第二章 德阳市所辖区县方言最新音系调查情况

第一节 旌阳话音系

一 声母表

表2-1　　　　　　　　旌阳话声母

调音方式 \ 调音部位		双唇音	唇齿音	龈音	龈腭音	软腭音
爆发音	不送气	p 编被并鼻		t 刀都多弟		k 甘过更共
	送气	ph 皮平跑		th 吐堂太		kh 开看狂
塞擦音	不送气			ts 租摘责知	tɕ 讲及今交	
	送气			tsh 齿词择	tɕh 齐秦去	
擦音	清		f 付府非	s 寺师桑束	ɕ 心囟香学	x 火河很喊
	浊		v 舞五吴	z 人乳		
鼻音		m 毛买默			ȵ 凝年牛尿	ŋ 我硬恩安
边音				l 男林留牛		
零声母		∅ 沃阿娃有夜				

声母描写与说明：

旌阳话共21个声母，其中包括20个辅音声母，1个零声母。具体情况如下：

（1）p/ph/t/th/k/kh：听感上与北京音基本一致，但与韵母相拼时，较北京音听感稍硬，发送气音时气流较强。北京音中唇音声母与单韵母 o 相拼时，受唇化作用的影响，声母后略带介音 u，因此从听感上较为柔和，如博［pʷo35］、朵［tʷo214］。旌阳话中间不带有短暂介音 u，且声母受圆唇化影响，口形较圆，听起来发音较硬。

（2）f：摩擦程度较重，且摩擦持续时间相对略长。

（3）n/l 自由变读，不具备区别特征，多数情况下读 l。在齐齿、撮口呼前读 ȵ，与 l 区分开来，如"你≠李，连≠年，牛≠留"。

（4）舌根音 x 相对于舌根软腭部位稍稍靠后，接近于喉音，但多数情况下与韵母相拼时喉音并不明显，本书仍用 x 来标注。

（5）合口呼零声母字发音时摩擦较重，u 单独成音节时，摩擦音尤其突出，因此本书记作浊擦音声母 v，如"乌、坞、巫"等。

（6）ŋ：旌阳话中发此音时持阻时间较短、鼻音相对较弱。

二　韵母表

表 2-2　　　　　　　　　　旌阳话韵母

韵尾＼介音	开口呼	齐齿呼	合口呼	撮口呼
无韵尾	ɿ 紫次始式	i 屁笔洗鸡	u 步库无入	y 与取须居
	o 破波婆喝勿	io 略足肃俗宿		
	a 把咖大哈妈	iɐ 佳下夹价霞	uɐ 画挂华娃抓	
	e 北默黑给跌	ie 写姐切节逼	ue 括国或阔	ye 绝缺月决
	ɚ 儿耳二尔			
	ɐi 摆来再还拜	iɛi 界鞋延解	uɐi 帅乖快怀猜	
元音韵尾	ei 卑非背陪飞		uei 微雷内嘴催	
	ɑu 包爆跑好岛	iɑu 票苗表交小		
	əu 肉够扣吼走	iəu 囚留就求修		
	æn 班盘喊干烂	iæn 连县先前	uæn 晚团乱娩短	yæn 鲜捐劝选
鼻音韵尾	ən 真神冷很陈	in 林新近领	uən 纯昏问温	yn 训均琼君
	ɑŋ 刚行郎桑浪	iɐŋ 江想抢量	uɑŋ 庄忘创霜	
	oŋ 公洪送弄中	ioŋ 熊凶勇蓉		

韵母音值的描写和说明：

旌阳话韵母共 36 个。其中，单元音韵母 8 个，复元音韵母 15 个，鼻音韵母 13 个。

（1）a 做单韵母时发音偏后略高，实际为 ɐ。在复韵母 ia/ua 中比央元音 A 分别要偏前和偏后一些，受前面介音的发音位置牵制影响。

（2）o 韵母的实际发音唇形略圆，发音部位比标准 o 略为靠后，发音时肌肉较紧，听感上较北京音干脆短促。

（3）e 做单韵母时，与标准元音 ê 发音基本一致。如给［ke45］、得［te31］。在北京音中，元音 ê 做单韵母时只出现在拟声词、叹词和语气词中，属于边际音，对应汉字"欸"。在 ie/ye/ue 中，舌位相对要低一些。i 单独作韵母时，实际音值接近为 iə，在 i 的后面加上了朝 ə 滑动的尾音。①

（4）u 做介音和主元音时，唇形没有标准 u 圆，发音较为松弛，唇形较扁。u 单独做音节时发音擦化现象很明显，前面带上唇齿浊音声母 v，如屋［vu31］；单独做韵母时，也有类似现象，如估［ku51］，u 仍带有较强烈的摩擦音，接近 v。② 在 au/iau/ou/iou 中，u 发音时舌位更低，唇形不圆，实际读音接近 ɯ，仅仅表示主元音向韵尾滑动的一个趋势。

（5）y 做介音时，舌位较标准 y 低，实际读音接近 ʏ。

（6）前鼻音韵母中，鼻音韵尾 n 在旌阳话当中发音弱化，部分人发音时甚至几乎脱落，æn、iæn、uæn、yæn 四个韵母中，主元音的舌位比 a 微微上升，读音与 æ 接近，个别字发音时还带有明显的鼻化色彩，如"碗""岸"等字。

（7）ɚ 一般只能跟零声母相拼，不和其他声母拼合，如儿［ɚ21］。个别白读中有儿化过程中将前字的声母与后缀 er 直接拼读的情况，如

---

① 朱晓农先生认为：元音结束后，舌位和口形都会很自然地恢复到发音的初始状态，于是在这个"滑向初始态"的过程中，发音器官由于"时间错配"，也就很自然地在高元音后带上一个与混元音有些相似的尾音。参见朱晓农《元音大转移和元音高化链移》，《民族语文》2005 年第 1 期。

② 陈保亚先生认为德阳话中这一现象非常特殊，u 单独做韵母时，在/k/kh/f/t/th/l/ts/tsh/s/声母后，摩擦音特点明显，韵母记为 uv。具体摩擦程度的轻重因人而异。参见陈保亚《从接触看濒危方言、濒危特征和濒危机制》，《长江学术》2006 年第 1 期。

"啵儿"［pɚ45］、"泡儿"［phɚ45］等。

三 声调表

本次调查所得声调调值计算方法参考朱晓农（2010：281-288）《语音学》中关于声调的计算和描写。运用pratt软件分析调查例字，所选例字主要为单元音韵母字，一般为方言中常用的自由语素，发音人读例字时两字之间相隔时长为两秒左右，运用pratt软件进行声调的基频测量，求基频均值，再化为对数，求得对数值的标准差，将数值归一化，最后再转化为音系学的声调调值参数。

表2-3　　　　　　　　旌阳话声调例字

调类	调值	例字
阴平	45	初添昏丢勾新身悠
阳平	31	人时题毒填石席直
上声	51	搞老好很比九晚体
去声	324	第舅盖住见道近杠

声调描写与说明：
pratt软件测出声调基频最高值186赫兹，最低值88赫兹。
（1）阴平为高升调，调在4度与5度之间微升。
（2）阳平为中降调，个别音节调头较高。
（3）上声为高降调，部分音节调头有微升或高平的迹象。
（4）去声为降升调，音节比其他调类的音节时长稍长。

四 声韵配合表

表2-4　　　　　　　　旌阳话声韵配合

声母 韵母	p	ph	m	f	v	t	th	l	ŋ	ts	tsh	s	z
e	柏	撇	麦			跌	踢	劣		宅	车	色	
i	毕	屁	迷			底	体	里	腻				

续表

声母韵母	p	ph	m	f	v	t	th	l	ŋ	ts	tsh	s	z
o	博	破	莫			多	托	落		坐	错	锁	
u	布	谱	母	付	五	读	吐	努		做	出	输	
y								旅	女				
ɿ										子	词	四	
ɚ													
a	把	怕	妈	发		达	他	捺		杂	擦	洒	
ie	逼	篦				爹		捏					
ye													
ue													
oi													
ai													
uai									抓		刷		
ia	摆	排	卖			带	台	来		再	才	赛	
ei	背	陪	没	妃									
uai													
uei						对	推	累		追	催	睡	瑞
iai													
iau	标	漂	苗			调	条		尿				
ieu			谬				丢		留	牛			
əu				浮		斗	头	陋		奏	愁	馊	肉
au	抱	泡	猫			倒	套	脑		皂	曹	扫	饶
æn	班	盼	慢	反		淡	毯	蓝		站	缠	三	
en	笨	彭	门	粉		等	吞	能		整	陈	森	
in	宾	品	鸣			定	蜓	林	凝				
iæn	编	骗	眠			颠	添	脸	年				
uæn						端	团	卵		钻	船	算	
uen							蹲			准	寸	唇	
yn													

续表

声母\韵母	p	ph	m	f	v	t	th	l	ŋ̩	ts	tsh	s	z
yæn													
iɛŋ								辆	酿				
ioŋ													
oŋ	崩	碰	梦	封		动	同	笼		总	从	松	茸
uaŋ										妆	创		
aŋ	帮	胖	忙	房		当	躺	郎		脏	仓	桑	

声母\韵母	tɕ	tɕh	ɕ	k	kh	ŋ	x	ø
e				给	刻	额	黑	
i	鸡	齐	喜					一
o				锅	可	我	货	
u				古	库			
y	居	取	虚					鱼
ɿ								
ɚ								饵
ə				咖			下	
ie	吉	捷	泣					爷
ue				国	括		或	
ye	决	缺	靴					日
io	脚	屈	学					约
iɐ	假	恰	夏					哑
uɐ				寡	夸		话	瓦
iɐ				街	开	挨	海	
ei								
uɐi				乖	块		怀	外
uei				贵	跪		辉	危
iɐi	皆		谐					延
iɑi	骄	桥	小					要
iɐi	救	求	囚					柚

续表

声母 韵母	tɕ	tɕh	ɕ	k	kh	ŋ	x	ø
ɔu				够	扣	呕	厚	
ɐu				觉	靠	熬	蒿	凹
æn				赶	坎	晏	韩	
en				更	肯	硬	亨	
in	惊	清	醒					引
iæn	奸	前	显					盐
uæn				官	款		欢	完
uen				棍	困		荤	问
yn	军	琼	勋					晕
yɤn	券	全	掀					愿
iaŋ	江	强	降					养
ioŋ		穷	凶					用
oŋ				共	空		鸿	翁
uaŋ				光	矿		黄	忘
aŋ				刚	康	昂	巷	

五 本次调查与《四川方言调查报告》数据差异[1]

《四川方言调查报告》（以下简称《报告》）是由台北"中央"研究院历史语言研究所牵头，于1941年秋和1946年春夏实地调查四川方言得出的较为详细的调查报告，也是第一次对四川方言进行全面普查得出的文字材料。《报告》共调查182处，以县为单位共134县，最后由杨时逢执笔，于1984年在台湾整理出版。《报告》记音的时间距离今天已经近70年，一直以来，研究四川方言的前贤们以《报告》作为调查数据的重要参考。但我们注意到，四川境内很多地区内部方言的情况较为复杂，由于调查发音人以及取点不同，调查记录的结果可能存在一定差异。同时，本次调查与《报告》调查时间相差大半个世纪，虽然

---

[1] 此处比较差异的内容主要针对调查数据的音系总体情况，对调查记录中的同一音位变体记录的差异不做详细说明。

方言内部的语音演变过程通常是缓慢的，但影响语言变异的社会因素却在不断加剧，语言之间的接触也更加频繁，本地方言受强势方言的影响也可能会带来语音的变异。因此，我们对两次调查结果差异进行比较，希望从比较差异中进一步了解德阳地区各区县方言全貌，同时对方言点中存在的一些特殊语音现象作进一步的解释。

《报告》中旌阳一点命名为德阳（即原德阳市市中区，不包括罗江县），调查记音人为丁声树先生，调查时间为1941年11月。发音人时年24岁，德阳城内人，四川大学学生，在成都3年，在自贡自流井住过7年。①

（一）声母记录方面的异同

《报告》一共归纳了19个声母，本次数据中归纳为21个声母。与《报告》相比，本次调查多归纳出6个声母：ts/tsh/s/z/f/v，但少了4个声母：tʂ/tʂh/ʂ/ʐ；本次调查报告将边鼻音声母n/l的自由变读，声母记为l；增加了一个v声母，即将零声母音节u前带有的明显的摩擦音记为声母v。

（1）《报告》中调查的旌阳话只有舌尖后音，没有舌尖前音。即不分ts与tʂ，中古精组洪音与知系洪音混，全读tʂ等舌尖后声母。声韵调描写中有这样一段描述："这组字发音很不稳定，很少读成近似舌尖前的ts、tsh、s、z，发音偏后，但比tʂ/tʂh/ʂ/ʐ发音也不像国音的tʂ组字，那样舌尖后音，是比较偏央的程度。"② 今天我们调查的数据是：中古知系声母今在旌阳话的读音中读为舌尖前音声母。

《报告》中得出的旌阳话声母系统中具有一整套舌尖后声母，而无舌尖前声母。这与本次调查结果差异较大。笔者本人为旌阳区人，从本地方言特点来看，旌阳话声母系统中已无舌尖后声母，结合《报告》中对发音人情况的介绍，我们可以推测，发音人有可能受自贡地区的卷舌声母或普通话卷舌声母影响，在文读时将整套舌尖后声母读音带入了自己的语言系统中。

---

① 关于此次德阳各点调查发音人资料详见本书第一章第五节相关内容，为节省篇幅此处不再赘述。

② 杨时逢：《四川方言调查报告》，台北中研院历史语言研究所1984年版，第1521页。

(2)《报告》中归纳声母的音韵特点提到，中古非敷奉三母合口今全部读为 xu-，与晓匣合口混。但本次调查数据得到的结果是 x/f 声母同时存在，且有自身分化规律。（本书第四章将具体分析）

（二）韵母记录方面的异同

《报告》记录旌阳话共有 36 个韵母，其中 8 个单元音韵母，9 个带鼻音尾韵母，4 个鼻化元音，15 个复元音韵母。本次调查数据记录旌阳话共有 36 个，其中，单元音韵母 8 个，复元音韵母 15 个，带鼻音尾韵母 13 个。

（1）《报告》记录显示旌阳话中只有一套舌尖后声母字，无舌尖前声母字，而本次调查数据显示旌阳话只保留舌尖前齿音声母，因此单韵母中比《报告》中少了一个舌尖后音单韵母 ʅ，多出一个舌尖前音单韵母 ɿ。

（2）复元音韵母中，除少数韵母记音符号使用了不同的音位变体以外，本次调查与《报告》调查的数据基本相同。

（3）带鼻音的韵母记录情况中，《报告》将 an/ian/uan/yan 四个复韵母记为鼻化音韵母，今调查过程中，这四个复韵母在旌阳话中的确存在鼻音化倾向，但主要在乡村土语中听感较为明显，城区通行的方言鼻化现象并不稳定，因此仍然记为鼻音尾韵母。

（4）端系三等合口臻摄舒声读开合不定。《报告》中"伦""遵"二字记为合口呼，本次调查该字仍读为开口：伦［lən31］，遵［tsən45］。其中读开口呼是旌阳话老派读音特征，读为合口是受普通话影响后的新读。

（5）《报告》中记录，流摄一三等帮系读-u、-oŋ 不定，其中"浮"记音为［xoŋ］，"否"记为［xoŋ］。本次调查此二字读音为：浮［fəu31］、否［fəu324］。

（6）"缉质迄职陌昔锡"入声字韵母在《报告》中记为 i，根据本次调查的结果，个别字在旌阳话中今读-ie 韵，即在 i 后还有一个明显的滑音 e，如"吉［tɕie2］""吸［tɕie2］"等。

（7）德陌麦韵在本次调查中今读基本合流，除知庄组在罗江、旌阳话中极少数读-ie 外，其他如"白、客、革、刻"等，均读为-e 韵。但《报告》中旌阳话一点二者并未完全合流，而是根据声母条件呈现两种格局：德陌麦知庄组读 ie，其他声母字读 e 韵的特点，如"窄、摘、则"[tɕie]，"泽、择、测、侧"[tɕhie]等。这说明德陌麦知庄组腭化读 ie 韵这一特点逐渐被周围方言同化，渐趋消失。

（三）声调记录的异同

《报告》将旌阳话声调归纳为 4 个调类：阴平、阳平、上声、去声。调值分别为 55、31、42、24。我们根据今天的调查结果，旌阳话调类仍为 4 个，阴阳上去的调值归纳为 45、31、51、324。

第二节　中江话音系

一　声母表

表 2-5　　　　　　　　　　中江话声母

调音方式 \ 调音部位		双唇	唇齿	龈音	龈腭	软腭
爆发音	不送气	p 博办帮不		t 当弟到得		k 刚够过搞
	送气	ph 篇棚评		th 太堂他天		kh 抗看狂
塞擦音	不送气			ts 栽脏寨支	tɕ 江集家举	
	送气			tsh 仓才除唱	tɕh 强秦汽其	
擦音	清		f 法汇凡黄	s 桑寺事师束	ɕ 心席囚香学	x 河喝好喊
	浊		v 武无屋物	z 人热认乳		
鼻音		m 冒买忙			ȵ 鸟年业牛	ŋ 我安恩饿
边音				l 男牛拿蓝		
零声母		ø 阿也为牙爷				

声母描写与说明：

中江话共 21 个声母，其中包括 20 个辅音声母，1 个零声母。具体情况如下：

（1）p/ph/t/th/k/kh：清塞音，听感上比北京音稍微硬一些。中江话中，唇音声母、舌音声母与圆唇韵母 o 相拼时，中间不带有短暂介音 u，且声母受圆唇化影响，听起来发音较硬。

（2）f：摩擦程度较重，从听感上比北京音摩擦持续时间相对略长。

与北京话相比，中江话古晓匣母（合口）字读 f，如"花［fa］=发，黄［faŋ］=房"。

（3）n/l 自由变读，为同一音位的自由变体，在当地人听来不具别义作用，多数情况下读 l。ȵ 在齐齿、撮口呼前具有相当的优势，与 l 读音界限分明，"泥≠梨，尿≠廖，女≠吕"。

（4）ts、tsʰ、s 发音时，摩擦过程较北京音更明显，持续时间也稍长。

（5）z：浊擦音，摩擦程度较北京音重一些。

（6）舌根音 x 相对于舌根软腭部位稍稍靠后，接近于喉音，本书仍用 x 来标注。

（7）中江话当中部分零声母字在发音时摩擦音非常明显，尤其是与 u 韵母相拼时，尤其突出，本书记作浊擦音声母 v，如"乌、坞、巫、歪"。

二　韵母表

表 2-6　　　　　　　　　中江话韵母

韵尾 \ 介音	开口呼	齐齿呼	合口呼
无韵尾	ɿ 姿只指值	i 洗鸡雨滴以	u 顾书路虎
	o 货过落破果	io 学足畜俗	
	A 吧拉妈哈打杀	iA 家辖恰价下	uA 花画挂耍刷
	E 北默德摄给	iE 谢姐列节斜	uE 廓国括扩
	ɚ 耳二而儿		
元音韵尾	ai 还盖再摆赖	iai 界阶戒解	uai 甩怪坏帅
	ei 背陪美悲		uei 危贵队睡
	au 包号搞早闹	iau 交小标乔	
	əu 厚够楼走搜	iəu 就修酒由	
鼻音韵尾	æn 干产烂喊搬	iæn 编现甜捐	uæn 万算钻换端
	en 跟很嫩生整	in 林今新宾听	uən 纯滚绳问
	aŋ 胖帮上康郎	iaŋ 讲想养向抢	uaŋ 爽装光忘
	oŋ 红共送龙中	ioŋ 穷凶容熊	

韵母音值的描写和说明：

中江话韵母共 32 个。其中，单元音韵母 7 个，复元音韵母 14 个，鼻音韵母 11 个。

（1）A 单独做韵母时舌位偏中，在 iA、uA 中时舌位实际比央元音 A 分别要偏前和偏后一些，受前面介音的发音位置牵制影响。

（2）o 韵母的实际发音唇形略圆，发音部位比标准 o 略为靠后，发音时肌肉较紧，听感上较北京音干脆短促。如多［to44］、婆［pho31］。

（3）e 做单韵母时，实际发音位置接近 ɛ。在 ie、ye、ue 中，e 舌位相对要低一些。i 单独做韵母时，在语流中，实际音值是在 i 的后面加上了 e 尾音。

（4）u 做介音时，唇形没有标准 u 圆，发音较为松弛，唇形较扁。

（5）中江话中无撮口呼韵母 y，北京话中读撮口呼的字，中江话中全部混入齐齿呼。

（6）前鼻音韵母中，鼻音韵尾-n 在中江话当中发音弱化，在 æn/iæn/uæn/yæn 四个韵母中，主元音的舌位比 a 有所上升，读音与 æ 接近。

（7）后鼻音韵尾-ŋ 较北京音鼻音稍弱。

（8）ɚ 一般只能跟零声母相拼，不和其他声母拼合，如儿［ɚ31］。个别白读中有儿化过程中将前字的声母与卷舌元音 er 直接拼读的情况。

三　声调表

表 2-7　　　　　　　　　　中江话声调

调类	调值	例字
阴平	45	都丢勾添今新身悠
阳平	31	得时席题毒留石直
上声	52	老很老好比狗晚体
去声	324	旧第盖树见道杠近

声调描写与说明：

pratt 软件测出声调例字基频最高值 192 赫兹，最低值 84 赫兹。

（1）阴平为高升调，调在 4 度与 5 度之间，个别字调读为高平调 44。
（2）阳平为中降调，部分字调头稍低，接近 21 调。
（3）上声为高降调。
（4）去声为降升调，音节比其他调类的音节时长稍长。

四　声韵配合表

表 2-8　　　　　　　　　中江话声韵配合

声母 韵母	p	ph	m	f	v	t	th	l	ŋ	ts	tsh	s	z
E	柏	撒	麦	或		跌	踢	劣		宅	车	色	热
i	笔	皮	米			底	体	里	腻				
o	博	婆	磨			多	托	骡		左	错	锁	若
u	补	谱	母	府	五	读	兔	路		做	出	书	入
ɿ										仔	词	四	
ɚ													
A	把	怕	妈	发		达	他	捺		砸	擦	洒	
iE	逼		篾			爹			捏				
iA													
io								略	虐				
uA										抓		刷	
uE													
ai	摆	牌	埋	怀		带	太	来		再	菜	赛	
ei	背	配	没	妃									
uai										拽		帅	
uei						堆	退	雷		坠	翠	水	瑞
iai													
iau	标	票	苗			吊	条	廖	尿				
iəu				谬			丢		留	牛			
əu			谋	浮		都	投	楼		走	丑	搜	肉
ɑu	抱	脬	毛			倒	讨	脑		皂	曹	骚	饶

续表

声母\韵母	p	ph	m	f	v	t	th	l	ŋ	ts	tsh	s	z
æn	班	潘	慢	反		疸	毯	蓝		站	馋	散	然
en	笨	膨	门	粉		等	吞	能		赠	陈	森	人
in	宾	品	鸣			定	蜓	鳞	凝				
iæn	编	骗	眠			颠	舔	脸	年				
uæn						端	团	卵		钻	船	算	软
uen						蹲	豚			准	寸	唇	润
iaŋ								辆	酿				
ioŋ													
oŋ	崩	碰	梦	封		懂	痛	弄		总	从	颂	茸
uɑŋ										装	创		
ɑŋ	帮	胖	忙	放		当	唐	浪		葬	仓	丧	让

声母\韵母	tɕ	tɕh	ɕ	k	kh	ŋ	x	ø
E				给	客	额	黑	
i	鸡	齐	喜					一
o				锅	可	我	货	哦
u				古	库			
ɿ								
ɚ								饵
A				咖	咔		下	啊
iE	接	切	泣					页
iA	家	洽	夏					哑
io	爵	屈	宿					乐
uA				寡	夸			瓦
uE				国	括			
ai				街	开	捱	海	
ei								
uai				拐	块		怀	外
uei				贵	跪		辉	危

续表

声母 韵母	tɕ	tɕh	ɕ	k	kh	ŋ	x	ø
iai	皆		谐					延
iau	骄	桥	销					腰
iəu	救	求	囚					优
əu				够	叩	偶	吼	
ɑu				觉	烤	熬	蒿	
æn				赶	坎	晏	汗	
ən				更	坑	硬	横	
in	惊	蜻	醒					引
iæn	捡	前	先					盐
uæn				关	宽			万
uən				棍	捆			问
iaŋ	将	强	降					样
ioŋ		穷	兄					用
oŋ				共	控		红	翁
uɑŋ				广	况		房	妄
ɑŋ				港	康	昂	航	

五 本次调查与《四川方言调查报告》数据差异

《报告》中江一点调查人为董同龢先生，调查时间为1941年11月。发音人时年26岁，为中江县大桑镇人，在成都住过6年，在峨眉住过3年。

1. 声母方面，《报告》一共归纳了20个声母，本次数据中归纳为21个声母。其中20个声母与《报告》归纳的相同，多出的一个声母是将零声母音节 u 前带有的明显的摩擦音记为声母 v。

关于 x/f，《报告》中指出："f 发音摩擦很弱，读合口时跟 hu-相混。除果通两摄读合口字外，晓匣两母大都 hu—f 不分，中江大桑镇全读作 f，如花［fa］，坏［fai］等。"（杨时逢 1984：1537）本次调查发现中江城区代表的方言点存在大量非组字 f 混入晓组 x 的情况，但并非晓匣组合口字全部读作 f，部分字遵循另外的规律。（具体分析见本书第

四章）

2. 韵母方面，《报告》归纳中江话共有 36 个韵母，其中单元音韵母 8 个，复元音韵母 15 个，带鼻音韵母 13 个。本次调查记录中江话共有韵母 32 个，其中，单元音韵母 7 个，复元音韵母 14 个，鼻音韵母 11 个。本次调查相较《报告》减少的 4 个韵母为：y/ye/yn/yan，即无撮口呼韵母。

关于撮口呼韵母在中江话的具体情况，《报告》指出："y 是一个极松而有时读开口成分，在中江离城区数十公里处，凡 y 韵的字全读开口 i 音，所以在这方言中发音人往往 y-韵字，又读 i 音两读，如'菊、局'[tçy] 或 [tçi]，'雨' y 或 i，'靴'[çye] 或 [çie]"。调查人怀疑这种现象是否受其他语言影响读成 y。董同龢先生特别指出："大桑镇方言与城内方言差别较大，与中江杰兴场方言相差很远。杰兴场分尖团，也分舌尖前后声母，无撮口 y 韵，所有 y 韵全部读齐齿，如'须 [tçi]''居 [tçi]'。所调查的大桑镇有时也会将 y 读为 i 韵。"（杨时逢 1984：1535）

《报告》中调查人的记音态度是严谨而客观的。崔荣昌先生（1996：39）将今天中江大桑镇的方言称为"龙台式的中江话"，与中江城区话有一定区别。本次调查取点为中江县城驻地凯江镇，发音人为土生土长的本地人。在调查走访的过程中我们也发现，今天中江城区绝大多数人韵母发音中均缺少撮口呼。《四川方言音系》（郝锡炯等 1960：56）对中江城关镇方言的调查结果也是缺少撮口呼，无 y/ye/yɛn/yin 韵。张一舟先生（1998）调查中江城区话的结果为：中江话撮口呼混入了齐齿呼。本次调查数据表明，中江城区话无撮口呼韵母，并不存在 y/i 变读情况。中江城区方言这一特点应是其固有的鲜明特点。由此可见，具体方言点不同，收集的语音材料也会体现出方言点之间的差异。

3. 声调方面，《报告》将中江话声调归纳为 4 个调类：阴平、阳平、上声、去声。调值分别为 55、31、42、24。我们根据今天的调查结果，运用实验语音学的相关计算方法，将中江话阴阳上去的调值归纳为 45、31、52、324。

第三节 广汉话音系

一 声母表

表2-9　　　　　　　　　　广汉话声母

调音方式 \ 调音部位		双唇	唇齿	龈音	龈腭	软腭
爆发音	不送气	p 变宾办		t 但倒当都		k 甘给跟共
	送气	ph 片胖盼		th 它贪图堂		kh 康看狂开
塞擦音	不送气			ts 在责再摘	tɕ 见家将巨	
	送气			tsh 才吃唱除	tɕh 起球抢其	
擦音	清		f 翻发放	s 素孙送桑	ɕ 想凶新学	x 火哈很河
	浊		v 无屋吴	z 忍绒肉日		
鼻音		m 慢毛莫			ȵ 年娘泥捏	ŋ 硬安饿昂
边音				l 烂郎龙暖		
零声母		ø 牙娃元阿爷				

声母描写与说明：

广汉话共21个声母，其中包括20个辅音声母，1个零声母。具体情况如下：

（1）p、ph、t、th、k、kh：听感上较北京音稍微硬一些，其中ph、th、kh送气音较北京音略强。

（2）f：摩擦程度较重，从听感上较北京音摩擦持续时间相对略长，尤其单独与u韵相拼时这一特征明显。

（3）n/l自由变读，在广汉话中不具区别意义作用，读l情况较为普遍，本书记为l。

（4）ts/tsh/s/z，这一组声母发音部位较北京话舌尖前音声母稍偏后，但卷舌音色并不明显。

（5）舌根音x跟北京音发音位置基本相同，但在o/əu等韵母后发音位置靠后，接近喉音。

（6）u 独立做音节时，如"乌、坞、巫、悟"等字，发音时摩擦音非常明显，本书记作浊擦音声母 v。

二 韵母表

表 2-10　　　　　　　　　　广汉话韵母

介音 韵尾	开口呼	齐齿呼	合口呼	撮口呼
无韵尾	ɿ 紫次始式	i 屁笔洗鸡	u 不服素路古	y 与取须居
	o 破博婆莫豁	io 略足俗宿肃		
	A 把怕大爬妈	iA 佳下夹价霞	uA 挂娃画抓华	
	e 黑给色得则	ie 接切列写姐	ue 括国扩廓	ye 绝缺月决
	ɚ 儿耳而二			
元音韵尾	ɛi 来再改赛赖	iɛi 延界解鞋	uɛi 乖帅怪甩	
	ei 背陪美配		uei 累睡追会	
	ɛu 好高导少早	iɛu 漂调小叫巧		
	əu 手走漏够厚	iəu 救求修酒		
鼻音韵尾	æn 喊干占散烂	iæn 县脸见变	uæn 完算关钻乱	yæn 悬全选鲜
	en 很更曾恨嫩	in 亲行定今宾	uen 滚混昏顺	yn 群寻君晕
	aŋ 榜刚脏巷行	iaŋ 讲想量将	uaŋ 装床双撞	
	oŋ 崩红龙共中	ioŋ 凶用熊穷		

韵母音值描写与说明：

广汉话共有 36 个韵母，其中 8 个单元音韵母，15 个复元音韵母，13 个带鼻音韵母。

（1）a 做单韵母时舌位接近于央元音 A，在 ia/ua 中 a 的发音位置略受前面介音的发音位置牵制影响，分别要偏前和偏后一些，但不特别明显，此处仍记为 iA/uA。在 aŋ/iaŋ/uaŋ 后，a 发音比央元音 A 更靠后，实际发音接近 ɑ。

（2）o 韵母的实际发音唇形圆，嘴唇肌肉较紧张，舌位比标准 o 略为靠后。

（3）e做单韵母时，与标准元音ê发音基本一致。如给［ke35］、得［te32］。在ie/ye/ue中，舌位相对要低一些，读得较开。i单独做韵母时，有的时候发音人读得较松，听感上实际音值为ie，在i的后面加上了e尾音。

（4）u做主元音时，跟标准元音u位置基本相同，但唇形稍扁。做介音时，唇形相对较圆，发音较为松弛；u单独做音节时唇形不圆，发音擦化现象很明显，前面带上唇齿浊音声母v，如屋［vu32］；在ɑu/iɑu/ou/iou中，u发音时舌位更低，唇形不圆，仅仅表示主元音向韵尾u滑动的一个趋势。

（5）y单独做韵母时发音与标准y一致，作为介音时，舌位较标注y低，实际读音接近ʏ。

（6）i做主元音时，尤其在舌面化声母后发音较紧，略带摩擦。单独做音节时摩擦音明显，实际读音接近ji。

（7）鼻音韵尾-n在广汉话当中发音弱化，个别人发音时甚至几乎脱落，同时主元音的舌位比a微微上升，读音与æ接近。

（8）ɚ一般只能跟零声母相拼，不和其他声母拼合，卷舌程度不及普通话中的ɚ。个别白读中有儿化过程中将前字的声母与后缀er直接拼读的情况，如"啵儿"［pɚ］、"泡儿"［phɚ］等。

三 声调表

表2-11　　　　　　　　　　广汉话声调

调类	调值	例字
阴平	35	勾添昏丢鞭新身悠
阳平	32	夹匹爬菩罗婆培皮
上声	51	很好比口晚体好老
去声	324	道第赖树见臭近杠

声调描写与说明：
pratt软件测出广汉话声调基频最高值191赫兹，最低值84赫兹。
（1）阴平为中升调，调由3度升至5度，升调起伏明显。

（2）阳平为中降调，降调起伏较小。
（3）上声为高降调，部分音节调头有微升或高平的迹象。
（4）去声为降升调，音节比其他调类的音节时长稍长。

四　声韵配合表

表 2-12　　　　　　　　广汉话声韵配合

声母 韵母	p	ph	m	f	v	t	th	l	ŋ	ts	tsh	s	z
ɛ	柏	拍	默			踢	肋			则	车	色	惹
i	比	皮	迷			底	体	里	腻				
o	薄	婆	磨			多	托	罗		座	错	锁	若
u	布	谱	母	付	五	堵	吐	卤		做	出	书	入
y								旅	女				
ɿ										字	词	四	
ʅ													
A	把	怕	妈	发		达	他	拉		砸	擦	洒	
iɛ	憋		篾			爹			捏				
yɛ													
uɛ													
io								略					
iA													
uA										抓		刷	
ɐi	摆	排	埋			戴	台	来		再	才	赛	
ei	倍	赔	没	非									
uɐi													
uei						对	推	类		追	崔	水	锐
iɐi													
iau	表	票	苗			调	条		鸟				
iəu				谬			丢		留	牛			
əu				浮		豆	投	楼		周	丑	搜	肉
ɑu	抱	泡	毛			倒	套	脑		皂	曹	骚	饶

续表

声母 韵母	p	ph	m	f	v	t	th	l	ȵ	ts	tsh	s	z
æn	班	盘	慢	反		疸	毯	蓝		站	馋	散	然
en	笨	彭	门	粉		等	吞	能		赠	陈	森	认
in	宾	品	鸣			定	蜓	鳞	凝				
iæn	编	骗	眠			颠	舔	脸	年				
uæn						端	团	卵		钻	船	算	软
uən						蹲				准	寸	唇	润
yn													
yæn													
iɐŋ								辆	酿				
ioŋ													
oŋ	崩	碰	梦	封		洞	铜	龙		粽	聪	颂	茸
uaŋ										妆	创		
ɐŋ	帮	旁	芒	房		当	汤	浪		藏	仓	丧	让

声母 韵母	tɕ	tɕh	ɕ	k	kh	ŋ	x	ø
e				给	克	额	黑	
i	鸡	齐	喜					一
o				锅	可	我	河	哦
u				古	库			
y	句	取	虚					鱼
ɿ								
ɚ								饵
ᴀ				尬			下	
ie	姐	切	写					页
ye	决	缺	靴					月
ue				国	括		获	
io	脚	曲	速					约
iᴀ	驾	洽	夏					哑
uᴀ				寡	夸		话	瓦

续表

声母 韵母	tɕ	tɕh	ɕ	k	kh	ŋ	x	ø
ɐi				街	开	爱	海	
ei								
uai				拐	块		坏	外
uei				贵	愧		灰	危
iai	皆		懈					延
iɐi	交	桥	销					要
iəi	救	求	囚					柚
əu				够	口	呕	厚	
ɐu				高	靠	熬	蒿	
æn				赶	坎	晏	韩	
en				更	坑	硬	亨	
in	惊	蜻	醒					引
iæn	间	前	显					盐
uæn				管	款		欢	完
uen				棍	困		荤	问
yn	军	琼	勋					晕
yæn	券	全	鲜					愿
iaŋ	将	强	降					养
ioŋ		穷	熊					用
oŋ				公	孔		洪	翁
uaŋ				广	狂		慌	妄
ɐŋ				刚	康	昂	行	

五 本次调查与《四川方言调查报告》数据差异

《报告》中广汉点记音为董同龢先生，调查时间为1941年10月。所选发音人2人，均为广汉城内人，其中：一位发音人时年24岁，在成都住过10余年，会说成都话；另一位发音人时年22岁，在成都住过4年，在峨眉住过3年。

（一）声母方面，《报告》归纳了广汉话共20个声母。本次调查数据与《报告》大致相同，共有声母 21 个。《报告》中有鼻音声母 n，本次数据将边鼻音声母 n/l 的自由变读声母记为 l；增加了一个 v 声母，即将零声母音节 u 前带有的明显的摩擦音记为声母 v。

（二）韵母方面，《报告》记录广汉话共有 36 个韵母，其中 8 个单元音韵母，15 个复元音韵母，13 个带鼻音韵母。本次调查的数据与《报告》数据基本一致。但在入声韵的记音方面，两次记音结果有一定差异：

（1）《报告》中记录：深臻曾梗开口三四等入声，大都读 e/ie 不定或两读，如"立"［ne］，［nie］，"力"［ne］，［nie］，"译、亦"读［ie］，但本次调查过程中这一特征并不明显，一般读为 i 韵。我们认为，读 ie 韵应该是广汉话入声韵的遗留，到本次调查时这种现象正在一步步消失。

（2）《报告》记录山摄入声开口三四等薛韵部分字存在 e，ie 两读，如"别"［pe］/［pie］；"灭"［me］/［mie］；"列"［ne］/［nie］。本次调查过程中"别、列"两字均读为了 ie 韵，"灭"读为 e 韵，读 e 韵应该是老派的读法，本次调查中大部分字读为 ie 韵，增加了介音 i。

（3）《报告》中，曾一梗二入声德陌麦韵字帮组部分字也存在两读情况，如"拍"［phe］/［phie］、"迫"［phe］/［phie］。本次调查发现"拍、迫"两字均读为 e 韵，无两读情况。

（4）《报告》中，臻摄入声合口一三等部分字读如果摄，应该是保留了入声韵的特色，如一等端系"突"、见系"忽"、三等帮系"物"、泥组"律"韵母为 o，本次调查中以上例字中除"物"韵母仍读 o，其他几字均读为 u 韵。

（5）《报告》记录臻摄入声合口一等见系读 u/o 不定，"忽"［xo］，三等泥组字"律"［no］。本次调查中以上二字韵母皆读为 u 韵。

通过入声韵两次调查数据的不同，我们可以看到：广汉话自身入声韵特点正在逐渐消失，受周边强势方言成都话和普通话影响，有逐渐向其靠拢的趋势。

（三）声调方面，《报告》将广汉话声调归纳为 4 个调类：阴平、阳平、上声、去声，调值分别为 55、31、42、24，入声全部归阳平。我们根据今天的调查结果，将广汉话阴阳上去的调值归纳为 35、32、

51、324。入声基本归阳平，但调查中我们发现，"八"字读的调仍有入声调特色，此处将音值记为33，应是入声残留，或者发音人口语中仍有入声，而读字表时改用了文读音（成都话）。根据我们今天对广汉方言的走访调查，广汉城区话中的入声调只存在于部分老年人口语中，已经渐趋消失，归入阳平。地理位置上靠近彭州、什邡部分乡镇方言较多保留独立入声调。

第四节 什邡话音系

一 声母表

表2-13　　　　　　　　　　什邡话声母

调音方式		双唇	唇齿	龈音	龈腭	软腭
爆发音	不送气	p 表比博帮		t 到弟点蹲		k 甘刚盖共
	送气	ph 屁铺盘胖		th 堂提痛他		kh 康看狂哭
塞擦音	不送气			ts 钻组走张	tɕ 及讲就绝	
	送气			tsh 床吃拆唱	tɕh 切起球却	
擦音	清		f 发放付非	s 算桑森搜	ɕ 许凶学想	x 黄换话回
	浊		v 吴五无乌	z 忍然让入		
鼻音		m 慢莫蛮忙			ȵ 纽念女腻	ŋ 我爱饿恩
边音				l 郎论楼路		
零声母		ø 儿挖喂歪忘娃				

声母描写与说明：

什邡话共21个声母，其中包括20个辅音声母，1个零声母。具体情况如下：

（1）p、ph、t、th、k、kh：清塞音，与北京音听感上有差异。北京音当中唇音声母p、ph与单韵母o相拼时，声韵母之间往往带一个不明显的介音u，因此从听感上较为柔和，发音时唇形较圆。

（2）f：摩擦程度较重，从听感上比北京音摩擦持续时间相对略长，尤其单独与 u 韵相拼时这一特征明显。

（3）n/l 自由变读，为同一音位的自由变体，在当地人听来不具别义作用，多数情况下读 l。

（4）ts/tsh/s/z，这一组声母发音部位较北京音舌尖稍稍偏后，个别字的读书音有卷舌倾向。

（5）z：浊擦音，摩擦程度跟北京音相比要重一些。

（6）舌根音 x 相对于舌根软腭部位稍稍靠后，与 a/o 相拼时特征明显。本书仍用 x 来标注。

（7）u 独立做音节时，发音时摩擦音非常明显，本书记作浊擦音声母 v。

二　韵母表

表 2-14　　　　　　　　　　什邡话韵母

韵尾＼介音	开口呼	齐齿呼	合口呼	撮口呼
无韵尾	ɿ 紫次始式齿	i 比起挤洗鸡	u 不库母辱	y 与取须居
	o 破博各喝落	io 雀足俗肃宿	ʊ 物沃勿瀑	
	A 哈怕大爬妈	iA 价下夹价霞	uA 娃画挂抓华	
	e 白黑给得色	ie 写姐切节谢	ue 括国扩廓获	ye 绝决缺月
	ɚ 儿耳尔而			
元音韵尾	ɐi 派海在来再	iɛi 界鞋解廷	uɐi 拐快怀帅猜	
	ei 卑配批美非		uei 为喂威回最	
	ɐu 报号搞少找	iɐu 票料肖交		
	əu 受走漏厚丑	iəu 留久修求		
鼻音韵尾	æn 喊占干满烂	iæn 编见先前	uæn 晚转乱娩短	yæn 选卷悬元
	ən 登啃真很更	in 邻饼亲今	uən 绳问文村	yn 寻君训裙
	ɐŋ 航张郎刚章	iɐŋ 想讲娘抢	uɐŋ 黄装爽光床	
	oŋ 红龙中充梦	ioŋ 穷凶勇兄		

韵母音值的描写和说明：

什邡话韵母共 37 个。其中，单元音韵母 9 个，复元音韵母 15 个，鼻音韵母 13 个。

（1）a 做单韵母和在 ia/ua 中时舌位实际比央元音A要稍偏后一些。

（2）o 韵母的实际发音唇形略圆，发音部位比标准 o 略为靠后，发音时肌肉较紧，听感上较北京音干脆短促。

（3）e 做单韵母时，与标准元音 e 一致。如给［ke35］。在 ie/ye/ue 中，e 舌位相对要低一些。

（4）u 单独做音节时发音擦化现象很明显，前面带上唇齿浊音声母 v，如屋［vu31］；在 au、iau、ou、iou 中，u 发音时舌位更低，唇形不圆，肌肉较放松，仅仅表示主元音向韵尾 u 滑动的一个趋势。

（5）y 单独做韵母时发音与标准 y 一致，作为介音时，舌位较标准 y 低，实际读音接近 ʏ。

（6）前鼻音韵母中，鼻音韵尾-n 在什邡话中发音弱化，没有舌尖接触齿龈的完整过程。发音时，主元音的舌位比 a 微微上升，读音与 æ 接近。

（7）ʊ 一般仅出现在入声韵中，可以视作 u 的变体，在入声调字中，发音时，u 音一般读得较松，舌头位置不及 u 高，本书记作 ʊ。

（8）ɚ 发音的卷舌程度不及北京话，稍偏前。一般只能跟零声母相拼，不和其他声母拼合，如儿［ɚ31］另外，什邡部分乡镇，如湔氐（龙居）一带，ɚ 发音不卷舌，实际音值接近 e。

（9）yn 的实际音质为 yin。

三 声调表

表 2-15　　　　　　　　　　什邡话声调

调类	调值	例字
阴平	35	班酸关钻勾新身悠
阳平	31	爸匹爬菩牌婆培皮
上声	51	很搞宝早九晚体好
去声	214	少报号造见舅近杠
入声	33	刻百毕拨别没瀑博

声调描写与说明：

pratt 软件测出声调基频最高值 187 赫兹，最低值 92 赫兹。

（1）阴平为高升调，调在 3 度与 5 度之间起伏。
（2）阳平为中降调，与成都话基本相同。
（3）上声为高降调，部分音节调头有微升或高平的迹象。
（4）去声为降升调，调头较低，音节比其他调类的音节时长稍长。
（5）入声为中平调，塞音尾丢失，但听感上仍比其他声调字短促。

四　声韵配合表

表 2-16　　　　　　　　　什邡话声韵配合

声母 韵母	p	ph	m	f	v	t	th	l	ŋ	ts	tsh	s	z
e	白	拍	脉				踢	肋		责	拆	色	惹
i	笔	皮	迷			底	体	里	腻				
o	波	坡	模			多	托	骡		左	错	锁	若
u	补	谱	母	父	五	堵	图	路		做	出	输	入
ʊ		瀑	木										
y								旅	女				
ʅ										子	词	四	
ɚ													
A	把	爬	麻	发		打	他	拿		杂	擦	洒	
ie	憋		篾				爹		捏				
ye													
ue													
io								虐					
iA													
uA										抓		刷	
ai	拜	排	迈			带	台	来		栽	才	腮	
ei	背	佩	妹	妃									
uai													

续表

声母 韵母	p	ph	m	f	v	t	th	l	ŋ̩	ts	tsh	s	z
uei						对	腿	雷		追	吹	睡	锐
iai													
iau	表	漂	妙			吊	跳		咬				
iəu			谬			丢		留	牛				
əu				浮		逗	投	漏		走	抽	守	肉
au	抱	脬	貌			倒	讨	闹		皂	曹	骚	饶
æn	办	潘	满	翻		单	摊	烂		占	馋	散	然
ən	笨	膨	门	粉		等	吞	能		赠	陈	森	认
in	宾	品	鸣			定	蜓	鳞	凝				
iæn	编	骗	眠			颠	舔	脸	年				
uæn						短	团	卵		钻	船	算	软
uən						蹲	豚			准	寸	唇	润
yn													
yæn													
iaŋ								辆	酿				
ioŋ													
oŋ	崩	碰	梦	疯		动	同	龙		总	从	送	茸
uaŋ										庄	创		
aŋ	帮	旁	莽	芳		当	糖	狼		葬	苍	丧	让

声母 韵母	tɕ	tɕh	ɕ	k	kh	ŋ	x	ø
e				给	克	额	黑	
i	几	其	洗					一
o				哥	课	我	喝	哦
u				古	苦			
ʊ							忽	物
y	居	取	虚					鱼
ɿ								
ɚ								而

续表

声母 韵母	tɕ	tɕh	ɕ	k	kh	ŋ	x	ø
A				咖	卡		下	啊
ie	吉	切	写					页
ye	决	缺	血					月
ue				国	括		获	
io	卒	鹊	续					育
iA	加	洽	夏					哑
uA				瓜	夸		话	瓦
ai				改	开	爱	害	
ei								
uai				拐	快		怀	外
uei				归	亏		会	危
iai	皆		懈					延
iau	交	巧	小					要
iəu	久	秋	囚					柚
əu				狗	叩	怄	厚	
ɑu				告	靠	熬	好	
æn				干	看	晏	汗	
ən				更	坑	硬	横	
in	精	亲	新					因
iæn	简	前	显					盐
uæn				关	宽		换	万
uən				棍	困		混	问
yn	均	琼	寻					云
yæn	卷	泉	鲜					愿
iaŋ	将	强	想					样
ioŋ		穷	凶					用
oŋ				共	空		红	翁
uaŋ				光	矿		黄	忘
aŋ				港	康	昂	航	

五　本次调查数据与《四川方言调查报告》数据差异

《报告》中什邡点记音人为丁声树先生，记音时间为1941年11月。发音人时年27岁，四川大学学生，原籍什邡双盛场，在绵阳住过3年，成都住过2年。

（一）声母方面，两次调查结果基本相同。《报告》一共归纳了20个声母，本次数据中归纳为21个声母，其中20个声母与《报告》归纳的相同，多出的1个声母是将零声母音节 u 前带有的明显的摩擦音记为声母 v。

（二）韵母方面，《报告》记录什邡话共有36个，其中单元音韵母8个，复元音韵母15个，鼻音韵母13个。本次调查数据稍有差异，什邡话韵母共37个。其中，单元音韵母9个，复元音韵母15个，鼻音韵母13个。相较《报告》，本次数据将入声韵中与辅音声母相拼的介于 o 与 u 之间的音独立用 ʊ 来标注，因此韵母总数多出1个。

（1）《报告》中，中古端系一等合口在臻摄舒声读开口，少数字仍读合口，如"孙"［suən］。本次调查数据中，"孙"读为开口［sən］。

（2）臻入合口三等帮见系读 o，如"勃"［pho］，"骨"［ko］；端系读 o，io 不定，如"突"［tho］。三等合口精组读 io，ie 不定，如"戌"［ɕio］，"恤"［ɕie］；见系读 io，如"屈"［tɕhio］，其他读 o，如"拂/佛"［fo］，"律"［lo］，"出"［tsho］。本次调查中涉及的臻摄入声合口三等字中，个别字读音与《报告》调查字音有变化：见系中的"骨"［ku］，端系中的"突"［thu］，精组字中"恤"读为撮口呼［ɕye］。

（3）《报告》中，通摄入声一等端系读 o，io 不定，如"笃"［to］，"鹿"［lo］；帮见两系读 o，如"木"［mo］，"哭"［kho］，"屋"［o］，其他各组全读 o，如"服"［fo］，"陆"［lo］，"肉，辱"［zo］。本次调查发现以上这些例字今仍保留入声调，但韵母据调查情况来看，主要读为 u。如"笃"［tu］，"鹿"［lu］，"哭"［khu］，"屋"［ʊ］，"服"［fu］，"陆"［lu］，"辱"［zu］。

（三）声调方面，《报告》将什邡话声调归纳为5个调类：阴平、阳平、上声、去声、入声。调值分别为55、31、42、24、33。本次调查结果显示，将什邡话调类仍为5个，调值归纳为45、31、52、214、33。

第五节　绵竹话音系

一　声母表

表 2-17　　　　　　　　　　绵竹话声母

调音方式		调音部位 双唇	唇齿	龈音	龈腭	软腭
爆发音	不送气	p 编不博被		t 当弟都多		k 赶共过更
	送气	ph 漂配排胖		th 它谈太听		kh 夸看狂快
塞擦音	不送气			ts 再脏杂早	tɕ 及今就叫	
	送气			tsh 仓赐择锄	tɕh 亲起抢全	
擦音	清		f 发奋放翻	s 三算桑森	ɕ 乡选学凶	x 货狠回还
	浊		v 吴五无乌	z 人乳让热		
鼻音		m 麻冒妈没			ȵ 牛你逆娘	ŋ 我饿恩安
边音				l 男乱龙那路		
零声母		∅ 压盐杨阿王				

声母描写与说明：

绵竹话共 21 个声母，其中包括 20 个辅音声母，1 个零声母。具体情况如下：

（1）p、ph、t、th、k、kh：听感上较北京音稍微硬一些，其中 ph、th、kh 送气音较北京音略强。

（2）f：摩擦程度较重，从听感上较北京音摩擦持续时间相对略长，尤其单独与 u 韵相拼时这一特征明显。

（3）n/l 自由变读，为同一音位的自由变体，在当地人听来不具别义作用，本书记为 l。[①]

[①]《四川方言调查报告》关于绵竹话声韵调的描写中（第 647 页）提到，"n 读音粗重，在 n 后带浊塞 d 成分，近似 nd"。本次调查中发音人发 n 音基本带边音化倾向，与《报告》记录的特色有所不同，这应当与发音人个体的发音习惯有关。但《报告》中对于 n 的记录给了我们有价值的提示，值得进一步深入调查和研究。

（4）z：浊擦音，摩擦程度较北京音要重一些。

（5）舌根音 x 跟北京音发音位置基本相同。

（6）u 独立做音节时，发音时摩擦音非常明显。本书记作浊擦音声母 v。

（7）ŋ：绵竹话中发此音时持阻时间较短、鼻音相对较弱，与邻近的什邡、旌阳情况相同。

二　韵母表

表 2-18　　　　　　　　　　绵竹话韵母

韵母 韵尾	介音	开 口 呼	齐 齿 呼	合 口 呼	撮 口 呼
无韵尾		ɿ 紫次始式	i 皮寄洗你以	u 步库路做数	y 与虚旅举徐
		o 博各罗喝果	io 略足俗肃宿	ʊ 物沃勿瀑屋	
		A 把怕它砸傻	iA 家吓恰加夏	uA 华娃花抓华	
		e 百默黑给德	iɛ 借写切节逼	ue 获国扩括廓	yɛ 月决绝缺
		ɚ 儿耳二而			
元音韵尾		ɐi 派在海卖改	iɐi 界延鞋解	uɐi 帅快怪怀猜	
		ei 配批卑美配		uei 雷会微嘴催	
元音韵尾		ɐu 报爆搞岛袍	iɐu 漂苗表交		
		əu 够吼扣肉走	iəu 就修救久		
鼻音韵尾		æn 三赶喊烂占	iæn 线先编前	uæn 乱娩短团	yæn 掀捐悬选
		en 等恨真更啃	in 林秦今饼	uen 绳文村温	yn 旬群允菌君
		ɐŋ 航行刚脏巷	iɐŋ 想江抢量	uɐŋ 忘床双霜桩	
		oŋ 朋红中贸亩	ioŋ 熊穷勇蓉		

韵母音值的描写和说明：

绵竹话韵母共 37 个。其中，单元音韵母 9 个，复元音韵母 15 个，鼻音韵母 13 个。

（1）a 做单韵母和在 ia/ua 中时舌位实际偏中，此处记为央元音 A。

（2）o 韵母的实际发音唇形略圆，发音部位比标准 o 略为靠后，发音时肌肉较紧，听感上较北京音干脆短促。偶尔读得较松，舌位降低，接近 ɔ。

（3）e 做单韵母时，与标准元音 e 一致。如给［ke214］、得［te21］。在 ie/ye/ue 中，e 舌位相对要低一些。

（4）u 做介音时，唇形没有标准 u 圆，发音较为松弛；做主元音时，唇形也没有标准 u 圆，唇形较扁。

（5）u 单独做音节时擦化现象很明显，前面带上唇齿浊音声母 v，如屋［vu21］；在 ɑu/iɑu/ou/iou 中，u 发音时舌位更低，唇形不圆，肌肉较放松，仅仅表示主元音向韵尾 u 滑动的一个趋势，实际读音接近于 ʊ。

（6）ɐi、iɐi、uɐi 中，a 的发音偏央、高，记为［ɐ］。

（7）yn 的实际音质接近 yin。

（8）y 单独做韵母时发音与标准 y 一致，作为介音时，舌位较标注 y 低，实际读音接近 ʏ。

（9）前鼻音韵母中，æn/iæn/uæn/yæn 中鼻音韵尾 n 在绵竹话中发音较弱，-n 尾没有舌尖接触齿龈的完整过程，且有鼻化现象。这四个韵母中，主元音的舌位比 a 微微上升，读音与 æ 接近，此处记为 æ。

（10）i 单独做音节时，带有明显的摩擦音 j。in/ian 做零声母音节时，i 也有摩擦现象，但相对 i 音节稍短。

（11）"鱼、娱"等字，实际读为 yə 或 y，在连词读时后面的开元音无，故本书仍记为 y。"衣、医"等-i 韵字也有类似情况，单独读字时高元音发音不紧，产生滑音，实际音读为-ie 或-iɛ，在连词读时无此现象。

（12）ɚ 发音的卷舌程度不及北京话，稍偏前。绵竹部分乡镇，如齐福、金花等地，无卷舌音，唇形较扁，实际音值接近 e。

（13）ʊ 一般仅出现在入声韵个别字中，可以视作 u 的变体，此现象与什邡话相似，但读该韵的字并不完全相同。发音时，u 音一般读得较松、短，舌头位置不及 u 高，本书记作 ʊ。

三 声调表

表2-19　　　　　　　　　绵竹话声调

调类	调值	例字
阴平	45	三欢昏丢勾新身悠
阳平	31	斜其填石题毒席直
上声	52	好宝饺很比九晚体
去声	214	盖住第舅见道近杠

声调描写与说明：

pratt 软件测出声调基频最高值192赫兹，最低值86赫兹。
（1）阴平为高升调，个别字倾向于高平调，读为44或55。
（2）阳平为中降调，个别字实际调值为32或21。
（3）上声为高降调，部分音节调头有微升或高平的迹象。
（4）去声为降升调，音节比其他调类的音节时长稍长。

四 声韵配合表

表2-20　　　　　　　　　绵竹话声韵配合

韵母＼声母	p	ph	m	f	v	t	th	l	ȵ	ts	tsh	s	z
e	白	迫	默			踢	肋			则	车	色	惹
i	笔	枇	迷			底	体	里	腻				
o	跛	婆	牧			多	托	陆		座	错	锁	
u	补	谱	母	麸	五	读	土	卤		做	除	苏	如
ʊ	不	瀑		覆									
y								旅	女				
ɿ										梓	词	四	
ɚ													
ʌ	把	怕	马	发		达	他	捺		杂	擦	洒	

续表

声母 韵母	p	ph	m	f	v	t	th	l	ŋ	ts	tsh	s	z
iɛ	憋		篾			爹			捏				
yɛ													
uɛ													
io								略					
iA													
uA										抓		刷	
ɐi	拜	派	迈			贷	太	赖		斋		财	鳃
ei	辈	赔	没	妃									
uai													
uei						队	退	雷		追	吹	水	锐
iai													
iɐu	彪	票	妙			掉	挑		鸟				
iəu			谬				丢		留	牛			
əu				浮		豆	头	楼		走	臭	受	肉
ɐu	抱	泡	貌			倒	讨	闹		遭	曹	骚	饶
æn	班	攀	慢	反		但	毯	蓝		站	馋	散	然
en	笨	盆	门	粉		等	吞	能		赠	陈	森	认
in	宾	品	鸣			定	蜓	鳞	凝				
iæn	编	片	眠			颠	舔	脸	年				
uæn						端	团	卵		钻	船	算	软
uen						蹲				准	寸	唇	润
yn													
yæn													
iɐŋ								辆	酿				
ioŋ													
oŋ	崩	捧	梦	封		懂	痛	弄		总	从	送	茸
uɑŋ										妆	创	双	
ɑŋ	谤	胖	忙	放		当	汤	郎		赃	唱	桑	

续表

声母韵母	tɕ	tɕh	ɕ	k	kh	ŋ	x	ø
e				给	客	额	黑	
i	鸡	齐	喜					一
o				锅	可	鹅	伙	
u				古	库			
ʊ								屋
y	驹	取	须					鱼
ɿ								
ɚ								饵
A					尬		下	
iɛ	及	捷	泣					页
yɛ	决	缺	靴					日
uɛ				国	括		或	
io		脚	曲	速				虐
iA	价	掐	夏					哑
uA				寡	垮		话	瓦
ɐi				街	开	捱	海	
ei								
uai				怪	快		淮	外
uei				贵	愧		辉	危
iai	皆		懈					延
iɐu	骄	桥	销					腰
iəu	救	求	囚					柚
ɔu				够	口	呕	厚	
ɐu				高	犒	熬	蒿	
æn				赶	坎	晏	韩	
en				耕	肯	硬	亨	
in	精	清	性					引
iæn	奸	前	显					盐
uæn				惯	宽		欢	完

续表

声母 韵母	tɕ	tɕh	ɕ	k	kh	ŋ	x	ø
uen				棍	捆		荤	问
yn	军	琼	勋					晕
yæn	券	全	鲜					愿
iaŋ	江	强	降					养
ioŋ		穷	凶					用
oŋ				共	控		鸿	翁
uaŋ				广	况		晃	妄
ɐŋ				港	康	昂		巷

五 本次调查与《四川方言调查报告》数据差异

《报告》中调查记音人为董同龢先生，记音时间为1941年11月。发音人时年22岁，原籍绵竹城内，四川大学在读学生，在成都住过4年，峨眉住过2年。

（一）声母方面，《报告》一共归纳了20个声母，本次调查归纳为21个声母，其中20个声母与《报告》归纳的相同，多出的一个声母是将零声母音节 u 前带有的明显摩擦音记为声母 v。另外，个别字读音记录也有差别，如"局"，《报告》中声母记为 tɕ，本次调查结果为送气音 tɕh。

（二）韵母方面，《报告》记录绵竹话共有36个韵母，其中8个单元音韵母，13个带鼻音韵母，15个复元音韵母。本次调查的数据是单元音韵母9个，复元音韵母15个，鼻音韵母13个，与《报告》数据基本一致，不同的是本次数据中，将入声韵中与辅音声母相拼的介于 o 与 u 之间的音用 ʊ 来标注，因此单元音中多出1个，总数为37个韵母。

（1）绵竹话 an、uan 中的 a 是标准前元音 a，yan、ian 两韵的 a 比标准前元音 a 较开，近似 æ，n 尾还稳固。但我们调查到今天的绵竹话鼻音韵尾 -n 呈弱化趋势。

（2）端系一等古合口在臻摄读开合不定，端泥组读开口，精组读合口，如存［tshuen］、孙［suen］。但本次调查数据显示，老派绵竹话中精组部分字仍读开口。如"存、孙、损、存、尊"等字均无介音 u。

（3）山入开口三四等见系字大都读 ye，少数读 ie，如"血"。本次调查结果显示绵竹话此字韵母读为 ye。

（4）臻摄入声合口一等帮系读 o；端系读 o/io 不定；见系读 u/o 不定，如"骨"[ku]，"忽"[xo]；三等精组读 io，如"戌"；见系读 y/io 不定，如"橘、屈"；其他各组全读 o，如"拂"[fo]，"物"[o]，"律"[no]，"出"[tsho]。今天我们调查的数据与此相比大致相同，但也有出入，如"出/律"今韵母读为 u。

（5）通入一等帮系读 o，如仆，韵母为[pho]，与本次调查结果同。但本次调查数据中非组仍有部分字读 o，如"覆"[fo]。《报告》中，三等帮系及泥组读 u、o 不定，其中"肉、陆"韵母为 o，与本次调查读音一致。

（三）声调方面，《报告》将绵竹话声调归纳为 4 个调类：阴平、阳平、上声、去声，调值分别为 55、31、42、24。我们根据本次调查结果，将绵竹话阴阳上去的调值归纳为 45、31、52、214。

第六节　罗江话音系

一　声母表

表 2-21　　　　　　　　　　罗江话声母

调音方式		双唇	唇齿	龈音	龈腭	软腭
爆发音	不送气	p 办博不		t 端当都丢		k 改刚跟光
	送气	ph 评偏旁		th 团唐太抖		kh 扛快狂卡
塞擦音	不送气			ts 走字脏至	tɕ 就今借机将	
	送气			tsh 粗窜出丑	tɕh 起球抢奇	
擦音	清		f 胡法饭付	s 伞四桑算上	ɕ 心写休想些	x 好还很话和
	浊		v 无吴乌无	z 让日热肉仍		
鼻音		m 买莫妈			ȵ 纽你牛年	ŋ 我爱额硬
边音				l 男里牛来		
零声母		ø 为牙娃阿眼				

声母描写与说明

罗江话共 21 个声母，其中包括 20 个辅音声母，1 个零声母。具体情况如下：

（1）p/ph/t/th/k/kh：听感上较北京音稍微硬一些，其中 ph/th/kh 送气音较北京音略强。

（2）f：摩擦程度较重，从听感上较北京音摩擦持续时间相对略长，尤其单独与 u 韵相拼时这一特征明显。

（3）n/l 自由变读，为同一音位的自由变体，在当地人听来不具别义作用，多数情况下读 l，本书记为 l。

（4）z：浊擦音，摩擦程度较北京音要重一些。

（5）舌根音 x 跟北京音发音位置基本相同。

（6）u 独立做音节时，发音时摩擦音非常明显。本书记作浊擦音声母 v，如"乌、坞、巫、悟"。

（7）罗江话中，ŋ 做声母时持阻时间较短、鼻音相对较弱，与邻近的什邡、旌阳情况相同。

二 韵母表

表 2-22　　　　　　　　　罗江话韵母

韵尾＼介音	开 口 呼	齐 齿 呼	合 口 呼	撮 口 呼
无韵尾	ɿ 字词四次	i 系急笔洗	u 步库母辱	y 与取须居
	o 破博朵鸽	io 略足肃俗宿		
	A 把怕妈大它	iA 假虾夹价霞	uA 瓜娃画抓华	
	e 德北默跌刻黑	ie 写切借摘逼	ue 括扩廓国或	ye 缺月绝决
	ɚ 儿耳尔而			
元音韵尾	ai 摆盖害太改	iai 界延鞋解	uai 帅快乖怀猜	
	ei 杯配批美非		uei 内微雷嘴催	
	au 好高岛老靠	iau 轿笑表交		
	əu 厚够扣吼走	iəu 囚救修求久		

续表

韵尾 \ 介音	开口呼	齐齿呼	合口呼	撮口呼
鼻音韵尾	æn 盘班干喊看	iæn 见编先前	uæn 万团乱娩短	yæn 卷全悬娟
	ən 登恨坑真更	in 林秦亲今	uen 绳浑文昏	yn 寻军允君
	aŋ 绑扛行脏巷	iaŋ 江量想抢	uaŋ 光桩忘霜	
	oŋ 红共农送贸	ioŋ 穷凶用蓉		

韵母音值的描写和说明：

罗江话韵母共36个。其中，单元音韵母8个，复元音韵母15个，鼻音韵母13个。

（1）a 做单韵母和在 ia/ua 中时舌位实际比央元音 A 要稍偏后一些，接近于 ɑ，a 音常常带上鼻化色彩，听感上较粗重，近似于 ã。

（2）o 韵母的实际发音唇形略圆，发音部位比标准 o 略为靠后，发音时肌肉较紧，听感上较北京音干脆短促。

（3）e 做单韵母时，与标准元音 e 一致。在 ie/ye/ue、中，舌位相对单 e 要低一些。

（4）u 单独做音节时发音擦化现象很明显，前面带上唇齿浊音声母 v，如屋 [vu31]；在 [ɑu]、[iau]、[əu]、[iəu] 中，u 发音时舌位更低，唇形不圆，肌肉较放松，仅仅表示主元音向韵尾 u 滑动的一个趋势。

（5）y 单独做韵母时发音与标准 y 一致，做介音时，舌位较标准 y 低，实际读音接近 ʏ。

（6）前鼻音韵母中，鼻音韵尾 -n 在罗江话当中发音弱化，甚至有鼻化现象，但鼻化音读得不稳定。æn、iæn、uæn、yæn 四个韵母中，主元音的舌位比 a 微微上升，读音与 æ 接近。

（7）ɚ 发音的卷舌程度不及北京话，稍偏前。一般只能跟零声母相拼，不和其他声母拼合，如儿 [ɚ31]。个别白读中有儿化过程中将前字的声母与后缀 er 直接拼读的情况，如"啵儿" [pɚ44]、"泡儿" [phɚ44] 等。

三 声调表

表 2-23　　　　　　　　　罗江话声调

调类	调值	例字
阴平	44	真添新丢勾悠身昏
阳平	31	情时题毒填直实席
上声	52	母老好很比晚吼九
去声	324	第道就盖见近杠户

声调描写与说明：

pratt 软件测出声调基频最高值 182 赫兹，最低值 84 赫兹。

（1）阴平为高平调，个别字实际调值读为 45 调。
（2）阳平为中降调，个别音节调头较低，接近 21 调。
（3）上声为高降调，部分音节调头有微升或高平的迹象。
（4）去声为降升调，音节比其他调类的音节时长稍长。

四 声韵配合表

表 2-24　　　　　　　　　罗江话声韵配合

韵母＼声母	p	ph	m	f	v	t	th	l	ȵ	ts	tsh	s	z
e	白	迫	默			踢	肋			则	车	色	惹
i	比	枇	米			底	体	离	泥				
o	波	剖	牧			多	托	骡		坐	措	所	若
u	不	铺	目	付	无	读	图	路		做	除	素	入
y								旅	女				
ɿ										梓	词	四	日
ɚ													
A	爸	爬	妈	发		打		它	那	砸	查	傻	

续表

声母 韵母	p	ph	m	f	v	t	th	l	ŋ	ts	tsh	s	z
iɛ	憋		篾			爹		捏					
yɛ													
uɛ													
io							略						
iA													
uA										抓		刷	
ia	摆	排	买			带	太	赖		再	才	赛	
ei	辈	赔	没	妃									
uai										喘	甩		
uei						对	退	雷		追	翠	水	锐
iai													
iɛi	彪	票	苗			吊	挑		鸟				
iɛu				谬		丢		流	牛				
əu				浮		逗	透	漏		走	丑	受	肉
ɛu	抱	跑	貌			倒	套	老		灶	曹	骚	饶
æn	班	盘	慢	反		丹	毯	蓝		站	产	散	然
en	笨	膨	闷	粉		灯	吞	能		赠	陈	生	认
in	宾	品	鸣			定	听	林	凝				
iæn	编	片	眠			颠	田	脸	年				
uæn						端	团	卵		钻	船	酸	软
uen						蹲				准	寸	唇	润
yn													
yæn													
iɛŋ								辆	酿				
ioŋ													
oŋ	绷	碰	梦	风		洞	同	龙		宗	聪	颂	茸
uaŋ										妆	创		
ɑŋ	帮	庞	忙	访		当	唐	浪		脏	仓	桑	

续表

声母 韵母	tɕ	tɕh	ɕ	k	kh	ŋ	x	ø
e				给	客	额	黑	
i	鸡	齐	喜					一
o				锅	课	我	活	
u				古	哭			
y	居	取	虚					鱼
ɿ								
ɚ								饵
A				尬			下	
iɛ	及	切	泣					页
yɛ	决	缺	血					日
uɛ				国	括		或	
io	脚	曲	速					约
iA	家	洽	夏					哑
uA				挂	夸		化	瓦
ɐi				街	开	爱	海	
ei								
uai				乖	块		坏	外
uei				归	愧		辉	危
iai	皆		懈					延
iɐu	骄	桥	笑					腰
iəu	久	球	囚					又
əu				狗	口	偶	后	
ɐu				觉	考	熬	蒿	
æn				赶	坎	晏	韩	
en				哽	坑	硬	亨	
in	今	情	醒					引
iæn	间	前	县					演
uæn				关	宽		欢	完
uen				棍	捆		荤	问

续表

声母\韵母	tɕ	tɕh	ɕ	k	kh	ŋ	x	ø
yn	军	群	训					晕
yæn	娟	全	鲜					愿
iaŋ	江	强	降					养
ioŋ		穷	兄					用
oŋ				宫	孔		鸿	翁
uaŋ				广	矿		皇	妄
aŋ				纲	亢	昂	杭	

五 本次调查与《四川方言调查报告》数据差异

《报告》中罗江一点调查记音人为丁声树先生，调查时间为1941年11月。发音人时年20岁，四川大学学生，原籍罗江新盛场，在本地读小学，于绵阳就读初中3年，于成都就读高中3年。

（一）声母方面，《报告》一共归纳了19个声母，本次数据中归纳为21个声母，多出2个声母。其中19个声母与《报告》归纳的相同，多出的2个声母分别是摩擦音声母f和零声母音节u前带有的明显的摩擦音声母v。

（1）《报告》记录的罗江话无声母f，非敷奉三母合口全部读成xu-，与晓匣合口混，飞=灰，房=黄。本次调查发现罗江城区话声母系统中有f声母存在。《报告》中罗江一点的发音人为罗江新盛场人，记录语音主要为罗江新盛场（今新盛镇）音。新盛镇位于罗江县东部，距离罗江县城16千米。据笔者走访调查，当地人认为自己的家乡话比城区话更"土"。如《报告》中记录新盛场镇方言的f/h混读规律与城区话有区别，《报告》中记录的罗江话只有x声母无f，即所有非组字全部读为x。本次调查数据中，f/x两声母均存在于罗江话中，也存在一定情况的混读。

（2）《报告》中显示疑母三四等字全读舌面化鼻音声母ȵ。本次调查数据显示，疑母三四等字开口今在德阳地区部分读为声母ȵ，如"年、凝"，部分读为开口呼，如"言、迎"。

（二）韵母方面，《报告》记录罗江话共有 36 个韵母，其中 8 个单元音韵母，15 个复元音韵母，13 个带鼻音韵母。本次调查的数据为：单元音韵母 8 个，复元音韵母 15 个，鼻音韵母 13 个，与《报告》数据基本一致。

（1）带鼻音的韵母记录情况中，《报告》将 an/ian/uan/yan 四个复韵母记为鼻化音韵母，本次调查发现，罗江话中存在此倾向，但听感上并不十分明显，因此仍然记为鼻音尾韵母。

（2）单韵母卷舌元音 ɚ，《报告》记录为 l̩，边音延长成音节，不卷舌。

（3）入声韵中，除"摘_(麦开二)_"字读［tɕie31］外，德陌麦三韵今罗江话中已经基本合流，都读为 e 韵。而《报告》中调查的结果显示，德陌麦三韵并没有完全合流，知庄组字呈现 i/ie 两读情况，如"窄"有［tɕie31］/［tse31］两读。本次调查数据中仅发现"摘"字一例，其他知庄字已没有两读现象。

（三）声调方面，《报告》将罗江话声调归纳为 4 个调类：阴平、阳平、上声、去声。调值分别为 55、31、42、24。我们根据本次调查记音，将罗江话阴阳上去的调值归纳为 44、31、52、324。

第三章 各区县方言音韵结构比较

第一节 声母结构特征比较

一 古帮组字今读情况

古帮组字今读情况见表 3-1。

表 3-1

例字	柏	遍	派	拔	勃	鼻	忙	娩
中古音	帮陌入	帮先去	滂佳去	并黠入	并没入	并脂去	明唐平	明先上
旌阳	pe31	phiæn324	phɐi324	phɐ31	po31	pi31	maŋ31	uæn51
罗江	pe31	phiæn324	phɐi324	phA31	po31	pi31	mɐŋ31	uæn52
绵竹	pe31	phiæn214	phɐi214	phA31	po31	pi31	mɐŋ31	uæn51
什邡	pe33	phiæn214	phɐi214	phA33	po33	pi31	mɐŋ31	uæn51
广汉	pe32	phiæn324	phɐi324	phA32	po32	pi32	mɐŋ32	uæn51
中江	pE31	phiæn324	phai324	phA31	po31	pi31	maŋ31	uæn52

由表 3-1 可以看出，帮组在德阳地区今读有送气、不送气清音声母两种情况。并母个别字在今德阳话中读为送气声母，如"拔、勃"等。明母例外字如"娩"，声母读为了零声母，可能是受"晚、挽"等形近字的影响而产生的误读。"喷"有两读："~雾剂"中读 [fən]，而"~香"组合中读为 [phoŋ]。帮母例外字如"秘"，在德阳大多数方言点中读为 [pei]，符合音变规律，普通话中读为 [mi]。另外，非组中极少数字也混读为 ph，如：捧 [phoŋ] 等，这可能是上古音的遗留，属于轻唇音分化出来之前重唇音留存的痕迹。

二 非晓组今读音的分混

由表3-2可以看出，非组、晓组在今德阳地区呈现出较高的一致性。但中江一点与其他几点的混读情况差异较大。

表3-2　　　　　　　　非晓组今读音的分混

例字	父	忽	飞	灰	番	唤
中古音	奉麌上	晓没入	非微平	晓灰平	敷元平	晓桓平
旌阳	fu324	xo31	fei45	xuei45	fæn45	xuæn324
罗江	fu324	fu31	fei44	xuei44	fæn44	xuæn324
绵竹	fu214	fu31	fei45	xuei45	fæn45	xuæn214
什邡	fu214	xʊ33	fei35	xuei35	fæn35	xuæn214
广汉	fu324	fu31	fei35	xuei35	fæn35	xuæn324
中江	fu324	fu32	fei45	fei45	fæn45	fæn324

例字	喷	荤	芳	黄	峰	烘
中古音	非文上	晓文平	敷阳平	匣唐合平	敷钟平	晓东平
旌阳	fən324	xuən45	faŋ45	xuaŋ31	foŋ45	xoŋ45
罗江	fən324	xuən44	faŋ44	xuaŋ31	foŋ44	xoŋ44
绵竹	fən214	xuən45	faŋ45	xuaŋ31	foŋ45	xoŋ45
什邡	fən214	xuən35	faŋ35	xuaŋ31	foŋ35	xoŋ35
广汉	fən324	xuən35	faŋ35	xuaŋ32	foŋ35	xoŋ35
中江	fən324	fən45	faŋ45	faŋ31	xoŋ45	xoŋ45

从旌阳、罗江、什邡、广汉、绵竹五个点的情况来看，当韵母是单元音u时，声母一律是f，即以u为条件，在元音u之前舌根擦音轻唇化。其中，什邡保留了入声调，韵母元音受入声调类的影响，个别入声字中u读得较开，接近o，文中标注为ʊ。什邡话中，晓组字后韵母为单元音u时，声母一般为f，但我们找到这样一个例子：忽_{晓没一等合口入}[xʊ33]，当韵母为ʊ时，声母仍读x，这说明声母x/f的混读规律同韵母的条件可能存在一定联系。

中江话中非晓组的演化有一定的特殊性。中古非组字今读 f，但在韵母 oŋ 前读为 x；晓组字在韵母 o、oŋ 前面读 x，在其他韵母前读成了 f。在中江城区以外的部分乡镇方言，x/f 混读情况更为复杂。如中江北部部分乡镇方言中，非组字在 aŋ 韵前读为 xu-，如"防房＝黄皇"，南部部分乡镇中，非晓组字在 aŋ 韵前均读为零声母合口呼音节"uaŋ"，如"黄房皇＝王"，"吃饭＝吃万"，"开会＝开胃"。

三　关于泥来母的分混

关于泥来母的分混见表 3-3。

表 3-3

四呼	开口呼		合口呼		齐齿呼		撮口呼	
例字	男	兰	怒	路	泥	梨	女	旅
中古音	泥覃平	来寒平	泥模上	来模去	泥齐平	来脂平	泥语上	来语上
旌阳	læn31		lu324		ȵi31	li31	ȵy51	ly51
罗江	læn31		lu324		ȵi31	li31	ȵy52	ly52
绵竹	læn31		lu214		ȵi31	li31	ȵy52	ly52
什邡	læn31		lu214		ȵi31	li31	ȵy51	ly51
广汉	læn32		lu324		ȵi32	li31	ȵy51	ly51
中江	læn31		lu324		ȵi31	li32	ȵi52	li52

德阳六区县方言中，关于泥来母的分混规律基本一致，洪混细分，与成都话同。泥来母在开口、合口二呼前混读为 l；在齐齿、撮口二呼前，来母字读 l，泥母字读 ȵ。如"蓝＝男"，"连≠年"，"吕≠女"。

四　古影疑母字今读情况

（一）影开口一二等字今读情况

影开口一二等字今读情况见表 3-4。

表 3-4

例字	哀	淹	矮	袄	安	恩	樱
中古音	影哈平	影咸平	影蟹上	影晧上	影寒平	影痕平	影耕平
旌阳	ŋɛi45	iæn45 文 ŋæn45 白	ŋei51	ŋeu51	ŋæn45	ŋən45	in45 文 ŋən45 白
罗江	ŋɛi44	iæn44 文 ŋæn44 白	ŋei52	ŋeu52	ŋæn44	ŋən44	in44 文 ŋən44 白
绵竹	ŋɛi45	iæn45 文 ŋæn45 白	ŋei52	ŋeu52	ŋan45	ŋen45	in45 文 ŋen45 白
什邡	ŋɛi35	iæn35 文 ŋæn35 白	ŋei51	ŋeu51	ŋæn35	ŋən35	ŋən35
广汉	ŋɛi35	iæn35 文 ŋæn35 白	ŋei51	ŋeu51	ŋæn35	ŋən35	ŋen35
中江	ŋai45	iæn45 文 ŋæn4 白	ŋai52	ŋau52	ŋæn45	ŋən45	in45 文 ŋen45 白

古影母字在今德阳方言中呈现大致一致的分布状态。影母一二等字今多读为 ŋ 声母，极少数读为零声母，如"淹、樱、鹦"等字在几个点中读音有差异。从总的趋势来看，影母开口一二等读为零声母主要是受普通话影响，一般在文读音中出现，如"淹、樱"在方言调查过程中存在零声母与 ŋ 声母的自由变读。

（二）影母开口三四等字今读情况

影母开口三四等字今读情况见表 3-5。

表 3-5

例字	阉	依	央	伊	印
中古音	影盐平	影微平	影阳平	影脂平	影真去
旌阳	iæn45	i45	iaŋ45	i45	in324
罗江	iæn44	i44	ieŋ44	i44	in324
绵竹	iæn45	i45	ieŋ45	i45	in214
什邡	iæn35	i35	iaŋ35	i35	in214
广汉	iæn35	i35	ieŋ35	i35	in324
中江	iæn45	i45	iaŋ45	i45	in324

由表3-5可知，影母开口三四等字在德阳各区县多读为齐齿呼零声母。齐齿呼音节中，以单元音 i 为韵母的音节发音时极易带上龈腭近音 j-，其次是以 in 为韵母的音节。但由于 j-在以上几个方言点发音不太稳定，本书将其视为音位变体，没有单独将其算作辅音声母。

（三）疑母开口一二等字今读情况

疑母开口一二等字今读情况见表3-6。

表3-6

例字	我	藕	昂	额	雁	俄	咬
中古音	疑哿上	疑厚上	疑唐平	疑陌入	疑删去	疑歌平	疑肴上
旌阳	ŋo51	ŋəu51	ŋaŋ31	ŋe31	ŋæn324	o31	ȵiɑu51 文 ŋau51 白
罗江	ŋo52	ŋəu52	ŋaŋ31	ŋe31	iæn324	ŋo31	ȵiɑu52 文 ŋau52 白
绵竹	ŋo52	ŋəu52	ŋaŋ31	ŋe31	ŋæn214	ŋo31	ȵiɑu52 文 ŋau52 白
什邡	ŋo51	ŋəu51	ŋaŋ31	ŋe33	iæn214	ŋo31	ȵiɑu51 文 ŋau51 白
广汉	ŋo51	ŋəu51	ŋaŋ32	ŋe32	iæn324	ŋo32	ȵiɑu51 文 ŋau51 白
中江	ŋo52	ŋəu52	ŋaŋ31	ŋE31	ŋæn214	ŋo31	ȵiau52 文 ŋau52 白

由表3-6可知，古疑母开口一二等字在今德阳各区县方言大部分都读为声母 ŋ-。个别字如"雁"，在罗江、什邡、广汉话中读音向普通话靠拢，丢失声母 ŋ-。"俄"在旌阳话文读音中读为零声母音节，应当也是受普通话影响。但这些读为零声母的字较少，不具备音韵上的整体变读规律，存在两读皆可的自由变读情况。"咬"字较特殊，声母读为舌面化的"ȵ"，在老派读音中留存［ŋau］读音。

（四）古疑母三四等开口字今读情况

古疑母三四等开口字今读情况见表3-7。

表 3-7

例字	严	宜	凝	言	迎	砚	虐	逆
中古音	疑严平	疑支平	疑蒸平	疑元平	疑庚平	疑先去	疑药入	疑陌入
旌阳	ȵiæn31	ȵi31	ȵin31	iæn31	in31	ȵiæn324	io31	ȵie31
罗江	ȵiæn31	ȵi31	ȵin31	iæn21	in31	ȵiæn324	lio31	ȵie31
绵竹	ȵiæn31	ȵi31	ȵin31	iæn31	in31	ȵiæn214	io31	ȵie31
什邡	ȵiæn31	ȵi31	ȵin31	iæn31	in31	ȵiæn214	lio31	ȵie33
广汉	ȵiæn32	ȵi32	ȵin32	iæn32	in32	ȵiæn324	lio32	ȵie32
中江	ȵiæn31	ȵi31	ȵin31	iæn31	in31	ȵiæn324	ȵio31	ȵiE31

古疑母三四等开口字今在德阳地区六个方言点的读音较为一致，部分读为零声母，部分读舌面化鼻音声母 ȵ。但也存在个别例外现象："虐"字读音在六区县有三种不同读音：[io31] ／ [lio31] ／ [ȵio31]。其中，[io31] 为老派读音，[lio31] 为受普通话影响而产生的新读，而读为 [ȵio31] 则可能是受疑母三四等开口字部分声母演变为 ȵ 而形成的类推误读。该字在口语中出现的频率非常低，几个点的调查结果也呈现出明显差异，旌阳、绵竹话中读为零声母的，罗江、什邡、广汉话中读为l声母，也有读为 ȵ 声母的，如中江。另外，"溺"字在罗江话中读 [lo]，旌阳话中读 [zo]，读音存在差异，但从"溺"在德阳方言中的使用频率来看，属于书面用语，口语中基本不使用，因此发音人可能因为不熟悉读音而用声符进行类推，造成误读。

（五）古影疑母合口一二等字今读情况

古影疑母合口一二等字今读情况见表 3-8。

表 3-8

例字	窝	温	外	汪	恶	屋	吾
中古音	影戈平	疑魂平	疑泰去	影唐平	影模去	影屋入	疑模平
旌阳	o45	uen45	uɐi324	uaŋ45	vu324	vu31	vu31
罗江	o44	uen44	uɐi324	uaŋ44	vu324	vu31	vu31
绵竹	o45	uen45	uɐi214	uɐŋ45	vu214	ʊ31	vu31

续表

例字	窝	温	外	汪	恶	屋	吾
中古音	影戈平	疑魂平	疑泰去	影唐平	影模去	影屋入	疑模平
什邡	o35	uən35	uɐi214	uɐŋ35	vu214	vu33	vu31
广汉	o35	uən35	uɐi324	uɐŋ35	vu214	vu32	vu32
中江	o45	uən45	uai324	uɐŋ45	vu324	vu31	vu31

从表3-8可知，德阳地区各方言点古影疑母合口一二等字今多读为零声母。当u做单韵母时，零声母前常常带上一个浊唇齿擦音声母v。其中，"屋"在绵竹话中未带上v声母。这是由于入声韵ʊ读得较开，介于o与u之间，开口度相对u较大，唇化特征［+libial］不明显，因此发音时声道通畅，不容易带上摩擦声母v。

（六）微母合口三四等字今读情况

微母合口三四等字今读情况见表3-9。

表3-9

例字	武	文	物	袜	忘	尾	晚
中古音	微虞上	微文平	微物入	微月入	微阳去	微微上	微元上
旌阳	vu51	uən31	o31	uɐ31	uɑŋ324	uei51	uæn51
罗江	vu52	uen31	vu31	uA31	uɑŋ324	uei52	uæn52
绵竹	vu52	uen31	ʊ31	uA31	uɐŋ324	uei52	uæn52
什邡	vu51	uən31	ʊ33	uA31	uɐŋ324	uei51	uæn51
广汉	vu51	uən32	o32	uA32	uɐŋ324	uei51	uæn51
中江	vu52	uən31	vu31	uA31	uɐŋ324	uei52	uæn52

由表3-9可知，德阳地区各方言点古微母合口三四等字今多读为零声母合口呼韵母，也存在当u做单韵母时，零声母前常常带上一个浊唇齿擦音声母v这一语音现象。其中，绵竹和什邡话中入声字"物"韵母为-ʊ，发音时主元音前未带上v声母。同时，旌阳、广汉话中"物"今虽已读为阳平，但韵母读o，为零声母字，无浊唇齿擦音声母v。

（七）疑影母合口三四等字

疑影母合口三四等字见表3-10。

表3-10

例字	冤	郁	淤	渔	原	月
中古音	影元平	影屋入	影鱼平	疑鱼平	疑原平	疑觉入
旌阳	yæn45	y324	y45	y31	yæn31	ye31
罗江	yæn44	y324	y44	y31	yæn31	ye31
绵竹	yæn45	io31	y45	y31	yæn31	ye31
什邡	yæn45	io33	y35	y31	yæn31	ye33
广汉	yæn35	y324	y35	y32	yæn32	ye32
中江	iæn45	io31	i45	i31	iæn31	ie31

由表3-10可知，德阳地区各方言点古疑影母合口三四等字今多读为撮口呼零声母。其中，中江一点无撮口呼，古疑影母三四等字在中江话中基本全部读为齐齿呼。

（八）古云以母今读音情况

古云以母今读音情况见表3-11。

表3-11

例字	胃	泳	荣	孕	锐	融	容	遗	阎
中古音	云微合去	云庚合去	云庚合平	以蒸开去	以祭合去	以东合平	以钟合平	以脂开平	以鉴开平
旌阳	uei31	yn324	yn31	zuən324	zuei324	ioŋ31	ioŋ31	ȵi31	ȵiæn31
罗江	uei31	yin324	yn31	zuen324	zuei324	ioŋ31	ioŋ31	i31	ȵiæn31
绵竹	uei31	yn214	yn31	zuen214	zuei214	ioŋ31	ioŋ31	i31	ȵiæn31
什邡	uei31	yn214	yn31	zuən214	zuei214	ioŋ31	ioŋ31	i31	ȵiæn31
广汉	uei32	yn324	yn32	zuən324	zuei324	ioŋ32	ioŋ32	i32	ȵiæn32
中江	uei31	in52	in31	zuən52	zuei324	ioŋ31 老 zoŋ21 新	ioŋ31	i31	ȵiæn31

由表 3-11 可知，古云以母无论开合口字，今在德阳各方言点中主要读为零声母。"遗"在旌阳话中读为了舌面化鼻音声母 ȵ，"阎"今在六个方言点均读为了 ȵ。什邡话中，"移"以支平开三也读为了 ȵ 声母。"融、荣、容"三字今在德阳地区读音分为新老两派，年轻人或中年人受普通话影响多读为 [zoŋ]，老派读音仍读为零声母。

五 古见系开口二等字今读情况

《四川方言调查报告》（杨时逢 1984：1740）将各地方言中二等开口洪细音的读法进行过梳理，大概可以分为五派："第一派字：佳巧孝恰监幸；第二派字：家甲讲学；第三派字：戒咸瞎杏解陷街；第四派字：更耕鞋下；第五派字：格赫巷革项。在四川一派部位作 tɕ，二派多 tɕ，三派不定，四派多 k，五派全 k。因为他省读法不尽与这等差相合，所以叫'一二三四五派'。"

我们按照杨时逢的分类来观察古见系二等字在今德阳地区读音的分化，见表 3-12：

表 3-12　　　　　古见系开口二等字今读情况

分类	1		2		3		
例字	佳	孝	嘉	讲	戒	咬	解开
中古音	见佳平	晓肴去	见麻平	见讲上	见怪去	疑巧上	见蟹上
旌阳	tɕiɐi45	ɕiɐu51	tɕiA45	tɕiɛŋ51	tɕiɐi324	ȵiɐu51	kɐi51
罗江	tɕiA44	ɕiɐu52	tɕiA45	tɕiɛŋ52	tɕiɐi324	ȵiɐu52	kɐi52
绵竹	tɕiA45	ɕiɐu52	tɕiA35	tɕiɛŋ52	tɕiɛ214	ȵiɐu52	kɐi52
什邡	tɕiA35	ɕiɐu51	tɕiA45	tɕiɛŋ51	tɕiɛ214	ȵiɐu51	kɐi51
广汉	tɕiA35	ɕiɐu51	tɕiA45	tɕiɛŋ51	tɕiɐi324	ȵiɐu51	kɐi51
中江	tɕiA45	ɕiau52	tɕiA45	tɕiaŋ52	tɕiai324	ȵiau52	kai52

分类	3		4		5		
例字	杏	街	陷	鞋	耕	巷	革
中古音	匣梗上	见佳平	匣咸去	匣佳平	见耕平	匣绛去	见麦入
旌阳	ɕin324 文 xən324 白	kɐi45	xæn324	ɕiɐi31 文 xɐi31 白	kən45	xaŋ324	ke31
罗江	xən324	kɐi44	xæn324	xɐi31	kən44	xɐŋ324	ke31

续表

分类	3			4		5	
例字	杏	街	陷	鞋	耕	巷	革
中古音	匣梗上	见佳平	匣咸去	匣佳平	见耕平	匣绛去	见麦入
绵竹	xen214	kɐi45	xæn214	xɐi31	kən45	xɐŋ214	ke31
什邡	xən214	kɐi35	xæn214	xɐi31	kən35	xɐŋ214	ke33
广汉	xen324	kɐi35	xæn324	xɐi32	ken35	xɐŋ324	ke32
中江	xen324	kai45	xæn324	xai31	ken45	xɑŋ324	kɛ31

我们将德阳各方言点的例字按照《四川方言调查报告》的分类，也可以分为五类，其分布特征跟《四川方言调查报告》基本相同。但我们发现，其中一些例字的读音，随着语言接触的密切，尤其受普通话影响，见系开口二等字读开口呼的字渐趋减少，如第二类的"家""讲"，六个点的方言记音基本都已经腭化，读为细音，只在较为偏僻的农村，老年人的白读音中有这一特征。第三、四类中，旌阳话"杏""鞋"文读音声母读为 [ɕ]。第五派字今德阳方言中仍读为洪音。由此可见，《四川方言调查报告》中所分五派字，在德阳话中声母大部分都有逐渐腭化的趋势，即由 k、kh、x 向 tɕ、tɕh、ɕ 演变。① 中古开口二等韵的牙喉音声母字，在北方官话区大都产生了 i 介音并引起声母腭化，而在南方各方言区则大都未产生 i 介音，至少在白读中较多保留了开口呼。刘雪霞（2006：127）认为："i 介音在中古开口二等韵中，是由南而北逐渐推移产生不同的层次，南方方言更多地保留了中古读音。"从这一点看，四川地区的西南官话位于南北方言的一个过渡地带。

六　中古知庄章组字今读情况

（一）知组今读情况对比

知组今读情况对比见表 3-13。

---

① 《跻春台》是由清末德阳中江人刘三省编撰的故事书，张一舟先生对其研究发现，当时的中江话还有部分见系二等字声母当时读为舌根音，如："不该"误为"不街"，"皆因"误为"该因"，"玉戒"误为"一盖"，"改口"误为"解口"。由此我们可以看出见系二等字逐渐受声母腭化影响读为舌面音的过程。

表 3-13

例字	择	治	桌	抽	池
中古音	澄陌入	澄之去	知觉入	彻尤平	澄支平
旌阳	tshe31	tsʅ324	tso31	tshəu45	tshʅ31
罗江	tshe31	tsʅ324	tso31	tshəu44	tshʅ31
绵竹	tshe31	tsʅ214	tso31	tshəu45	tshʅ31
什邡	tshe31	tsʅ214	tso31	tshəu35	tshʅ31
广汉	tshe32	tsʅ324	tso32	tshəu35	tshʅ32
中江	tshE31	tsʅ324	tso31	tshəu45	tshʅ31

（二）庄组今读情况对比

庄组今读情况对比见表 3-14。

表 3-14

例字	争	抄	插	助	霜
中古音	庄耕平	初肴平	初咸入	崇鱼平	生阳平
旌阳	tsən45	tshɐu45	tshɐ31	tshu324	suaŋ45
罗江	tsən44	tshɐu44	tshA31	tshu324	suɐŋ44
绵竹	tsen45	tshɐu45	tshA31	tshu214	suɐŋ45
什邡	tsən35	tshɐu35	tshA31	tshu214	suɐŋ35
广汉	tsen35	tshɐu35	tshA32	tshu324	suɐŋ35
中江	tsen45	tshau45	tshA31	tshu324	suaŋ45

（三）章组今读情况对比

章组今读情况对比见表 3-15。

表 3-15

例字	章	召	终	赏	出
中古音	章阳平	章宵平	章东平	书阳上	昌术入
旌阳	tsɑŋ45	tsɐu45	tsoŋ45	sɑŋ51	tshu31
罗江	tsɐŋ44	tsɐu44	tsoŋ44	sɐŋ52	tshu31

续表

例字	章	召	终	赏	出
中古音	章阳平	章宵平	章东平	书阳上	昌术入
绵竹	tsɐŋ45	tsɐu45	tsoŋ45	sɐŋ52	tshu31
什邡	tsɐŋ35	tsɐu35	tsoŋ35	sɐŋ51	tshu31
广汉	tsɐŋ35	tsɐu35	tsoŋ35	sɐŋ51	tshu32
中江	tsaŋ45	tsau45	tsoŋ45	saŋ52	tshu31

例字	熟	蜀	属	植	殖
中古音	禅屋入	禅烛入	禅烛入	禅职入	禅职入
旌阳	su31	su31	su31	tsʅ31	tsʅ31
罗江	su31	su31	su31	tsʅ31	tsʅ31
绵竹	su31	su31	su31	tsʅ31	tsʅ31
什邡	su33	su33	su33	tsʅ33	tsʅ33
广汉	su32	su32	su32	tsʅ32	tsʅ32
中江	su31	su31	su31	tsʅ31	tsʅ31

由表3-15可知，知、庄、章在德阳六区县读音基本合流。此外，我们注意到，普通话中读为不送气的声母字今在德阳地区个别字读为送气声母，如澄母："泽、宅、择、撞"；而普通话中读为送气的字在德阳话中读为不送气声母，如"触、昌""翅、书"。

七 精组字今读情况

（一）洪音

见表3-16。

表3-16　　　　　　　精组洪音今读情况

例字	早	躁	餐	刺	从	坐	造	桑
中古音	精豪上	精豪去	清寒平	清支去	从钟平	从戈上	从豪上	心唐平
旌阳	tsɐu51	tshɐu324	tshæn45	tsʅ324	tshoŋ31	tso324	tshɐu324	saŋ45
罗江	tsɐu52	tshɐu324	tshæn44	tsʅ324	tshoŋ31	tso324	tshɐu324	sɐŋ44
绵竹	tsɐu52	tshɐu214	tshæn45	tsʅ214	tshoŋ31	tso214	tshɐu214	sɐŋ45

续表

例字	早	躁	餐	刺	从	坐	造	桑
中古音	精豪上	精豪去	清寒平	清支去	从钟平	从戈上	从豪上	心唐平
什邡	tsɐu51	tshɐu214	tshæn35	tsʅ214	tshoŋ31	tso214	tshɐu214	sɐŋ35
广汉	tsɐu51	tshɐu324	tshæn35	tsʅ324	tshoŋ32	tso324	tshɐu324	sɐŋ35
中江	tsau52	tshau324	tshæn45	tsʅ324	tshoŋ31	tso324	tshau324	saŋ45

（二）细音

见表 3-17。

表 3-17　　　　　　精组细音今读情况

例字	煎	浸	漆	且	族	鲜	遂	囚
中古音	精先平	精浸去	清质入	清麻上	从屋入	心鲜平	邪脂去	邪尤平
旌阳	tɕiæn45	tɕhin324	tɕhi31	tɕhiɛ51 文 tshe31 白	tɕhio31	ɕyæn45	ɕy324	ɕiəu31
罗江	tɕiæn44	tɕhin324	tɕhi31	tɕhiɛ51 文 tshe31 白	tɕhio31	ɕyæn44	ɕy324	ɕiəu31
绵竹	tɕiæn45	tɕhin214	tɕhi31	tɕhiɛ51 文 tshe31 白	tɕhio31	ɕyæn45	ɕy214	ɕiəu31
什邡	tɕiæn35	tɕhin214	tɕhi31	tɕhiɛ51 文 tshe31 白	tɕhio31	ɕyæn35	ɕy214	ɕiəu31
广汉	tɕiæn35	tɕhin324	tɕhi32	tɕhiɛ51 文 tshe32 白	tɕhio32	ɕyæn35	ɕy324	ɕiəu32
中江	tɕiæn45	tɕhin324	tɕhi31	tɕhiɛ5 文 tshɛ31 白	tɕhio31	ɕiæn45	ɕi324	ɕiəu31

由表 3-17 可知，德阳方言中精组今读不分尖团。部分字普通话中不送气，但在德阳方言中读为送气，如："躁、造、浸、族、歼、笺"等；部分送气字在德阳方言中读为不送气，如："刺"。另外，与普通话不同的是，个别声母今在德阳地区读为舌尖前声母字，如"且"的白读音 [tshe31]；个别字声母读为舌面音，如"遂、隧、虽、荽"等字。个别心母字今在德阳话中读为送气塞擦音：如"碎"[tshuei]。从母字

个别字今读为擦音，如"酉"，邪母个别字今读为擦音，如"囚、泅"[ɕiəu]。

八　古船禅母今读擦音塞擦音的分混及分布

《报告》中指出："船禅两母字今音不区别，或读塞擦音，或读擦音，在读音上有分组的倾向。"① 并将船禅两母读音分为三类：一类读塞擦音；二类读塞擦或擦音不定；三类读擦音。我们根据《报告》中的分类来看今天德阳地区船禅两母今读音的分布情况见表3-18：

表3-18

分类	A		B					C
例字	垂	成	慎	承	唇	纯	蝉	绳
中古音	禅支平	禅清平	船真去	禅蒸平	船谆平	禅谆平	禅仙平	船蒸平
旌阳	tshuei31	tshən31	tshən324	sən31 白 tshən31 文	suən31	suən31	sæn31	suən31
罗江	tshuei31	tshən31	sən324	sən31 白 tshən31 文	suən31	suən31	tshæn31 文 sæn31 白	suən31
绵竹	tshuei31	tshen31	tshen214	sen31 白 tshen31 文	suen31	suen31	sæn31	suen31
什邡	tshuei31	tshən31	tshən214	sən31 白 tshən31 文	suən31	suən31	sæn31	suən31
广汉	tshuei32	tshen32	sen324	sen32 白 tshen32 文	suən32	suən32	tshæn32 文 sæn32 白	suən32
中江	tshuei31	tshen31	tshen324	sen31 白 tshen31 文	suən31	suən31	sæn31	suən31

由表3-18可以看出，船禅母字今读主要有塞擦音tsh-和擦音s-两种分化情况。A组例字今在德阳地区基本读为tsh-，B组例字今在德阳地区有塞擦音和擦音两读，白读中多读为舌尖擦音s-，与普通话不同。古船禅母字读为舌尖擦音的字主要有"蝉、禅、晨、辰、唇、纯、醇、

---

① 杨时逢：《四川方言调查报告》，台北中研院历史语言研究所1984年版，第1742页。

常、尝"等字。"慎"在普通话中读为擦音 s-，德阳大部分地区读为送气塞擦音 tsh-。C 组字在今德阳话中均为擦音 s-。

九 古日母字今读情况

日母字在今德阳各方言点的情况主要为：止摄开口三等字今基本都读作零声母的卷舌央元音 ɚ，与成都话同。但本次调查发现在绵竹、什邡部分乡镇，如绵竹金花镇，什邡湔氐（龙居）一带，止摄开口三等字如"二、儿"读为 e，不卷舌，但目前这种语音特征只留存在部分人的口语中，多数人在读书音中能够发卷舌 ɚ 音。古日母字今读情况见表 3-19。

表 3-19

例字	儿	然	饶	肉	闰	入	绒	日
中古音	日支平	日仙平	日宵平	日屋入	日谆去	日缉入	日东平	日质入
旌阳	ɚ31	zæn31	zɐu31	zu31 文 zəu324 白	zuən324	zu31	zoŋ31	zʅ31
罗江	ɚ31	zæn31	zɐu31	zəu324	zuən324	zu31	zoŋ31	zʅ31
绵竹	ɚ31	zæn31	zɐu31	zu31 文 zəu214 白	zuen214	zu31	zoŋ31	zʅ31
什邡	ɚ31	zæn31	zɐu31	zəu214	zuən214	zu33	zoŋ31	zʅ33
广汉	ɚ32	zæn32	zɐu32	zəu324	zuən324	zu32	zoŋ32	zʅ32
中江①	ɚ31	zæn31	zau31	zəu324	zuən324	zu31	zoŋ31	zʅ31

第二节 韵母结构特征比较

一 果摄字今读情况

（一）果摄一等帮端见系今读

果摄一等帮端见系今读情况见表 3-20。

---

① 另据笔者走访发现，中江部分乡镇，如广福、冯店等地，个别日母字声母读为 s，而个别读 s 的声母又读为 z，典型的例子如"上＝让"，s、z 二者混读。

表 3-20

例字	波	朵	拖	挪	讹	我	呵
中古音	帮戈平	端戈上	透歌平	泥戈平	疑戈平	疑歌平	晓歌平
旌阳	po35	to51	tho45	lo31	ŋe31	ŋo51	xɐ45
罗江	po44	to52	tho44	lʌ44	ŋo31	ŋo52	xʌ44
绵竹	po45	to52	tho45	lʌ45	ŋo31	ŋo52	xʌ45
什邡	po35	to51	tho35	lʌ35	ŋo31	ŋo51	xʌ35
广汉	po35	to51	tho35	lʌ35	ŋo32	ŋo51	xʌ35
中江	po45	to52	tho45	lʌ45	ŋo31	ŋo52	xʌ45

除了"大_{定歌开一去}、他_{透歌开一平}、哪_{泥歌开一上}、那_{泥歌开一去}"今读为韵母 -a，果摄一等帮端见系字今在德阳方言中主要读为 -o。需要指出的是："挪"除了旌阳话中读为 -o 韵，其他几个方言点均读为开口韵 -a，应是受形声字声符影响而形成的误读。"呵"白读，表示"呵一口气"意思时，各点均读为 -a，其他在各点均读为韵母 -o，韵母较为一致。

（二）果摄见系三等字今读

果摄见系三等字今读情况见表 3-21。

表 3-21

例字	茄	靴	瘸
中古音	群戈开平	晓戈合平	群戈合平
旌阳	tɕhie31	ɕye45	tɕhye31
罗江	tɕhie31	ɕye44	tɕhye31
绵竹	tɕhiɛ31	ɕyɛ45	tɕhye31
什邡	tɕhie31	ɕye35	tɕhye31
广汉	tɕhie32	ɕye35	tɕhye32
中江	tɕhiɛ31	ɕiɛ45	tɕhiɛ31

表 3-21 中，德阳方言果摄见系三等字主要读为 ie、ye，与四川大部分方言读音同。但四川部分地区也有将三等开口的"茄"读为撮口呼 -ye，如四川筠连、自贡、泸县等地。

二 假摄开口三等精组见系字今读情况

假摄开口三等精组见系字今读情况见表3-22。

表3-22

例字	借	且	卸	些	谢	也	夜
中古音	精麻上	清麻上	心麻去	心麻平	邪麻去	以麻上	以麻去
旌阳	tɕie51	tɕhie51 文 tshe31 白	ɕie324	ɕi45	ɕie324	ie51	ie324
罗江	tɕie52	tɕhie52 文 tshe31 白	ɕie324	ɕi44	ɕie324	ie52	ie324
绵竹	tɕie52	tɕhiɛ52 文 tshe31 白	ɕiɛ214	ɕi45	ɕiɛ214	ie52	iɛ214
什邡	tɕie51	tɕhie51 文 tshe31 白	ɕie214	ɕi35	ɕie214	ie51	ie214
广汉	tɕie51	tɕhie51 文 tshe32 白	ɕie324	ɕi35	ɕie324	ie51	ie324
中江	tɕiE52	tɕhiE52 文 tshE31 白	ɕiE324	ɕi45	ɕiE324	iE52	iE324

由表3-22可知，假摄开口三等精组见系字今大多读-ie，除了"些"在今德阳各方言点读为-i韵。"且"在书面语中单独使用时一般读为［tɕhie51］，但在口语中，尤其与其他字的组合中，如"而且"，常常读为［tshe31］。

三 遇摄一等合口帮端系字今读情况

遇摄一等合口帮端系字今读情况见表3-23。

表3-23

例字	普	步	墓	吐	努	卤	赂
中古音	滂模上	并模去	明模去	透模上	泥模上	来模上	来模去
旌阳	phu51	pu324	mo324	thu51	lu51	lu51	lo31
罗江	phu52	pu324	mo324	thu52	lu52	lu52	lo31

续表

例字	普	步	墓	吐	努	卤	赂
中古音	滂模上	并模去	明模去	透模上	泥模上	来模上	来模去
绵竹	phu52	pu214	mo214	thu52	lu52	lu52	lo31
什邡	phu51	pu214	mo214	thu51	lu51	lu51	lo31
广汉	phu51	pu324	mo324	thu51	lu51	lu51	lo32
中江	phu52	pu324	mo324	thu52	lu52	lu52	lo31

由表 3-23 可知，遇摄一等帮端系字，在德阳地区基本读-u。但是在表中，我们发现少数字韵母读-o，主要为明母、来母模韵字中的极个别字，如明母"墓、暮、慕、募、幕、模"；来母"赂"等，这种现象应当是模韵字中古读音的滞后和残留。绵竹一点有"脯并模平合一"读为[pho31]，当属例外。这说明今果摄字在本区域内有少数字和遇摄字读音混同。

四 咸山摄舒声今读情况

（一）咸山摄开口二等见系

咸山摄开口二等见系字今读情况见表 3-24。

表 3-24

例字	减	监	苋	陷	咸	淹	晏	雁
中古音	见咸上	见衔平	匣山去	匣咸去	匣咸平	影咸平	影删去	疑删去
旌阳	tɕiæn51	tɕiæn45	xæn324	ɕiæn324 新 xæn324 老	xæn31	iæn45	ŋæn324	ŋæn324
罗江	tɕiæn52	tɕiæn44	xæn324	ɕiæn324 新 xæn324 老	xæn31	iæn44	ŋæn324	iæn324
绵竹	tɕiæn52	tɕiæn45	xæn214	xæn214	xæn31	ŋæn45	ŋæn214	iæn214
什邡	tɕiæn51	tɕiæn35	xæn214	ɕiæn214 新 xæn214 老	xæn31	ŋæn35	ŋæn214	iæn214
广汉	tɕiæn51	tɕiæn35	xæn324	ɕiæn324 新 xæn324 老	xæn31	ŋæn35	ŋæn324	ŋæn324
中江	tɕiæn52	tɕiæn45	xæn324	ɕiæn324 新 xæn324 老	xæn31	ŋæn45	ŋæn324	ŋæn324

由表 3-24 可知，见系二等开口咸山两摄字今在德阳地区有洪音和细音两种分化情况。表 3-24 举出的例字在北京音中均读为细音，而在德阳各方言点中均保留了部分读洪音的字，应当是中古音演变的滞后和保留。随着语言接触的频繁，文读音将会越来越向普通话音靠近。

（二）咸开口三四等帮端见系、山摄四等帮端见系字今读

咸开口三四等帮端见系、山摄四等帮端见系字今读情况见表 3-25。

表 3-25

例字	边	点	谦	严	研	炎
中古音	帮仙平	端添上	溪添平	疑严平	疑先平	云盐平
旌阳	piæn45	tiæn51	tɕhiæn45	ȵiæn31	ȵiæn45	iæn45
罗江	piæn44	tiæn52	tɕhiæn44	ȵiæn31	ȵiæn44	iæn44
绵竹	piæn45	tiæn52	tɕhiæn45	ȵiæn31	ȵiæn45	iæn45
什邡	piæn35	tiæn51	tɕhiæn35	ȵiæn31	ȵiæn35	iæn35
广汉	piæn35	tiæn51	tɕhiæn35	ȵiæn32	ȵiæn35	iæn35
中江	piæn45	tiæn52	tɕhiæn45	ȵiæn31	ȵiæn45	iæn45

咸摄字今在德阳地区开口三四等字读音相同，与山摄四等开口帮端见系字二者已相混，帮端见系韵母均读为-iæn，鼻韵尾弱化，在德阳话中基本无例外。

（三）山摄开口三等字今读情况

山摄开口三等字今读情况见表 3-26。

表 3-26

例字	免	娩	延	贱	鲜_{新鲜}	展	掀
中古音	明仙上	明仙上	以仙平	从先去	心仙平	知仙上	晓元平
旌阳	miæn51	uæn51	iʑi31	tɕyæn324	ɕyæn45	tsæn51	tɕhyæn45
罗江	miæn52	uæn52	iʑi31	tɕiæn324	ɕyæn44	tsæn52	tɕhyæn44
绵竹	miæn52	uæn52	iɛ31	tɕiæn214	ɕyæn45	tsæn52	tɕhyæn45
什邡	miæn51	uæn51	iʑi31	tɕiæn214	ɕyæn35	tsæn51	tɕhyæn35

续表

例字	免	娩	延	贱	鲜_{新鲜}	展	掀
中古音	明仙上	明仙上	以仙平	从先去	心仙平	知仙上	晓元平
广汉	miæn51	uæn51	iɐi32	tɕiæn324	ɕyæn35	tsæn51	tɕhyæn35
中江	miæn52	uæn52	iai31	tɕiæn324	ɕiæn45	tsæn52	tɕhiæn45

山摄开口三等字今在德阳地区开合齐撮四呼均有，知章组字今均读为开口呼-æn 韵。帮端精见系字今多读为韵母-iæn，个别读为撮口呼-yæn，如："鲜、癣、掀"等，读音与山摄合口三等精组字合流，这一特点在湖南部分赣语中也存在①。"娩"读为-uæn，应当是受"晚、挽"等字形的影响而形成的误读，即李荣先生（1982）所说的"字形的影响造成语音演变规律的例外"。另一些例外现象，如"延、筵"读为-iai，旌阳话中"贱"读为撮口呼-yæn。

（四）山摄合口三等精知章组见系

山摄合口三等精知章组见系字今读情况见表 3 – 27。

表 3 – 27

例字	劝	院	泉	选	椽	喘	川
中古音	溪元去	云仙去	从仙平	心仙上	澄仙平	昌仙上	昌仙平
旌阳	tɕhyæn324	yæn324 文 uæn324 白	tɕhyæn31	ɕyæn51	tshuæn31	tshuɐi31	tshuæn45
罗江	tɕhyæn324	yæn324 文 uæn324 白	tɕhyæn31	ɕyæn52	tshuæn31	tshuɐi31	tshuæn44
绵竹	tɕhyæn214	yæn214 文 uæn214 白	tɕhyæn31	ɕyæn52	tshuæn31	tshuɐi31	tshuæn45
什邡	tɕhyæn214	yæn214 文 uæn214 白	tɕhyæn31	ɕyæn51	tshuæn31	tshuɐi31	tshuæn35
广汉	tɕhyæn324	yæn324 文 uæn324 白	tɕhyæn32	ɕyæn51	tshuæn32	tshuɐi32	tshuæn35
中江	tɕhiæn324	iæn324 文 uæn324 白	tɕhiæn31	ɕiæn52	tshuæn31	tshuai31	tshuæn45

---

① 李冬香：《湖南赣语语音研究》，暨南大学博士学位论文，2005 年，第 76 页。

山摄合口三等字知章组今在德阳地区主要读为-uæn韵母,其中"喘"韵母-uɐi,为例外。精组见系字今主要读为撮口呼-yæn,与北京音韵母一致。少数字存在例外,如"院"白读音韵母读为-uæn,与成都话一致,与北京音区别开来。

五 宕江摄舒声今读情况

(一)宕摄开口一三等端见系

宕摄开口一三等端见系字今读情况见表3-28。

表3-28

例字	当	娘	良	郎	奖	刚	羊	乡
中古音	端唐平	泥阳平	来阳平	来唐平	精阳上	见唐平	以阳平	晓阳平
旌阳	taŋ45	ȵieŋ31	lieŋ31	laŋ31	tɕieŋ51	kaŋ45	ieŋ31	ɕieŋ45
罗江	teŋ44	ȵieŋ31	lieŋ31	leŋ31	tɕieŋ52	keŋ44	ieŋ31	ɕieŋ44
绵竹	teŋ45	ȵieŋ31	lieŋ31	leŋ31	tɕieŋ52	keŋ45	ieŋ31	ɕieŋ45
什邡	teŋ35	ȵieŋ31	lieŋ31	leŋ31	tɕieŋ51	keŋ35	ieŋ31	ɕieŋ35
广汉	teŋ45	ȵieŋ32	lieŋ32	leŋ32	tɕieŋ51	keŋ35	ieŋ32	ɕieŋ35
中江	taŋ45	ȵiaŋ31	liaŋ31	laŋ31	tɕiaŋ52	kaŋ45	iaŋ31	ɕiaŋ45

由表3-28可以看出,德阳地区宕摄开口一三等精组端见系字中,一等字今读开口呼韵母-aŋ,三等字今读齐齿呼-iaŋ,与成都话同,演化情况与北京音基本一致。

(二)江摄开口二等见系字今读

江摄开口二等见系字今读情况见表3-29。

表3-29

例字	江	港	腔	巷	项	降_投降
中古音	见江平	见江上	溪江平	晓江去	晓江上	匣江平
旌阳	tɕieŋ45	kaŋ51	tɕhieŋ45	xaŋ324	xaŋ324	ɕieŋ31
罗江	tɕieŋ44	keŋ52	tɕhieŋ44	xeŋ324	xeŋ324	ɕieŋ31

续表

例字	江	港	腔	巷	项	降_{投降}
中古音	见江平	见江上	溪江平	晓江去	晓江上	匣江平
绵竹	tɕieŋ45	kɐŋ52	tɕhieŋ45	xɐŋ214	xɐŋ214	ɕieŋ31
什邡	tɕieŋ35	kɐŋ51	tɕhieŋ35	xɐŋ214	xɐŋ214	ɕieŋ31
广汉	tɕieŋ35	kɐŋ51	tɕhieŋ35	xɐŋ324	xɐŋ324	ɕieŋ32
中江	tɕiaŋ45	kaŋ52	tɕhiaŋ45	xaŋ324	xaŋ324	ɕiaŋ31

由表 3-29 可知，江摄开口二等见系字今德阳方言中一般读-iaŋ 韵母，个别喉牙音声母后读为洪音-aŋ，如"巷、项"。但目前"项"在年轻人中已多读为细音，受普通话影响明显，仅在"颈项、项链"等固定搭配中，仍读为开口洪音。

（三）宕江摄开口一二三等帮知系字

宕江摄开口一二三等帮知系字今读情况见表 3-30。

表 3-30

例字	忙	方	胖	丈	尝	壤	窗	床
中古音	明唐平	非阳平	滂江去	澄阳平	禅阳平	日漾上	初江平	崇阳平
旌阳	maŋ31	faŋ45	paŋ324	tsaŋ324	saŋ31	zaŋ51	tshuaŋ45	tshuaŋ31
罗江	mɐŋ31	fɐŋ44	pɐŋ324	tsɐŋ324	sɐŋ31	zɐŋ52	tshuɐŋ44	tshuɐŋ31
绵竹	mɐŋ31	fɐŋ45	pɐŋ214	tsɐŋ214	sɐŋ31	zɐŋ52	tshuɐŋ45	tshuɐŋ31
什邡	mɐŋ31	fɐŋ35	pɐŋ214	tsɐŋ214	sɐŋ31	zɐŋ52	tshɐŋ 35	tshuɐŋ31
广汉	mɐŋ32	fɐŋ35	pɐŋ324	tsɐŋ324	sɐŋ32	zɐŋ51	tshuɐŋ35	tshuɐŋ32
中江	maŋ31	faŋ45	paŋ324	tsaŋ324	saŋ31	zaŋ52	tshuaŋ45	tshuaŋ31

从德阳地区今读音来看，宕江摄开口一二三等帮系今皆读洪音-aŋ，知章日组读开口呼-aŋ，庄组大部分字读为了合口呼-uaŋ，与北京话演变情况也基本一致。个别点的少数字无 u 介音而读为开口呼，如"窗"（什邡点）。

（四）宕摄合口一三等见系

宕摄合口一三等见系字今读情况见表 3-31。

表3-31

例字	广	皇	况	王
中古音	见唐合一上	匣唐合一平	晓阳合三去	云阳合三平
旌阳	kuaŋ51	xuaŋ31	khuaŋ31	uaŋ31
罗江	kuɐŋ52	xuɤŋ31	khuɐŋ31	uɐŋ31
绵竹	kuɐŋ52	xuɤŋ31	khuɐŋ31	uɐŋ31
什邡	kuɐŋ51	xuɤŋ31	khuɐŋ31	uɐŋ31
广汉	kuɐŋ51	xuɤŋ32	khuɐŋ32	uɐŋ32
中江	kuaŋ52	faŋ31	khuaŋ31	uaŋ31

由表3-31可知，德阳方言中，宕摄合口一三等见系字今主要读为合口-uaŋ，与北京音演化规律同。存在极个别例外，如"眶"，旌阳读为[tɕiaŋ45]，声母腭化，读为齐齿呼。

六　深臻曾梗摄舒声今读情况

（一）臻曾梗摄开口一二等端知见系字

臻曾梗摄开口一二等端知见系字今读情况见表3-32。

表3-32

例字	戥	吞	冷	更	肯	杏	樱	争	生
中古音	端等开一上	透痕开一平	来庚开二上	见映开二去	溪登开一上	匣庚开二上	影耕平开二平	庄耕平开二平	生庚开二平
旌阳	tən51	thən45	lən51	kən324	khən51	ɕin324 文 xən324 白	in45 文 ŋən45 白	tsən45	sən45
中江	ten52	then45	len52	ken324	xen52	ɕin324 文 xen324 白	in45 文 ŋen45 白	tsen45	sen45
什邡	tən51	thən35	lən51	kən214	xən51	ɕin214 文 xən214 白	ŋən35 白	tsən35	sən35
绵竹	ten52	then45	len52	ken214	xen52	ɕin214 文 xen214 白	in45 文 ŋen45 白	tsen45	sen45
罗江	tən52	thən44	lən52	kən324	xən52	ɕin324 文 xən324 白	in44 文 ŋən44 白	tsən44	sən44
广汉	ten51	then35	len51	ken324	xen51	ɕin324 文 xen324 白	ŋen35 白	tsen35	sen35

臻曾梗摄开口一二等端知见系字在德阳地区今读韵母一致，无前后鼻音韵母之分，皆读为-en，其中"杏、茎"普通话已读为细音，在德阳个别点白读仍读为-en韵。个别影母字如"樱、鹦"在个别点已受普通话影响，出现文白异读，文读韵母读为-in。

（二）曾梗摄一二等帮见系字

曾梗摄一二等帮见系字今读情况见表3-33。

表3-33

例字	崩	烹	朋	萌	孟	弘	宏
中古音	帮登开一平	滂庚开二平	并登开一平	明耕开一平	明庚开二去	匣登合一平	匣耕合二平
旌阳	poŋ45	phoŋ45	phoŋ31	moŋ31	moŋ324	xoŋ31	xoŋ31
中江	pən45	phoŋ52	phoŋ31	moŋ31	moŋ324	xoŋ31	xoŋ31
什邡	pən45	phən45	phoŋ31	moŋ31	moŋ324	xoŋ31	xoŋ31
绵竹	pen35	phen35	phoŋ31	moŋ31	moŋ214	xoŋ31	xoŋ31
罗江	pən44	phən44	phoŋ31	moŋ31	moŋ214	xoŋ31	xoŋ31
广汉	pən35	phən35	phoŋ32	moŋ32	moŋ324	xoŋ32	xoŋ32

由表3-33可看出，曾梗摄一二等帮见系字开合口字今有两读情况，读为-oŋ或-ən。其中，由上一小节内容可知，其开口一二等见系字开口均读为-en，帮组一二等开合口及帮见系一二等合口则存在-oŋ或-ən相混的情况。在德阳话中，存在两读的情况主要是曾开一和梗开二的帮系字，如"崩、烹"。

（三）深臻曾梗开口三四等帮端见系字

深臻曾梗开口三四等帮端见系字今读情况见表3-34。

表3-34

例字	宾	名	京	今	菱	应	津	腥
中古音	帮真平	明清平	见庚平	见侵平	来蒸平	影蒸平	精真平	心青开四平
旌阳	pin45	min31	tɕin45	tɕin45	lin31	in324	tɕin45	ɕin45
中江	pin45	min31	tɕin45	tɕin45	lin31	in324	tɕin45	ɕin45
什邡	pin35	min31	tɕin35	tɕin35	lin31	in214	tɕin35	ɕin35

续表

例字	宾	名	京	今	菱	应	津	腥
中古音	帮真平	明清平	见庚平	见侵平	来蒸平	影蒸平	精真平	心青开四平
绵竹	pin45	min31	tɕin45	tɕin45	lin31	in214	tɕin45	ɕin45
罗江	pin44	min31	tɕin44	tɕin44	lin31	in324	tɕin44	ɕin44
广汉	pin35	min32	tɕin35	tɕin35	lin32	in324	tɕin35	ɕin35

从表 3-34 可见，德阳各方言点曾梗摄开口三四等帮端见系字混入深臻摄，韵母皆读作-in，与成都话同。

（四）深臻曾梗开口三等知系字

深臻曾梗开口三等知系字今读情况见表 3-35。

表 3-35

例字	侦	沉	蒸	城	申	升
中古音	知清平	澄侵平	章蒸平	禅清平	书真平	书蒸平
旌阳	tsən45	tshən31	tsən45	tshən31	sən45	sən45
中江	tsən45	tshən31	tsən45	tshən31	sən45	sən45
什邡	tsən45	tshən31	tsən45	tshən31	sən45	sən45
绵竹	tsen35	tshen31	tsen35	tshen31	sen35	sen35
罗江	tsən44	tshən31	tsən44	tshən31	sən44	sən44
广汉	tsən35	tshən32	tsən35	tshən32	sən35	sən35

由表 3-35 可知，曾梗开口三等知系字已混入深臻摄字，在德阳地区各方言点均读作韵母-en，个别字如"绳船蒸平"读为合口韵-uen。

（五）通摄一三等帮系字

通摄一三等帮系字今读情况见表 3-36。

表 3-36

例字	蓬	蒙	梦	风	捧	蜂
中古音	并东一平	明东一平	明送三去	非东三平	敷钟三上	敷钟平
旌阳	phoŋ31	moŋ31	moŋ324	foŋ45	phoŋ51	foŋ45

续表

例字	蓬	蒙	梦	风	捧	蜂
中古音	并东一平	明东一平	明送三去	非东三平	敷钟三上	敷钟平
中江	phoŋ31	moŋ31	moŋ324	foŋ45	phoŋ52	foŋ45
什邡	phoŋ31	moŋ31	moŋ214	foŋ35	phoŋ51	foŋ35
绵竹	phoŋ31	moŋ31	moŋ214	foŋ45	phoŋ52	foŋ45
罗江	phoŋ31	moŋ31	moŋ324	foŋ44	phoŋ52	foŋ44
广汉	phoŋ32	moŋ32	moŋ324	foŋ35	phoŋ52	foŋ35

通摄一三等帮系字在今德阳地区各方言点读音基本较一致，韵母皆读作-oŋ。

七 咸山摄入声字今读情况

（一）咸山摄开口二等见系字

咸山摄开口二等见系字今读情况见表3–37。

表3–37

例字	夹	甲	掐	瞎	峡	轧
中古音	见洽入	见狎入	溪洽入	晓鎋入	匣洽入	影黠入
旌阳	tɕiɐ31	tɕiɐ31	tɕhiɐ31	ɕiɐ31	ɕiɐ31	iɐ324
中江	tɕiA31	tɕiA31	tɕhiA31	ɕiA31	ɕiA31	iA324
什邡	tɕiA33	tɕiA33	tɕhiA33	ɕiA33	ɕiA31	tsA33
绵竹	tɕiA31	tɕiA31	tɕhiA31	ɕiA31	ɕiA31	iA214
罗江	tɕiA31	tɕiA31	tɕhiA31	ɕiA31	ɕiA31	iA324
广汉	tɕiA32	tɕiA32	tɕhiA32	ɕiA32	ɕiA32	tsA324

从德阳各区县方言点的情况看，洽狎黠鎋韵见系字声母腭化，韵母今多读为细音-iA或-iɐ。在旌阳区一些乡镇，如黄许话，见系开口二等的一些字还保留开口呼韵母a，如"夹"[ka]、"掐"[kha]。

需要指出的是，"轧"的德阳方言中有两种读音。除什邡、广汉两点外，其他方言点读音与"压"相混淆，声调为去声。形成这种误读的原因主要是"轧"的意义与"压"有相通之处，而"轧"通常在口语中不常用，属于较生僻的行业词。因此，发音人在不熟悉此字的情况下，可能运用意义的相关取"压"字的读音来类推。

（二）咸山摄开口二等帮知系及三等非组字

咸山摄开口二等帮知系及三等非组字今读情况见表3-38。

表3-38

例字	八	抹	眨	扎	杀	法	发
中古音	帮黠入	明黠入	庄洽入	庄黠入	生黠入	非乏入	非月入
旌阳	pɐ31	mɐ31	tsɐ31	tsɐ31	sɐ31	fɐ31	fɐ31
中江	pA31	mA31	tsA31	tsA31	sA31	fA31	fA31
什邡	pA33	mA33	tsA31	tsA33	sA33	fA33	fA33
绵竹	pA31	mA31	tsA31	tsA31	sA31	fA31	fA31
罗江	pA31	mA31	tsA31	tsA31	sA31	fA31	fA31
广汉	pA33	mA32	tsA32	tsA32	sA32	fA32	fA32

洽狎黠鎋韵帮知系字、乏月韵非组字的韵母与见系字今读韵母同，在德阳地区均读-A/-ɐ韵母。其中需要指出的是，广汉话今入声基本消失，但是个别老年人还存在入声调与阳平调变读的情况，"八"是本次调查广汉方言，调查人明确保留读入声的一个例字。

（三）咸山摄开口一等端系字

咸山摄开口一等端系字今读情况见表3-39。

表3-39

例字	搭	塌	达	辣	腊	拉	擦	杂
中古音	端合入	透盍入	定曷入	来曷入	来盍入	来合入	清曷入	从合入
旌阳	tɐ31	thɐ31	tɐ31	lɐ31	lɐ31	lɐ45	tshɐ31	tsɐ31
中江	tA31	thA31	tA31	lA31	lA31	lA45	tshA31	tsA31
什邡	tA33	thA33	tA33	lA33	lA33	lA35	tshA33	tsA33
绵竹	tA31	thA31	tA31	lA31	lA31	lA45	tshA31	tsA31

续表

例字	搭	塌	达	辣	腊	拉	擦	杂
中古音	端合入	透盍入	定曷入	来曷入	来盍入	来合入	清曷入	从合入
罗江	tA31	thA31	tA31	lA31	lA31	lA44	tshA31	tsA31
广汉	tA32	thA32	tA32	lA32	lA32	lA35	tshA32	tsA32

咸山摄开口一等端系在德阳地区读音较一致，均读-ʌ/-ɐ 韵母。"獭"在个别点读为[lai]，应是受声旁影响而形成的误读。什邡话虽保留了独立入声，但韵母读音与其他几个方言点基本相同。

（四）咸山摄开口一等见系

咸山摄开口一等见系字今读情况见表 3-40。

表 3-40

例字	鸽	割	磕	渴	喝	合
中古音	见合入	见曷入	溪盍入	溪曷入	晓合入	匣合入
旌阳	ko31	ko31	kho31	kho31	xo45	xo31
中江	ko31	ko31	kho31	kho31	xo45	xo31
什邡	ko33	ko33	kho33	kho33	xo35	xo33
绵竹	ko31	ko31	kho31	kho31	xo45	xo31
罗江	ko31	ko31	kho31	kho31	xo44	xo31
广汉	ko32	ko32	kho32	kho32	xo35	xo32

咸山摄开口一等见系字在今德阳话中读为-o 韵，与成都话同。

（五）咸山摄开口三等泥母知系字

咸山摄开口三等泥母知系字今读情况见表 3-41。

表 3-41

例字	聂	烈	猎	哲	涉	设	热
中古音	泥葉入	来薛入	来葉入	知薛入	禅葉入	书薛入	日薛入
旌阳	ȵie31	le31	le31	tse31	se31	se31	ze31
中江	ȵiE31	liE31	liE31	tsE31	sE31	sE31	zE31

续表

例字	聂	烈	猎	哲	涉	设	热
中古音	泥葉入	来薛入	来葉入	知薛入	禅葉入	书薛入	日薛入
什邡	ȵie33	lie33	lie33	tse33	se33	se33	ze33
绵竹	ȵie31	lie31	lie31	tse31	se31	se31	ze31
罗江	ȵie31	le31	le31	tse31	se31	se31	ze31
广汉	ȵie32	lie32	lie32	tse32	se32	se32	ze32

德阳话中，咸山摄开口三等知系字今读韵母-e，泥母在今德阳话中读音有分化，其中旌阳、罗江话中山摄开口三等多读韵母-e，中江、什邡、绵竹、广汉读齐齿呼韵母-ie。

（六）咸山摄开口三四等帮端见系字

咸山摄开口三四等帮端见系字今读情况见表3-42。

表3-42

例字	跌	接	劫	业	帖	灭	揭	憋	节
中古音	端贴入	精叶入	见业入	疑业入	透帖入	明薛入	见月入	明屑入	精屑入
旌阳	te31	tɕie31	tɕhie31	ȵie31	thie31	mie31	tɕie31	pie45 文 pe45 白	tɕie31
中江	thiE31	tɕiE31	tɕhiE31	ȵiE31	thiE31	miE31	tɕiE31	pi31	tɕhiE31
什邡	thie33	tɕie33	tɕhie33	ȵie33	thie33	mie33	tɕie33	pie33	tɕhie33
绵竹	thie31	tɕiɛ31	tɕhiɛ31	ȵiɛ31	thie31	miɛ33	tɕiɛ33	piɛ45	tɕhiɛ31
罗江	thie31	tɕie31	tɕhie31	ȵie31	thie31	mie31	tɕie31	pe44	tɕhie31
广汉	thie32	tɕie32	tɕhie32	ȵie32	thie32	mie32	tɕie32	pie35	tɕhie32

由表3-42可知，叶业帖薛月屑入声韵帮端见系字今在德阳地区韵母主要读-ie，但个别点有少数字存在例外，如"跌"，旌阳话中读为-e韵，没有介音i。在川西崇州、邛崃等地，"跌"读为[tæ33]，也无i介音。又如"憋"，罗江话读为-e韵，在旌阳话白读中也保留有-e韵读音。

（七）山摄合口一等帮端见系（末）、三等知系（薛）字

山摄合口一等帮端见系（末）、三等知系（薛）字今读情况见

表 3-43。

表 3-43

例字	沫	夺	阔	括	活	说
中古音	明末入	透末入	溪末入	见末入	匣末入	书薛入
旌阳	mo31	to31	khue31	khue31	xo31	so31
中江	mo31	to31	khuE31	khuE31	xo31	so31
什邡	mo33	to33	khue33	khue33	xo33	so33
绵竹	mo31	to31	khuɛ31	khuɛ31	xo31	so31
罗江	mo31	to31	khue31	khue31	xo31	so31
广汉	mo32	to32	khue32	khue32	xo32	so32

由表 3-43 可知，山摄合口一等帮端见系、三等知系字今在德阳地区大多数读 -o 韵，但其中见系部分字如 "括、阔" 等读音与其他字不同，韵母为 -ue/-uE/-uɛ。

（八）山摄合口三四等精组见系字

山摄合口三四等精组见系字今读情况见表 3-44。

表 3-44

例字	决	缺	月	穴	雪
中古音	见屑入	溪屑入	疑月入	匣屑入	心薛入
旌阳	tçye31	tçhye31	ye31	çie31	çye31
中江	tçiE31	tçhiE31	iE31	çiE31	çiE31
什邡	tçye33	tçhye33	ye33	çye33	çye33
绵竹	tçyɛ31	tçhyɛ31	yɛ31	çyɛ31	çyɛ31
罗江	tçye31	tçhye31	ye31	çye31	çye31
广汉	tçye32	tçhye32	ye32	çye32	çye32

由表 3-44 可知，山摄合口三四等精组见系字在今德阳地区基本读为 -ye 韵，除中江一点无撮口呼韵母，所有 -ye 韵读为 -ie。另外，个别方言点存在差异，如旌阳话中 "穴" 字读为 -ie 韵。

八 宕江摄入声字今读情况

（一）宕摄开口一等字

宕摄开口一等字今读情况见表3-45。

表3-45

例字	泊	幕	托	洛	错	各	恶~人
中古音	滂铎入	明铎入	透铎入	来铎入	清铎入	见铎入	影铎入
旌阳	pʰe31	mo324	tʰo31	lo31	tsʰo324	ko31	ŋo31
中江	pʰɛ31	mo324	tʰo31	lo31	tsʰo324	ko31	ŋo31
什邡	pʰe33	mo214	tʰo33	lo33	tsʰo214	ko33	ŋo33
绵竹	pʰe31	mo214	tʰo31	lo31	tsʰo214	ko31	ŋo31
罗江	pʰe31	mo324	tʰo31	lo31	tsʰo324	ko31	ŋo31
广汉	pʰe32	mo324	tʰo32	lo32	tsʰo324	ko32	ŋo32

由表3-45可知，宕摄开口一等铎韵在今德阳地区演变较为一致，大部分字今读-o韵。

（二）江摄开口二等字

江摄开口二等字今读情况见表3-46。

表3-46

例字	剥	朴	雹	角牛~	确	学	啄~米	镯
中古音	帮觉入	滂觉入	并觉入	见觉入	溪觉入	匣觉入	知觉入	崇觉入
旌阳	po31	pʰu31	pɐu45	ko31	tɕʰye31	ɕio31	tsuA31	tsu31
中江	po31	pʰu31	pau45	ko31	tɕʰio31	ɕio31	tsuA31	tso31
什邡	po33	pʰu33	pɐu324	ko33	tɕʰio33	ɕio33	tsuA31	tso33
绵竹	po31	pʰu31	pɐu45	ko31	tɕʰio31	ɕio31	tso31	tsu31
罗江	po31	pʰu31	pɐu44	ko31	tɕʰio31	ɕio31	tsuA31	tsu31
广汉	po32	pʰu32	pɐu35	ko32	tɕʰio32	ɕio32	tsuA32	tsu32

由表3-46可知，江摄开口二等字在今德阳地区的演变较为复杂，

帮知系主要演变为-o 韵；见系部分字声母发生腭化，带有介音 i，多数读为-io 韵，演化情形与咸山摄开口二等见系入声相似；见系字中个别点受普通话影响，如"确"，旌阳话读书音韵母读为了-ye；帮庄知系部分字主要读为韵母-u，如："朴、镯、朔"等，其中，绵竹话韵母实际读作介于 u 与 o 之间的 ʋ。"镯"在德阳地区内部有分化，中江、什邡两点读为-o 韵，其他四个点读为-u 韵。

(三) 宕摄开口三等字

宕摄开口三等字今读情况见表 3–47。

表 3–47

例字	略	雀	削	芍	约	虐	若
中古音	来药入	精药入	心药入	禅药入	影药入	疑药入	日药入
旌阳	lio31	tɕhio31	ɕye31	so31	io31	lio31	zo31
中江	lio31	tɕhio31	ɕie31	so31	io31	ȵio31	zo31
什邡	lio33	tɕhio33	ɕye33	so33	io33	lio33	zo33
绵竹	lio31	tɕhio31	ɕye31	so31	io31	lio31	zo31
罗江	lio31	tɕhio31	ɕye31	so31	io31	lio31	zo31
广汉	lio32	tɕhio32	ɕye32	so32	io32	lio32	zo32

由表 3–47 可知，宕摄开口三等药韵帮端见系今多读为细音-io，知系读为洪音-o。少数几个例外字，如"嚼从药入""着澄药入"，韵母分别为-iau，-au。

九 深臻曾梗摄入声今读情况

(一) 曾一梗二开口字

曾一梗二开口字今读情况见表 3–48。

表 3–48

例字	拍	白	麦	墨	德	肋	摘	泽	赫
中古音	滂陌入	并陌入	明麦入	明德入	端德入	来德入	知麦入	澄陌入	晓陌入
旌阳	phe31	pe31	me31	pe31	te31	le31	tse31	tshe33	xe31

续表

例字	拍	白	麦	墨	德	肋	摘	泽	赫
中古音	滂陌入	并陌入	明麦入	明德入	端德入	来德入	知麦入	澄陌入	晓陌入
中江	phE31	pE31	mE31	pE31	tE31	lE31	tsE31	tshE33	xE31
什邡	phe33	pe33	me33	pe33	te33	le33	tse33	tshe33	xe33
绵竹	phe31	pe31	me31	pe31	te31	le31	tse31	tshe31	xe31
罗江	phe31	pe31	me31	pe31	te31	le31	tɕie31	tshe33	xe31
广汉	phe32	pe32	me32	pe32	te32	le32	tse32	tshe32	xe32
北京	phai55	pai35	mai51	mo51	tɤ35	lei51	tʂhai55	tsɤ35	xɤ51

由表3-48可知，曾摄开口一等入声字和梗摄开口二等入声字在今德阳地区读音一致，均读为e韵，与北京音差别较大。但也存在极少数例外字，如旌阳话读音受普通话影响，将"陌明陌"读为［mo31］，其他点仍读为［pe31］，"贼从德入"读为［tse31］；罗江话中，"摘"读为［tɕie31］，声母腭化，韵母读为ie韵。

（二）深臻曾梗开口三四等帮端见系字

深臻曾梗开口三四等帮端见系字今读情况见表3-49。

表3-49

例字	必	逼	匿	吉	极	逆	吸	七	集
中古音	帮质入	帮职入	泥职入	见质入	群职入	疑陌入	晓缉入	清质入	从缉入
旌阳	pi31	pie45	ȵie31	tɕie31	tɕie31	ȵie31	tɕie31	tɕhi31	tɕi33
中江	pi31	piE45	ȵiE31	tɕiE31	tɕiE31	ȵiE31	tɕiE31	tɕhi31	tɕi31
什邡	pi33	pie45	ȵie33	tɕie33	tɕi33	ȵie33	ɕi33	tɕhi33	tɕie33
绵竹	piε31	pi31	ȵiε31	tɕiε31	tɕiε31	ȵiε31	tɕiε31	tɕhi31	tɕiε31
罗江	pi31	pie45	ȵie31	tɕie31	tɕie31	ȵie31	tɕie31	tɕhi31	tɕi31
广汉	pi32	pi45	ȵie32	tɕie32	tɕi32	ȵi32	ɕi32	tɕhi32	tɕie32

由表3-49可知，深臻曾梗开口三四等帮端见系字在今德阳话中主要读为ie/i两种情况。ie/i实际上是老派和新派读音的区别，德阳方言调查数据主要代表老派读音，所以此处不分列新老两派读音。但我们仍

然可以发现，发音人在读这些例字时，个别字已经受普通话影响，读为i。因此，除"七"字在今天六个方言点统一读为 i 韵，"匿、吉"统一读为 ie 韵以外，两种韵母的读音分布在例字表中呈不规律分布。

（三）曾一梗二合口字

曾一梗二合口字今读情况见表 3-50。

表 3-50

例字	旌阳	中江	什邡	绵竹	罗江	广汉
或 匣德合入	xue31	fɛ31	xue33	xuɛ31	xue31	xue32
国 见德合入	kue31	kuɛ31	kue33	kuɛ31	kue31	kue32
获 匣麦合入	xue31	fɛ31	xue33	xuɛ31	xue31	xue32

曾一梗二合口字在今德阳地区主要读为 -ue 韵，与成都话同。其中，中江话由于声母 f/x 的混同，中间的介音 u 丢掉，"或、获"两字的韵母读为 -ɛ。

（四）臻摄合口一三等帮端知系字

臻摄合口一三等帮端知系字今读情况见表 3-51。

表 3-51

例字	勃	物	不	突	律
中古音	并没入一	非物入一	非物入三	定没入一	来术入三
旌阳	pho31	o31	pu31	thu31	lu31
中江	pho31	vu31	pu31	thu31	lu31
什邡	pho33	ʋ33	pu31	thu33	lo33
绵竹	pho31	ʋ31	pu31	thu31	lu31
罗江	po31	vu31	pu31	thu31	lu31
广汉	pho32	o32	pu32	thu32	lu32

例字	骨	忽	核	术苍-	率	出
中古音	见没入一	晓没入一	匣没入三	澄术入三	生术入三	昌术入三
旌阳	ku31	xo31	fu31	tshu31	so31	tshu31
中江	ku31	fu31	ku31	tshu52	li31	tshu31

续表

例字	骨	忽	核	术苍~	率	出
中古音	见没入一	晓没入一	匣没入三	澄术入三	生术入三	昌术入三
什邡	ku33	hʊ33	fu33	tsho33	so33	tshu33
绵竹	ku31	fu31	fu31	tsho31	so31	tshu31
罗江	ku31	fu31	ku31	tsho31	so31	tshu31
广汉	ku32	fu32	ku32	tshu32	ly32	tshu32

从表3-51可以看出，臻摄合口一三等帮端知系今在德阳地区主要读为u/o韵。"卒"什邡、绵竹读为-io韵，其他点读为-u。需要注意的是，"忽、物"在旌阳话中读为o韵，但在什邡话中受入声调影响，读得更松一些，读为-ʊ韵，广汉话中"物"也读-o韵，"术（苍术）"在什邡、绵竹、罗江三点韵母读-o，另外三个点读为-u。我们认为o音与ʊ相似，应是入声消失后，韵母依然保留的入声韵特点，属入声韵底层。另外，"猝清没入"个别方言点读为[tshuei]，应当是由于字形与"粹、碎"等字相近而形成的误读。

（五）臻摄合口三等精组见系字

臻摄合口三等精组见系字今读情况见表3-52。

表3-52

例字	橘	屈	卒	恤	戌
中古音	见术入	溪物入	精没入	心术入	心术入
旌阳	tɕy31	tɕhio31	tsu31	ɕye31	ɕio31
中江	tɕi31	tɕhio31	tsu31	ɕiE31	ɕi31
什邡	tɕy33	tɕhio33	tɕio33	ɕye33	ɕio33
绵竹	tɕy31	tɕhio31	tɕio31	ɕyɛ31	ɕio31
罗江	tɕy31	tɕhio31	tsu31	ɕye31	ɕio31
广汉	tɕy32	tɕhio32	tsu32	ɕye32	ɕio32

臻摄合口三等精组见系字在今德阳地区多读为io韵。其中，"卒"在保留入声的两点，绵竹、什邡读为io韵，其他点读为u韵。"恤"字

较为特殊，该字在口语中使用频率较低，应是受其声旁"血"字影响而形成的读音。

（六）深臻曾梗开口二三等庄组

深臻曾梗开口二三等庄组字今读情况见表3-53。

表3-53

例字	涩	瑟	窄	侧	色	册
中古音	生缉入	生栉入	庄陌入	庄职入	生职入	初麦入
旌阳	se31	se31	tse31 文 tɕie31 白	tshe31 文 tɕie31 白	se31	tshe31
中江	sE31	sE31	tsE31	tshE31	sE31	tshE31
什邡	se33	se31	tse31	tshe31	se31	tshe31
绵竹	se31	se31	tse31	tshe31	se31	tshe31
罗江	se31	se31	tse31	tshe31	se31	tshe31
广汉	se32	se32	tse32	tshe32	se32	tshe32

深臻曾梗开口二三等庄组（缉栉职麦陌）字今在德阳地区均读为-e/E韵。需要指出的是：旌阳话中部分知庄组字腭化，如"窄、侧"白读音中读为[tɕie45]。

（七）深臻曾梗开口三等知章组字

深臻曾梗开口三等知章组字今读情况见表3-54。

表3-54

例字	侄	值	质	尺	湿	式	适	什
中古音	澄质入	澄职入	章质入	昌昔入	书缉入	书职入	书昔入	禅缉入
旌阳	tsʅ31	tsʅ31	tsʅ31	tshʅ31	sʅ31	sʅ31	sʅ31	sʅ31
中江	tsʅ31	tsʅ31	tsʅ31	tshʅ31	sʅ31	sʅ31	sʅ31	sʅ31
什邡	tsʅ33	tsʅ33	tsʅ33	tshʅ33	sʅ33	sʅ33	sʅ33	sʅ33
绵竹	tsʅ31	tsʅ31	tsʅ31	tshʅ31	sʅ31	sʅ31	sʅ31	sʅ31
罗江	tsʅ31	tsʅ31	tsʅ31	tshʅ31	sʅ31	sʅ31	sʅ31	sʅ31
广汉	tsʅ32	tsʅ32	tsʅ32	tshʅ32	sʅ32	sʅ32	sʅ32	sʅ32

由表 3-54 可知，深臻曾梗开口三等知章组字今在德阳地区均读为 -ɿ 韵，基本无卷舌色彩。

十 通摄入声今读情况

（一）曾梗通摄合口三等见系

曾梗通摄合口三等见系字今读情况见表 3-55。

表 3-55

例字	域	浴	疫	旭	曲	局	菊	育
中古音	云职入	以烛入	以昔入	晓烛入	溪烛入	群烛入	见屋入	以屋入
旌阳	io31	io31	io31	ɕio31	tɕhy31	tɕhy31	tɕhio31	io31
中江	io31	io31	io31	ɕio31	tɕhi31	tɕhi31	tɕi31	io31
什邡	io33	io33	io33	ɕio33	tɕhio33	tɕio33	tɕy33	io33
绵竹	io31	io31	io31	ɕio31	tɕhy31	io31	tɕhy31 文 tɕhio31 白	io31
罗江	io31	io31	io31	ɕio31	tɕhy31	tɕhy31	tɕy31	io31
广汉	io32	io32	io32	ɕio32	tɕhy32	tɕhy32	tɕy32	io32

这一组字今读音可以分为几个层次，-io 韵应为老派读音，是入声韵特点，是入声调归入阳平但入声韵仍保留的标本，而 -y 为新派读音。绵竹话中的"菊"体现了这两种层次的一个结合，老派读为 [tɕhio31]，受普通话影响，韵母读为 -y，但是声母仍读为老派的 tɕh-。

（二）通摄屋韵帮系字

通摄屋韵帮系字今读情况见表 3-56。

表 3-56

例字	仆	朴	木	瀑	牧	服	穆	覆
中古音	并屋入	滂屋入	明屋入	并屋入	明屋三入	奉屋三入	明屋三入	敷屋三入
旌阳	phu31	phu31	mu31	phu31	mʊ31	fu31	mu31	mu31
中江	phu31	phu31	mu31	phu31	mʊ31	fu31	mu31	mu31
什邡	pho33	pho33	mo33	pho33	mo33	fu33	mu33	fo33

续表

例字	仆	朴	木	瀑	牧	服	穆	覆
中古音	并屋₁入	滂屋₁入	明屋₁入	并屋₁入	明屋₃入	奉屋₃入	明屋₃入	敷屋₃入
绵竹	pho31	pho31	mo31	pho31	mo214	fu31	mu31	fo31
罗江	phu31	phu31	mu31	phu31	mu324	fu31	mu31	mu31
广汉	pho32	phu32	mu32	pɐu324	mo324	fu32	mu32	mu32

由表 3-56 可知，通摄屋韵帮系字今在德阳地区主要有两种情况：一种读为-o；另一种读为-u 韵。其中在绵竹、什邡两点，韵母主要读为-o，而德阳地区其他方言点，则存在-u 和-o 不规则分布。

（三）通摄一等精组端见系字

通摄一等精组端见系字今读情况见表 3-57。

表 3-57

例字	读	毒	秃	速	族	禄	哭	屋
中古音	定屋₁入	定沃₁入	透屋₁入	心屋₁入	从屋₁入	来屋₁入	溪屋₁入	影屋₁入
旌阳	tu31	tu31	thu31	ɕio31	tɕhio31	lu31	khu31	vu31
中江	tu31	tu31	thu31	ɕio31	tɕhio31	lu31	khu31	vu31
什邡	tu33	tu33	thu33	ɕio33	tɕhio33	lu33	khu33	ʊ33 老 vu33 新
绵竹	to31	tu31	thu31	ɕio31	tɕhio31	lu31	khu31	ʊ31
罗江	tu31	tu31	thu31	ɕio31	tɕhio31	lu31	khu31	vu31
广汉	tu32	tu32	thu32	ɕio32	tɕhio32	lu32	khu32	vu32

由表 3-57 可以看出，通摄一等端见系字与屋韵帮系字演化情况基本相同。在德阳地区主要有-o/u 两种情况。其中，-o/-ʊ 韵主要还零星的存在于入声独立区，且-ʊ 韵主要出现在零声母音节中。受强势方言影响，什邡话韵母与成都话趋同，但声调仍保留入声声调。另外，精组字由于声母腭化，韵母带有介音 i，主要读-io 韵。

（四）通摄三等精泥组知系字

通摄三等精泥组知系字今读情况见表 3-58。

表 3-58

例字	陆	绿	足	宿	俗	逐	烛	辱
中古音	来屋入	来烛入	精烛入	心屋入	邪烛入	澄屋入	章烛入	日烛入
旌阳	lu31	lu31	tɕio31	ɕio31	ɕio31	tso31	tsu31	zu31
中江	lu31	lu31	tɕio31	ɕio31	ɕio31	tso31	tsu31	zu31
什邡	lu33	lu33	tɕio33	ɕio33	ɕio33	tsu33	tsu33	zu33
绵竹	lu31	lu31	tɕio31	ɕio31	ɕio31	tsu31	tsu31	zu31
罗江	lu31	lu31	tɕio31	ɕio31	ɕio31	tsu31	tsu31	zu31
广汉	lu32	lu32	tɕio32	ɕio32	ɕio32	tsu32	tsu32	zu32

通摄三等精泥组知系字与一等精组端见系字及屋韵帮系字演化情况基本相同，其中精组字多读为-io 韵，其他基本今读为-u/-o 韵。

十一 深臻曾梗摄的鼻音韵尾

（一）深臻曾梗摄二三等知系字

深臻曾梗摄二三等知系字今读情况见表 3-59。

表 3-59

例字	沉	陈	呈	争	生	征	承
中古音	澄侵平	澄真平	澄清平	庄耕平	生庚₂平	章清平	禅蒸平
旌阳	sən45	tshən31	tshən31	tsən45	sən45	tsən45	sən31
中江	sen35	tshen31	tshen31	tsen35	sen35	tsen35	sen31
什邡	sən45	tshən31	tshən31	tsən45	sən45	tsən45	sən31
绵竹	sen45	tshen31	tshen31	tsen45	sen45	tsen45	sen31
罗江	sən44	tshən31	tshən31	tsən44	sən44	tsən44	sən31
广汉	sen35	tshen32	tshen32	tsen35	sen35	tsen35	sen32

由表 3-59 可以看出，深臻曾梗摄二三等知系字今在德阳各方言点均读为-en 韵。个别例外字，如"绳_{船蒸平}"[suen]读为合口呼。

（二）深臻曾梗摄三四等帮端见系字

深臻曾梗摄三四等帮端见系字今读情况见表 3-60。

表 3-60

例字	冰	钉	亭	林	辛	京	兴	欣
中古音	帮蒸平	端青平	定青平	来侵平	心真平	见庚平	晓蒸平	晓殷平
旌阳	pin45	tin45	thin31	lin31	lin31	tçin45	çin45	çyn45
中江	pin45	tin45	thin31	lin31	lin31	tçin45	çin45	çin45
什邡	pin35	tin35	thin31	lin31	lin31	tçin35	çin35	çyn35
绵竹	pin45	tin45	thin31	lin31	lin31	tçin45	çin45	çin45
罗江	pin44	tin44	thin31	lin31	lin31	tçin44	çin44	çyn44
广汉	pin35	tin35	thin32	lin32	lin32	tçin35	çin35	çin35

从表 3-59 和表 3-60 可以看出，深臻曾梗摄的二三等知系和三四等端见系字的韵尾今在德阳地区均读为前鼻音韵尾，当主元音为 i/e 时，曾梗摄字的韵尾混同与深臻摄。其中，"欣"字在个别点读为撮口，而普通话中读齐齿。另如"弦匣先平、血晓屑入、掀晓元平、鲜心先平"等字，普通话读齐齿，而在德阳方言中读为撮口呼韵母。

十二 古明母庄组流摄部分字的鼻音韵尾

古明母庄组流摄部分字的鼻音韵尾今读情况见表 3-61。

表 3-61

例字	某	亩	贸	茂	谋	皱
中古音	明厚上开一	明厚上开一	明侯去开三	明侯去开一	明尤平开三	庄尤去开三
旌阳	moŋ51	moŋ51	moŋ324	moŋ324	moŋ31	tsoŋ324
中江	məu52	məu52	məu324	məu324	məu31	tsoŋ324
什邡	moŋ51	moŋ51	moŋ324	moŋ214	moŋ31	tsoŋ214
绵竹	moŋ52	moŋ52	moŋ324	moŋ214	moŋ31	tsoŋ214
罗江	moŋ52	moŋ52	moŋ324	moŋ324	moŋ31	tsoŋ324
广汉	moŋ51	moŋ51	moŋ324	moŋ324	moŋ32	tsoŋ324

流摄明母字除中江一点今仍读 -əu 外，其他各方言点均混读为通摄

阳声韵字。流摄庄组，如"皱"在德阳各点方言均读为-oŋ 韵。

十三 古端系蟹止山臻摄合口字今读音的开合情况

（一）古端组蟹山臻摄合口一等舒声

古端组蟹山臻摄合口一等舒声字今读情况见表 3 – 62。

表 3 – 62

例字	端	对	墩	顿	队	断	盾	论
中古音	端桓平	端队去	端魂平	端痕去	定灰去	定桓上	定魂上	来痕去
旌阳	tuæn45	tuei324	tən45	tən324	tuei324	tuæn324	tən324	lən324
中江	tuæn45	tuei324	ten45	tuen324	tuei324	tuæn324	ten324	len324
什邡	tuæn35	tuei214	tən35	tən214	tuei214	tuæn214	tən214	lən214
绵竹	tuæn45	tuei214	ten45	ten214	tuei214	tuæn214	ten214	len214
罗江	tuæn44	tuei324	tən44	tən324	tuei324	tuæn324	tən324	lən324
广汉	tuæn35	tuei324	ten35	ten324	tuei324	tuæn324	ten324	len324

由表 3 – 62 可以看出，端组蟹山摄合口一等字今在德阳地区均读为合口呼韵母，而端组臻摄字今在德阳地区各方言点均读为开口呼韵母，无介音 u。目前，德阳地区青年发音受普通话影响，端组臻摄大部分字已经带上介音 u，读为合口呼。

（二）泥来母蟹止臻摄合口一三等舒声

泥来母蟹止臻摄合口一三等舒声字今读情况见表 3 – 63。

表 3 – 63

例字	内	雷	累	垒	类	论	伦
中古音	泥队合一去	来灰合一平	来灰合一去	来支合三上	来脂合三去	来痕合一去	来谆合三平
旌阳	luei324	luei31	luei324	luei51	luei324	lən324	lən31
中江	luei324	luei31	luei324	luei52	luei324	len324	nen31
什邡	luei214	luei31	luei214	luei51	luei214	lən214	nən31
绵竹	luei214	luei31	luei214	luei52	luei214	len214	len31

续表

例字	内	雷	累	垒	类	论	伦
中古音	泥队合一去	来灰合一平	来灰合一上	来支合三上	来脂合三去	来痕合一去	来谆合三平
罗江	luei324	luei31	luei324	luei52	luei324	lən324	lən31
广汉	luei324	luei32	luei324	luei51	luei324	len324	len32

泥组合口一三等字中，蟹止摄今在德阳地区读为合口，而臻摄字今读开口，演化特征与成都话同，而与北京话韵母开合正好相反。但年轻一辈的读音中，已经慢慢丢失了这一特征，逐渐向北京音靠拢。

（三）精组臻摄合口一三等舒声

精组臻摄合口一三等舒声字今读情况见表3-64。

表3-64

例字	尊	遵	寸	存	孙	损	笋	旬
中古音	精魂平	精谆平合三	清魂去	从魂平	心魂平	心魂上	心谆上	邪谆平
旌阳	tsən45	tsən45	tshuən324	tshən31	sən45	sən51	suən51	çyn31
中江	tsen45	tsen45	tshen324	tshen31	sen45	sen52	sen52	çin31
什邡	tsən35	tsən35	tshuən214	tshən31	sən35	sən51	sən51	çyn31
绵竹	tsən45	tsən45	tshuen214	tshən31	sən45	sən52	sən52	çyn31
罗江	tsən44	tsən44	tshuen324	tshən31	sən44	sən52	sən52	çyn31
广汉	tsen35	tsen35	tshuen324	tshen32	sen35	sen51	sen51	çyn32

由表3-64可知，精组臻摄合口一三等舒声字今在德阳地区绝大部分读为开口呼，个别字音受普通话音影响，读为合口，如"寸、笋"等。另需指出的是，止蟹山臻摄的合口字中，端泥精三组仅在臻摄基本丢失合口介音，此特征在四川地区普遍存在，如成都、乐山、宜宾、雅安、泸州等地。

（四）古庄组开口字今读

古庄组开口字今读情况见表3-65。

表3-65

例字	抓	铲	闯	删	厦	窗	捉
中古音	庄肴平	初山上	初阳上	生删平	匣麻上	初江平	庄觉入
旌阳	tsuɐ45	tshuæn51	tshuaŋ51	suæn45	suɐ51	tshuaŋ45	tso31
中江	tsuA45	tshuæn52	tshuaŋ52	suæn45	suA52	tshuaŋ45	tso31
什邡	tsuA35	tshuæn51	tshuɐŋ51	suæn35	suA51	tshɐŋ35	tso33
绵竹	tsuA45	tshuæn52	tshuɐŋ52	suæn45	suA52	tshɐŋ45	tso31
罗江	tsuA44	tshuæn52	tshuɐŋ52	suæn44	suA52	tshuɐŋ44	tso31
广汉	tsuA35	tshuæn51	tshuɐŋ51	suæn35	suA51	tshɐŋ35	tso32

德阳各点方言阳声韵字中，古宕江摄庄组开口字今读为合口，如"床、双"，还包括山摄部分字，如"铲、删、疝"；阴声韵字中少数由中古开口字今变读为合口，如"厦假、抓、爪效"等。其中，"厦"字不仅韵母变读为合口，且声调也大都变读作上声。"窗"在成都话中变读为开口，但从今天德阳地区的方言情况来看，大部分读为合口，应该是受普通话的影响。

除庄组以外，旌阳话中精组开口字"珊心寒平"读为合口［suan45］；知组江摄开口二等字在各方言点也读为合口呼，如"桩知江平、撞澄江平"；咸摄开口"赚澄咸去"读为合口。

（五）古见系果摄一等字

古见系果摄一等字今读情况见表3-66。

表3-66

例字	多	果	课	鹅	祸	荷	窝
中古音	端歌平	见果上	溪过去	疑箇去	匣戈上	匣歌平	影戈平
旌阳	ko45	ko51	kho324	ŋo31	xo324	xo31	o45
中江	ko45	ko52	kho324	ŋo31	xo324	xo31	o45
什邡	ko35	ko51	kho214	ŋo31	xo214	xo31	o35
绵竹	ko45	ko52	kho214	ŋo31	xo214	xo31	o45
罗江	ko44	ko52	kho324	ŋo31	xo324	xo31	o44
广汉	ko35	ko51	kho324	ŋo32	xo324	xo32	o35

古见系果摄一等字在今德阳地区及四川大部分地区基本统一读为开口呼韵母-o。

第三节 声调特征比较

一 调类比较

德阳地区方言语言调类比较见表3-67。

表3-67

例字	多巴家朱	麻牙磨鱼	把朵止比	马瓦耳米	吓父罪后	嫁榨亚个	拔伐活绝	纳落烈月	答德角急
古声类	清平	浊平	清上	次浊上	全浊上	清浊去	全浊入	次浊入	清入
旌阳	阴平	阳平	上声		去声		阳平		
中江	阴平	阳平	上声		去声		阳平		
什邡	阴平	阳平	上声		去声		入声		
绵竹	阴平	阳平	上声		去声		阳平		
罗江	阴平	阳平	上声		去声		阳平		
广汉	阴平	阳平	上声		去声		阳平		

从表3-67可以看出，德阳地区声调演变的情况基本为：古清平今读阴平，古浊平今读阳平，古清上和次浊上今读上声调，古全浊上声和古清浊去声今读去声。古入声的演化在今德阳几个区县中呈现差异，其中，旌阳、中江、罗江、绵竹四地古入声不论清浊均已消失，基本派入阳平。广汉话的入声调在吴红英（2010）调查的数据中显示还保存有完整的入声调，入声独立且清楚。在本次调查过程中，广汉话中入声调只有一个"八"字，其他字在读书音中均已消失，派入了阳平调。今广汉城区60岁以上的部分老年人在口语中还保留部分独立入声调字，可见，广汉话的入声正处在逐渐消失的过程中。

另外，在保留了独立入声调的什邡话中，入声也有逐渐消失的趋势，部分入声字已经派入了他声，情况比较复杂，需专门统计。

什邡话入声演化情况见表3-68。

表 3-68　　　　　　　什邡话入声演化情况

中古调类	今调类	全清 字数	全清 例字	次清 字数	次清 例字	全浊 字数	全浊 例字	次浊 字数	次浊 例字
入声	去声	4	搁亿忆压	6	猝饰泄	9	雹述秩	11	六肉玉幕
	阳平	1	觉睡~~	6	察匹赤	14	拔芍峡贼	6	膜亦膜篾
	阴平	6	逼挖给	4	喝撒剔	1	划	5	拉摸捏日
	上声	1	饺	2	刻撒	0		1	抹
	入声	137	八北必不	123	拆促喝忽	105	白笛碟夺	85	额列勒腊

由表 3-68 可以看出，什邡话入声大部分仍保持独立，但仍有少部分混入了其他四声，其中较多混入阳平、去声及阴平，极个别例外字归入上声。

二　调值比较

德阳方言声调调值比较见表 3-69。

表 3-69　　　　　　　德阳方言声调调值比较

调类	阴平	阳平	上声	去声	入声
旌阳	45	31	51	324	阳平 31
中江	45	31	52	324	阳平 31
什邡	35	31	51	214	33
绵竹	45	31	52	214	阳平 31
罗江	44	31	52	324	阳平 31
广汉	35	32	51	324	阳平 31

从表 3-69 可以看出，除什邡保留的入声调值以外，德阳境内六区县方言其他各调类的调值差异不大，从听感上不容易听出明显差别。

第四章　德阳方言语音历时演化分析

第一节　声母的历时演化分析

一　非晓组字的演化

（一）关于四川方言 f/x 混读情况的分类

1. 李蓝（1995）将西南官话中的非晓组字的混读情况分为三类：第一类是完全不同，非晓组字完全不混；第二类是完全相同，即非晓组字都读为 x；第三类是部分混同，其中又包括两种情况：一种是晓组部分字在一定条件下读为 f；另一种是非晓组部分字在一定条件下产生换读。

2. 何大安（2004）考察了西南四省中关于 f/x 的分布情况，进一步分析了非晓组的混读规律，并将四省非晓组的混读规律分为四类，加上两种次类，一共 6 类①：

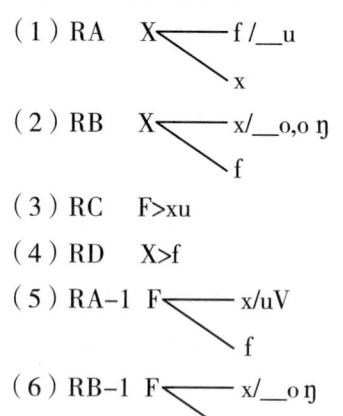

（1）RA　　X ＜ f /__u ／ x

（2）RB　　X ＜ x /__o, oŋ ／ f

（3）RC　　F > xu

（4）RD　　X > f

（5）RA-1　F ＜ x/uV ／ f

（6）RB-1　F ＜ x/__oŋ ／ f

---

① 何大安：《规律与方向——变迁中的音韵结构》，北京大学出版社 2004 年版，第 122 页。

R 代表演变类型，X 代表古晓组合口一二等字，F 代表古非组字。符号">/<"的左边代表变化项，右边则代表生成项和条件项。第一种类型即晓组合口字一二等字在韵母 u（遇合一）前读 f，其他条件下仍读 x。第二种类型为晓组合口一二等字在-o/oŋ 韵前读 x，其他条件下读 f。第三种类型古晓组合口今读 x，古非组字今也读 x，和晓组基本混读。第四种类型古晓组字和非组字今均读成 f。从以上四种类型在西南四省的地理分布情况看，RA 分布于包括绵竹、广汉、什邡在内的四川大部分西南官话地区，共 98 个方言点，其次分布于云南地区 33 个方言点，湖北和湖南有零星几点分布；RB 主要分布于湖南大部分地区，其次为湖北部分区县，四川地区仅有中江、武胜、永川、乐至、遂宁、巫溪 6 个区县属于此类型。RC 类型的方言点较少，包括四川地区旌阳、罗江在内的 8 个点，另外湖南湖北两省有 5 个点的零星分布。RD 类型分布最少，只有湖北通城及湖南醴陵和平江 3 个点有此特征。RA－1 主要分布在湖北西南及湖南西北的交界处，如湖北恩施、湖南新化等地。RB－1 类型分布较少，如湖北乾城、湖南宁乡等地。

3. 孙越川（2011：39）综合前人的归纳，将四川西南官话中非晓组字的分混情况分为 5 个类型。其中提到在四川西南官话中，也存在 f/x 无混读的区县，如广元、峨眉、巴中等地，涉及德阳六区县西南官话的非晓组分混情况的分类与何大安相同。

（二）德阳地区 f/x 变读调查数据分析

1. 旌阳、罗江 f/x 变读情况

何大安先生根据《报告》的调查结果，将德阳、罗江两点归纳为 RC 类型，即旌阳、罗江话中非组字今一律读为 x，这与笔者本次调查的数据不同。根据本次调查的数据显示，旌阳、罗江基本属于 RA 型，个别字存在 f/x 的换读现象，旌阳话非组中仅有两字读成 x："伐_{奉月入合三}、筏_{奉月入合三}"［xuɐ31］，其他仍读为 f。晓组字在韵母 u 前基本变读为 f，非 u 韵字中也有两字变读为 f："悔_{晓灰上合一}、晦_{晓灰去合一}"［fei52］，其他晓组字基本仍读 x。而罗江一点非晓组读音规律基本与成都话同，即晓组字在单元音 u 韵前变读为 f，其他情况下无变读现象。

本次调查与《报告》在调查时间，发音人具体情况和调查取点方面有所不同，对所调查的数据稍有影响。如《报告》中罗江一点的方言面貌则是取点于罗江新盛场。新盛场是距离罗江县城约 16 千米的一个小镇，该镇还保留着不同于城区的湖广移民方言的一些痕迹（如一些特征词，前文中有提及，此处不再赘述），与城区通行的西南官话存在语音词汇方面的一些差异。另外，《报告》所调查的德阳话即今天德阳市旌阳区的方言。笔者是土生土长旌阳区本地人，旌阳、罗江除城区通行的西南官话外，在一些乡镇还遗留有非官话方言岛。据笔者的走访调查，在今天旌阳区的黄许、德新、八角井、天元、双东、东泰等乡镇仍通行不同于城区话的"土话"，这些"土话"的非晓组混读规律与《报告》记录的德阳点规律一致，即非组字均混入晓组。如旌阳区黄许镇方言中的非晓组字混读规律与 RC 类型相似（饶冬梅，2007）：

非组　f/v＋u＞f/v-u；f/v＋非 u＞hu-

由此看来，今天旌阳、罗江部分乡镇方言中还保存有 RC 类型特征，但城区话可能受周边方言如成都话影响，f/x 混读规律向成都话靠拢，只在个别字中仍存在不太稳定的换读现象。我们将调查对象限定为旌阳区城区方言，因此，本书在此讨论旌阳城区西南官话的系统时，以笔者最新调查数据为准。

2. [ʊ] 韵母对 f/x 变读的影响

何大安先生（2004）在川南地区部分有入声的 RA 类型方言中找到了会影响 X 变为 f 的例子，如兴文、珙县，"忽"[fʊ]。但也有部分方言不受影响，如合江、南溪"忽"[xʊ]。"忽"在什邡话中读为[xʊ33]，旌阳话"忽"[xo31]。按照旌阳、什邡两地关于 f/x 混读的规律，在 u 韵前，晓组字混读为 f。但由于"忽"在什邡话中没有读为标准的 u，而是介于 u 与 o 之间的 ʊ，较 u 发音相对松弛。而在旌阳话中由于入声调的消失因此听感上读为 o 韵，比 u 开口度大，接近什邡音 ʊ。这说明 u 在该方言区中是 f/x 是否产生混读的一个重要中介。而"忽"字音的例外，恰恰是说明 ʊ 阻碍了 RA 规律在什邡、旌阳话中的全部实现，形成例如"忽"字的例外，即 ʊ/o 在什邡、旌阳话中使得 X 继续读 x，而没有跟随 u 元音的规律混读成 f。如此一来，什邡、旌阳话在这一规律上与合江、南溪规律同，何大安先生将其归纳为 RA 类型：

X━━f/＿＿u[+紧]
　╲x

即元音 u 的松紧影响晓组字的变读。

3. 中江话 f/x 混读情况分析

《报告》关于中江一点 f/x 调查情况为："晓匣母合口字大都 f/x 不分，全部读作 f；果通 o，oŋ 韵的字，全部读为 h，如红、宏读为 hoŋ，不同于风、冯 foŋ。"[①] 本次调查数据中关于晓匣组字读音的调查结果与报告一致，但《报告》中并没有专门分析非组字的特点及其在中江话中的演变情况，根据本次调查结果，中江话非组字的演化情况为：非组字绝大部分今仍读 f，但在 oŋ 前读成 x，如"风、峰、逢、奉、凤、冯"等，一律读为 oŋ 韵。

"非组字在 oŋ 前读成 x 声母"这一材料在《报告》中并未得到系统体现，因此，中江话所存在的这种语音现象除了可以归纳到何大安先生所说的 RB 类型，还应该同时归纳到他所划定的 RB–1 次类，即非组清唇擦音字今在 -oŋ 前都读成 x，其他仍读 f。

F━━x/＿＿oŋ
　╲F

孙越川（2011：41）根据《报告》的数据，论及非晓组字在四川西南官话的演变类型时，进一步认为中江话晓组合口不但发生了 X > f/＿＿u 的音变，晓组字还进一步在 -oŋ 前也变为 f，表示为 X > f/＿＿oŋ。这个结果与本次调查的语音数据不尽相同。中江话的 X/F 两类声母今读的分布情形，应该包括何大安先生提到的两种：RB 和 RB–1 型。

关于这两种类型，何先生提到一种假设：RB 和 RB–1 两种类型均生成 f 和在 o 前混读为 x，何大安先生提出了这样的假设：在 RB–1 方言的早期发展中，"F 和 X 是否曾经合并过，然后再在 o 元音之前变成 x，在其他的韵母前变成 f 呢？"[②] 他认为有 AB 两种可能：

[①] 杨时逢：《四川方言调查报告》，台北中研院历史语言研究所 1986 年版，第 1550 页。
[②] 何大安：《规律与方向——变迁中的音韵结构》，北京大学出版社 2004 年版，第 138 页。

A. X > f

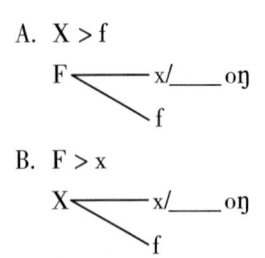

F⟨—— x/___oŋ
      f

B. F > x

X⟨—— x/___oŋ
      f

第一种情况是晓组先全部混入非组，然后再由-oŋ 为韵母分化条件，部分读为 x；第二种情况是非组全部混入晓组 x，然后再演变读为 f，仅在-oŋ 韵前保留 x，但这仅仅是一种假设。以中江话为例，其主要演变方向是 X＞f，虽然非组字也有部分舌根化读为 x，但限制条件非常严格，即当且仅当韵母为-oŋ。因此我们认为：A 假设更符合中江话混读规律的发展线索，即假设在早期的语音发展过程中，中江话非晓组字主要合并为轻唇音声母 f，由于拼合规律及发音规律的限制，使得-oŋ 韵与 x 的拼合具有保守性，因此形成今天中江话 f/x 混读的格局。

（三）关于 f/x 相混的演变成因

上文中，我们通过对德阳六区县 f/x 演变规律的分析，总结了其演化的不同类型。但这些演化条件中，非晓组字的分混与韵母的条件紧密相关，我们以中江话非晓组字的分混规律为例来看声母分化与韵母的条件关系，见表 4-1：

表 4-1　　　　　　　　中江话 f/x 语音演变规律

韵母＼声母	非组		晓组	
	/f/	/x/	/f/	/x/
u	+		+	
oŋ		+		+
其他	+		+	

通过表 4-1 我们可以清楚看到 oŋ 与 x、u、f 的紧密关系。也就是说，中江话之所以具备两条规律，比如 RB-1 型，主要还是 oŋ 韵前的非组字都混读成 x，那么这种语音的规律和刺激究竟是什么？

乔全生（2005）分析晋语中非组白读为 x 的原因时认为："非组从帮组分化，不同地区有不同的演变过程，一支先由 p/b 演变为 pf，再演变为 f，另一支由 fu 再继续演变为 hu。"这种说法似乎可以解释非组读 x 的历史过程，但对于中江话中 f/x 的交叉混读现象似乎缺乏解释力。刘雪霞（2006：109）认为："从音理上看，主要由于 u 介音使得发音部位前化或后化，维系着音系结构的平衡。即 f 发音位置靠前，而 u 发音位置靠后，要么丢掉 u 来发音，要么 f 被 u 靠后的发音位置同化而发成 x。"我们观察中江话中的 f/x 现象也基本符合此音理解释，但中江话中 f/x 与韵母的组合关系，不仅涉及 u 介音，还与 oŋ 等韵母有密切关联，两个声母之间的混读是否就是靠介音 u 来推动的？我们还需进一步探究二者混读的原因以及与韵母组合之间的关系。

从发音学的角度来说，f/x 都属于擦音，发音方法同。朱晓农（2010）将两者都归为呼音，与擦音中的咝音相对，即发音时通过声道收缩点/阻碍点时造成的"通道湍流"。从被动调音部位来说，呼音的被动部位在口腔两头，前面的是从唇到上齿沿，后面的部位是从硬腭到喉，中间跳过了齿/龈，从这个角度上来说，f/x 具有相同的声学特征。

司玉英（2006）在对儿童普通话语音习得的个案研究中发现，儿童在习得 f/x 时也有交叉现象，即 f/x 相互替换，并同时伴以脱落和增音。如"回家"[fei]、"麻烦"[xuai]等。徐亮（2010）等根据对儿童习得个案的跟踪分析也发现此现象，即 f/x 两个音有替代现象，如"飞机"[huei tɕi]。从音理上来说，f/x 有着某种互变关系，如果这种变化仅仅是由于发音人的偏误，即可能是为了使发音更省力等因素而产生音变，那么 f/x 的关系可能是较单纯的替代关系。但语言事实是两者存在复杂的交叉关系，呈现出多种类型。John Ohala（1983：189-216）认为，虽然发音人发音上有一定偏差，但听音人也有可能产生听音的偏误，但由于他们可以从听觉上矫正一些不形成对立的语音偏差，因此最终实现目标值，因此，语音上的混淆可能不仅仅由于发音上的相似，甚至可能是发音上存在较大差异，但听感上却认为两者非常近似，从而引起混淆。

从声学和听感入手，学者们经常采用区别特征来描写音段，Jokobson、Fant 和 Halle（1952：1-32）曾设计过 12 个区别特征。孙越川

(2011：42)选取了其中"钝/锐"这一组对立的声学特征来试图解释 f/x 在听感上的相近。"'钝'是指频谱中,能量主要集中在低频区;'锐'则指在频谱图上,能量主要集中在高频区。"从发音角度上看,两者都具有"钝"的区别特征,能量集中于同一个区域,听感上容易使人错误感知。我们赞同这种推断,且在本次方言调查录音的过程中我们也发现,调查发音人口语中发出 fu 音,但他本人却感觉自己读的是 xu。因此,听感上 f/x 的易混为发音上二者的混读提供了音感上的条件。

我们在对德阳方言各区县方言 f/x 混读规律的总结过程中,结合调查走访的实际发现,f/x 混读规律总是经常出现一些例外,而这种例外恰恰说明了由于听感上的混淆,人们在对 f/x 二者声母的把握上也容易出错,并不是能够完全遵循本地方言的一般混读规律。如中江话一般规律为晓组混读为 f,但实际上我们偶尔也听到有人将 f 读为 x,在清末中江人刘三省编撰的《跻春台》中有一处别字书写的例子:"何犯于"误作"何患于"。① 笔者对中江话音系进行正式调查录音之前,曾对中江地区的方言概况进行调查走访,中江县城区话中一般规律为晓组混读为非组,将 x 读成 f,但也有不少人在自由交谈过程中将 f 读为 x,即非组部分字混读为晓组,如"发、法、伐、房、芳、仿、放、飞、肥、非、匪、付、父、府、福、佛、夫、符、复、服、凡、反、翻、犯、范、繁"等字,这些字一般较为常用,在口语中常常读为 x 声母,后带上 u 介音。这说明 f/x 由于音理上的互变关系,使得无论是语言习得者还是有固定混读规律感的人都可能在说话过程中产生发音"失误"。

但是 u 介音的作用在混读过程中是固定的且不可忽视的。李蓝(1995)认为,"多数情况下,u 总是要求其声母是 f,而韵母 oŋ 的作用则不同,与 u 相反,在大多数情况下它几乎是强制式的要求前面的声母是 x"。我们发现,旌阳、罗江、绵竹、广汉、什邡五个点的 X/F 混读规律基本同,呈现 x > f/____ u 的主要特征,何大安先生将其中 u 的特征界定为"〔+音节性〕";中江话中,晓组合口混读为 f 的规律不仅仅

---

① 张一舟:《〈跻春台〉与四川中江话》,《方言》1998 年第 3 期。

限制于 u，因此其体现出［±音节性］，规律的限制减少使其演变条件一般化，从而使得音变的条件放宽了。我们将两种音变条件进行比较，可以看出，元音 u 的异化效力先于介音 u，而介音 u 的异化则蕴含了元音 u。

从 f/x 的拼合规律看，当 f 混读为 x 时，会自动滋生介音 u；当 x 混读为 f 时，原有的介音 u 会自动与声母合并。不仅在方言中此现象普遍，在儿童习得语音的过程中也通常存在此现象，我们认为这种现象可以从音理上找到解释。

孙越川（2011：43）认为："x 和 f 虽然有相同的声学特征，但在合口韵前被错误感知的概率要远远大于开口韵。这是由于 f 和 u 都具有 ［+唇音化（libial）］特征，发元音 u 时，由于圆唇发音，声腔拉长，声道共振频率降低，能量主要集中在低频区，因此其也具有了'钝'的声学特征。如果音节是 xu 的拼合，由于 x 的发音部位在舌根，从 x 到 u 发音的通道较长，发音过程中会降低舌根声源的语音响度，同时扩大了唇收紧点语音的感知响度，易被错误感知为唇音。"但这仅从听音的角度解释了在元音 u 前，x 容易被错误感知为 f，但从发音者的角度来说，为什么在非晓组混读的大部分类型中，通常选择以 fu 音节来发音？从发音省力的角度来说，既然 f 和 u 都具有［+唇音化（libial）］特征，主要发音收紧点都在唇部，相比 xu 发音从舌根到唇部的发音距离更省力，加之从听感上 fu 与 xu 的相近，使得 f 与 u 有了相当密切的发音关系。德阳地区六区县方言点中，u 单独发音时，上齿与下唇接近，摩擦音明显，通常记为［vu］。这样一来，德阳方言中 f 与 u 的发音部位基本接近，都具有［+唇齿化］特征，二者从听感上和发音两个方面更容易相混。但同时另外一个问题随之而来：为什么 f 与 u 关系紧密，却排斥 u 介音的韵母？而 f 舌根化后常常要滋生一个 u 介音？何大安先生（2004：123）曾提到有许多"把 f 读得比较软成竟带双唇倾向的方言"，他认为这是语音性的变读，因此没有列入讨论范围。我们认为这种"双唇倾向"实际上就是 f 变读为 xu 非常重要的一个步骤：圆唇化过程。大致过程为：$f > \phi > x^w > xu$，其中第二步双唇擦音 ϕ 是关键，影响着 u 介音的滋生。相反，当韵母是 u 作为介音的合口呼韵母时，f 与 u 具有排斥效应，u 的唇音化特征阻止了韵母读音的实现。

中江话中，oŋ 韵母前 f 混读为 x。原因主要在于：o（u）及舌根鼻音 ŋ，发音部位均在口腔较后的位置，声母 x 也为舌根音，发音也靠后，因此从发音学的角度来说，三者发音位置相近。相对 f 靠前的发音位置，oŋ 韵母更倾向选择 x。

二　古泥来母字的演化

曹志耘先生（2011）认为 n/l 相混是汉语中非常重要的一种语音现象。"南京、合肥、武汉、南昌、长沙、重庆、成都、贵阳、昆明等地方言都有这种特点。从方言地理类型的分布上看，这些地区主要分布于长江流域，且离长江越近点越多，离长江越远点越少"，因此，他将这种分布类型定义为"长江流域型"。田恒金先生（2009）发现汉语方言泥来母相混现象大体可以分为 3 个类型："（1）以韵母洪细为条件相混，多数方言的表现都是洪混细分；（2）以韵母阴阳为条件相混；（3）无条件相混。"德阳地区各方言点的泥来母分混情况与成都话同，即在洪音前 n/l 混读，在细音前区分 l 与 ȵ。《四川方言调查报告》将四川方言分为四区，德阳地区属于第一区，即有部分方言点泥来母在洪音前混读，在细音前还区分 n≠ȵ。《四川方言音系》调查了 150 个方言点，认为四川话在开合口两呼韵母前不分 n/l，但在齐撮两呼韵母前情况则较为复杂，并根据泥来疑母字在齐撮口两呼前的分并，将四川方言归纳为甲乙丙三派，德阳地区方言属于甲派，即分 n 与 ȵ，"n 连≠ȵ 严年"，此处的 n 包括来母，ȵ 包括泥母及部分疑母字。

德阳方言中，开合口前的泥来母字均混读为 l。前人记录混读情况下的 n 或 l 为自由变体，可以任意换读，一般情况下记录为 n。《四川方言调查报告》（杨时逢 1984：4）中标为 "l—n"，认为 "西南官话区域有好些地方的方言，同一个人读'蓝'字，有时候读 lan，有时候读 nan，而自己不觉得有两种不同的分别，这就叫'变值音位'。"但笔者在调查过程中，将泥来母混读音记为 l，这是较 n 更接近本地调查人发音实际来记录的音值。与开合口相拼时，泥母的鼻音特征减弱甚至消失，向来母靠近。从发音的角度来说，洪音韵母开口度较大，发音时口腔通道较通畅。发鼻音声母时软腭需下垂堵住通往口腔的气流，使气流从鼻腔呼出，而鼻音声母如果与开口度大的韵母相拼时，由于元音开口度大，容易使得软腭下垂堵住通往口腔的气流这一难度增加，使一部分甚至全部气流容易从口腔呼出，更容易形成边音 l 声母。

德阳六区县方言点中，泥来母字分混规律一致，基本无例外，见表 4-2：

表 4-2　　　　　　　　德阳方言泥来母字分混情况

四呼	开口呼		合口呼		齐齿		撮口	
例字	南	兰	怒	路	泥	离	女	旅
中古音	泥覃平	来寒平	泥模上	来模去	泥齐平	来支平	泥语上	来语上
旌阳	læn31	læn31	lu324	lu324	ȵi31	li31	ȵy51	ly51
罗江	læn31	læn31	lu324	lu324	ȵi31	li31	ȵy52	ly52
绵竹	læn31	læn31	lu214	lu214	ȵi31	li31	ȵy52	ly52
什邡	læn31	læn31	lu214	lu214	ȵi31	li31	ȵy51	ly51
广汉	læn32	læn32	lu324	lu324	ȵi32	li32	ȵy51	ly51
中江	læn31	læn31	lu324	lu324	ȵi31	li31	ȵi52	li52
成都	lan21	lan21	lu213	lu213	ȵi21	li21	ȵy41	ly41

由表 4-2 可以看出，泥来母字在开合口前混为 l，在齐撮口前泥母为 ȵ，来母为 l。演化规律与成都话同。

德阳地区泥来母分混过程大致为：泥母由于细音发生腭化，读为 ȵ，与洪音前的 n 形成对立，洪音前的 n 逐渐向 l 靠拢并相混，最终形成 ȵ 与 l 的对立。即泥母的演变趋势为：n > ȵ/-i, y。那么泥来母分混的演变是由于纵向的历史演变而来，还是受异质因素如移民等因素的影响而演化的？明末李实编著的《蜀语》主要记录了明末清初四川遂宁地区的语言面貌，其中关于 n/l 的读音情况为："l 声母与 n 声母，两类所注的同音字，基本不混，表明 l 与 n 为两类不同的声母。"[①] 而牟成刚（2013）考证《蜀语》中的语言材料发现，"实际上已经出现了泥来母互注的音读情况，可视为泥来母混同的滥觞"。而今天的遂宁话泥来母

---

① 甄尚灵、张一舟：《〈蜀语〉词语的记录方式与〈蜀语〉音注所反映的音类》，载《李实学术研讨会文集》，语文出版社 1996 年版，第 76 页。

混读规律属于洪混细分型，与德阳话同。因此，我们可以推断，包括遂宁在内的部分四川西南官话在明代晚期已经出现相混的迹象，而今天川东重庆等地，湖北大部分西南官话泥来全混，可见今天四川西南官话中的泥来相混的语音变化并不是明清时期湖广移民带来的。周及徐先生（2012）根据成都话与湖北地区西南官话的语音特征对比结果，发现成都话属于半混型，而重庆话与湖北西南官话如武汉话都属于全混型，二者有着明显区别。湖南西南官话大部分泥来全混，按照湖广移民自东向西的迁移过程来看，从川东一直往四川西面考察各方言点，发现特别是岷江西南岸区域，都是区分泥来母的，因此，他推断："泥来母洪混细分这个特征是南路话固有的，属于南路话底层，不是移民音系带来的特征。"德阳地区位于川中，今天泥来母部分相混的情况应属于语音自身演变的结果，而非移民语言接触带来的结果。

除了泥来母字存在这一洪细分化的现象，与此相关的还有疑母部分字。在德阳六区县各方言点中，疑母三四等字在齐、撮两呼前有较大差异，见表4-3：

表4-3　　　　　　　　　　德阳方言疑母演变情况

四呼	开口呼		合口呼		齐齿		撮口	
例字	藕	昂	外	吾	严	言	元	虐
中古音	疑厚上	疑唐平	疑泰去	疑模平	疑严平	疑元平	疑元平	疑药入
旌阳	ŋəu51	ŋaŋ31	uɐi324	vu31	ȵiæn31	iæn31	yæn31	io31
罗江	ŋəu52	ŋeŋ31	uɐi324	vu31	ȵiæn31	iæn31	yæn31	lio31
绵竹	ŋəu52	ŋeŋ31	uɐi214	vu31	ȵiæn31	iæn31	yæn31	io31
什邡	ŋəu51	ŋeŋ31	uɐi214	vu31	ȵiæn31	iæn31	yæn31	lio31
广汉	ŋəu51	ŋeŋ32	uɐi324	vu32	ȵiæn32	iæn32	yæn32	lio32
中江	ŋəu52	ŋaŋ31	uai324	vu31	ȵiæn31	iæn31	iæn31	ȵio31
成都	ŋəu42	ŋaŋ21	uai213	vu21	ian21	ian21	yæn21	io21 老 lio21 新

由表4-3可以看出，德阳各方言点中，疑母在开口、合口前大多读为零声母字，部分开口韵前读为ŋ声母，如"藕、昂、我"等。在

齐撮口前有较大分化，有部分字读为零声母音节，部分字声母为 ɲ，与泥母细音合流，如"逆、咬、凝、宜、牛"等。即在泥来母发展演变的过程中，古泥母字和疑母字在某一个阶段合为一个音位 ɲ，产生合并现象。疑母字三四等细音今部分读 ɲ 声母，应该是 ŋ 的腭化演变而来，演变趋势为 ŋ- > ɲ- > ø-。那么，是什么原因拉动疑母发生跟泥母相同的演变？

我们发现，疑母字在细音前的分化，很难找到对应的语音条件。我们尝试从发音学的角度来解释疑母由 ŋ 演变为 ɲ 的原因：在齐、撮口韵母前，由于受韵母发音时舌位前、高的影响，声母产生协同发音，因此很容易发生 ŋ > ɲ 的变化。但这只能说明疑母读为 ɲ 具有发音上的可能性，并不能从根本上对其演化规律进行解释。

孙越川（2011：34）在分析成都话的这一语音现象时，引入了王士元先生的"词汇扩散"理论来加以解释，将疑母字的演化趋势归纳为：ŋ > ɲ > ø /＿ i, y，认为这一音变是以"词汇扩散"的形式实现的。王士元先生于 1969 年发表了著名的《竞争性演变是残留的原因》一文，他认为"语音演变规律的不规则，往往是由于两种音变同时适用于同一部分词项，经过竞争性的演变而形成的结果。语音演变的发端可以开始于词汇中偶尔发生的变化，这一偶尔的变化不断得到巩固，并变得富有规律。但这种变化是有条件的，这些条件可能会简化，最终变成无条件音变"。

德阳方言中泥疑母字在细音前的合流情况仍然可以用这一理论来进行解释。孙越川（2011）考察了涉及齐撮二呼的泥母字以及和泥母发生合并的疑母字，即观察这些声母今读为 ɲ 的字使用频率与其音读的关系。考察结果发现：这些字当中，泥母有更多的高频词，在认知上容易给人形成强势记忆，如"女、泥、你"等。相比之下，疑母字中的高频词相对较少，认知上处于弱势记忆的地位，如"逆、严、凝"等。从词汇扩散理论的角度来看，当音变作用同时作用于泥疑母字时，处于强势记忆地位的泥母字率先发生音变，而当这些音变发生并在常用词中取得立足点后，人们往往可能用进行中的常用词的音变来进一步推导疑母字中使用频率相对较低的词的读音，从而拉动疑母细音与泥母合并。

三 古疑影母字的历时演化分析

（一）疑影母字的合流与分化

德阳方言中疑影母开口一二等字及合口一二三四等字今大部分已经合流，而在开口三四等字前今读音仍有差异。（见表4-4—表4-6）

表4-4　　　　方言疑影母开口一二等字今读情况

例字	我	藕	额	雁	袄	安	恩	樱
中古音	疑歌上	疑侯上	疑陌入	疑删去	影豪上	影寒平	影痕平	影耕平
旌阳	ŋo51	ŋəu51	ŋe31	ŋæn324	ŋɐu51	ŋæn45	ŋən45	in45
罗江	ŋo52	ŋəu52	ŋe31	iæn324	ŋɐu52	ŋæn44	ŋən44	in44
绵竹	ŋo52	ŋəu52	ŋe31	ŋæn214	ŋɐu52	ŋan45	ŋen45	in45
什邡	ŋo51	ŋəu51	ŋe33	iæn214	ŋɐu51	ŋæn35	ŋən35	ŋən35
广汉	ŋo51	ŋəu51	ŋE32	iæn324	ŋɐu51	ŋæn35	ŋen35	ŋen35
中江	ŋo52	ŋəu52	ŋe31	ŋæn324	ŋau52	ŋæn45	ŋen45	in45

表4-5　　　　德阳方言影疑母合口一二三四等字今读情况

例字	窝	温	外	恶	郁	淤	渔	原
中古音	影戈平	疑魂平	疑泰去	影模去	影屋入	影鱼平	疑鱼平	疑元平
旌阳	o45	uən45	uʁi324	vu324	y324	y45	y31	yæn31
罗江	o44	uen44	uʁi324	vu324	y324	y44	y31	yæn31
绵竹	o45	uen45	uʁi214	vu214	io31	y45	y31	yæn31
什邡	o35	uən35	uʁi214	vu214	io33	y35	y31	yæn31
广汉	o35	uən35	uʁi324	vu324	y324	y35	y32	yæn32
中江	o45	uən45	uai324	vu324	io31	i45	i31	iæn31

表4-6　　　　德阳方言影疑母开口三四等字今读情况

例字	牙	迎	严	约	依	映
中古音	疑麻平	疑庚平	疑严平	影药入	影微平	影映去
旌阳	iɐ31	in31	ɲiæn31	io31	i45	in324
罗江	iA31	in31	ɲiæn31	io31	i44	in324

续表

例字	牙	迎	严	约	依	映
中古音	疑麻平	疑庚平	疑严平	影药入	影微平	影映去
绵竹	iA31	in31	ȵiæn31	io31	i45	in214
什邡	iA31	in31	ȵiæn31	io33	i35	in214
广汉	iA32	in32	ȵiæn32	io32	i35	in324
中江	iA31	in31	ȵiæn31	io31	i45	in324

由表4-6可看出，德阳地区疑影母字在一定程度上已经合流，开口一二等字今均多读为ŋ-声母，合口一二三四等字均读为零声母。而在开口三四等字前影疑母差异较明显，影母三四等字今基本读为零声母字，而疑母字今部分读为零声母，部分与泥母细音合流，读为舌面鼻音声母ȵ。

(二) 疑母字内部的演化规律

古疑母三四等开口字今在德阳地区的读音较为一致，部分读为零声母，部分读舌面化鼻音声母ȵ，与成都话同。在湘赣型方言中，影疑二母在齐齿呼和撮口呼前多分立，即影母读零声母，疑母读ȵ声母，与德阳话相似。但湘赣型方言中这种分化并不是截然清晰的，部分疑母字也可能读为零声母，如长沙话中疑母齐齿呼读ȵ声母的有：孽、业、疟、虐、逆、宜_义、议、仪、义、牛_文、艺、研、验、银_白、谚、仰、砚、凝、吟；还有部分字读为零声母：芽_文、牙_文、崖_文、雅、涯、岳、乐_{音乐}、咬_文、迎、颜_文、言、眼_文、饮、银_文、尧"等。这一特征在德阳话也有体现，说明德阳话与湘赣型影疑母字的演化趋势相似。另外，大部分疑母文读音读为零声母，开始向普通话读音靠拢，这也可以看出语言接触对方言的影响。同时，我们注意到，另外一些非文读的字也读为零声母。疑母字演化读为舌面化鼻音声母的情况上文已经分析过，那么疑母字又是如何进一步演化为零声母字的？

疑母字的演变过程为ŋ>ȵ>ø，我们发现，疑母字演变为零声母字的分为两个极端：一方面是使用频率非常高的常用词，如"鱼、眼"等；另一方面是使用频率非常低的词，如"尧、虐"等。这说明字词的使用频率可能影响其语音的变化。音变起始阶段通常是高频词最先接触到语音变化这一现象，而低频词又最先适应音变。正是由于低频词不常用，人们往往习惯由高频词的读音去推测其读音，因此一旦高频词适应了音变以后，低频词的读音往往由正在进行中的高频词音变推导而来。在德阳方言中，高频词和低频词较多读为了零声母，而一般使用频率的词在这一音变过程中相对滞后，仍旧读 ŋ 声母。因此，我们看到疑母字中读为零声母是演化过程到末尾的体现，即使用频率非常高和非常低两端的字今天在德阳话中最容易演化为零声母 ø，而一般使用频率的词成为其中的保守力量，较多读为舌根声母 ŋ。

关于竞争演变的解释，我们还可以从个别特殊读音中找到更生动的例子。"虐"字读音在德阳六区县存在三种不同读音：[io31]／[lio31]／[ȵio31]。一般认为，[io31] 为老派读音，[lio31] 为新读，后者是受普通话影响而读音向其靠拢的表现，而读为 [ȵio31] 则可能是与泥母合流而产生的类推读音。"虐"字在口语中出现的频率非常低，因此几个点的调查结果也呈现出明显差异：旌阳、绵竹读零声母；罗江、什邡、广汉读为 l-；中江话中读为 ȵ-。我们认为，"虐"字的几种读音情况进一步说明了词汇扩散理论在音变解释中的说服力，"虐"字由于其使用的低频性，使得人们倾向于用高频词中的零声母字来推导该字的读音，因此"虐"可能读为零声母字。另一种音变可能是，由于疑母字的音变受泥母拉动，因此"虐"字受泥母读音的分化影响，读为泥母字。而泥母今天在德阳话中与来母洪混细分，"虐"字韵母为齐齿呼，因此可能混读为泥母或来母，两种音变竞争的结果在德阳各区县方言中的体现则为出现 ȵ/l 两读。我们从"虐"字看到了语音演变中词汇扩散较为清晰的过程，说明音变可能往往与词项的使用频率相关，"虐"字几种不同的读音恰恰反映了泥疑母字语音竞争演变残留的痕迹。

四 舌齿音的分布及演化

舌齿音指中古知照系声母，包括精组、知组、庄组及章组字。从上古到近代，知庄章三组声母经历了复杂的分合过程。今德阳地区精组与普通话演变轨迹相同，洪音前均读为舌尖前音 ts/tsh/s，细音前读为舌面音 tɕ/tɕh/ɕ。然而知庄章三组声母在德阳地区包括整个四川方言区都有着较为复杂的演变过程。

《报告》中四川方言分为四区，其中第四区全部不分 ts、tʂ，全部读为 ts。德阳方言从听感上与第四区的特征相同，境内方言点基本没有舌尖后声母，不分平翘舌音。

《四川方言音系》（郝锡炯等 1960：6）中记载："四川话中有 tʂ、tʂh、ʂ、ʐ 这套声母的方言共有 26 点，可以分为甲乙两派。甲派的所能拼合的韵母较多，包括的字也较多，如自贡、内江……范围比北京稍小；乙派的 tʂ、tʂh、ʂ、ʐ，专拼 ɚ 韵或 ɿ 韵，字不多，来源仅限于《广韵》缉、质、职、昔四韵的开口知组、章组和日母字。这派方言兼有 z、ʐ（只有一个"日"字），同时两组声母并不同时出现在任何一个韵母里：在这点上和甲派很不相同。"属于这一派共有 7 个点，如灌县（今都江堰）、郫县等地。

熊正辉（1990）在《官话区方言分 ts tʂ 的类型》一文中将北方官话分为济南型、昌徐型、南京型三类：（1）济南型，以济南话为代表。济南型知庄章三组字今全读 tʂ 组声母，没有例外。（2）昌徐型，以昌黎话和徐州话为代表。昌徐型今读开口呼的字，知组二等读 ts 组，三等读 tʂ 组，庄组全读 ts 组；章组除止摄开口三等读 ts 组，其他全读 tʂ 组。（3）南京型，以南京话为代表。南京型庄组三等字基本读 ts（例外：止摄合口和宕摄读 tʂ）；其他知庄章组字读 tʂ 组（例外：梗摄二等读 ts）。

张光宇（2008）指出："南京型从南京迤逦向西经过湖北直到四川大体一致；即使中间有武汉型横亘其上，透过深入一层的分析，不难判明其前身与南京型殊无二致。"郭丽（2009：23）认为："武汉并非横亘在南京和四川之间，而是自武汉始，延伸到四川，都是止开三知庄章合一的分布范围。在四川云南方言中，南京型只是点缀其间，整个四川方言绝大多数都是属于武汉型。"周及徐（2013）根据四川自贡、西昌、宜宾三地方言的实地调查结果，认为："四川自贡、西昌、宜宾话与南京型比较接近，但庄二读平舌有非梗二的'洒、眨、蘸、巢、涮'等字，庄三读翘舌有开口的'史、使、驶、柿、渗、骤'等字，与南京型不同，可看作自贡、西昌等地四川方言分平翘舌的特征。"除去个别例外字，四川西南地区分平翘舌的方言演化规律一般为："知组字与章组字共变为翘舌音，庄组字则依韵母条件演化，高元音韵前变平舌，低元音韵前变翘舌。"

我们根据以上学者们对舌齿音演化类型的总结,对德阳方言舌齿音进行简单的归类,德阳方言知庄章三组合流,全部读为舌尖前声母,从这一特征看,应属于武汉型。

五 全浊塞音、塞擦音声母仄声送气现象分析

杨秀芳(1989)指出:"除了吴语和老湘语,全浊声母大都清化。浊声母清化的方言中,官话是平声送气仄声不送气,客赣方言一般平仄皆送气,新湘语则平仄皆不送气。闽语和徽语则无规律可循,大多数不送气,少数送气。"我们发现,德阳地区乃至整个西南官话区几乎都有全浊仄声送气现象的分布,且这些字大多为常用字。(见表4-7—表4-11)

表4-7　　　　　　　　并母仄声字今读送气例字

例字	拔	勃	薄~荷	捕	叛
中古音	并黠开二入	并没合一入	并铎开一入	并模开一去	并桓合一入
旌阳	phɐ31	pho31	pho324	phu45	phæn324
中江	phA31	pho31	po324	pu324	phæn324
绵竹	phA31	pho31	pho214	phu45	phæn214
什邡	phA31	pho31	pho214	phu35	phæn214
罗江	phA31	pho31	pho324	phu44	phæn324
广汉	phA32	pho32	pho324	phu35	phæn324
成都	pha21	pho21	pho213	phu45	phan213

表4-8　　　　　　　　定母仄声字今读送气例字

例字	掉~头	大①	导	铎	特
中古音	定萧开四上	定歌开一去	定豪开一入	定铎开一入	定德开一入
旌阳	thiɐu51	thɐi51	thɐu324	tho31	thɐ31
中江	thiau52	thai52	thau324	tho31	thE31

---

① 此处"大"的读音为白读音,在文读音中一般读为[ta324]。

续表

例字	掉~头	大	导	铎	特
中古音	定萧开四上	定歌开一去	定豪开一入	定铎开一入	定德开一入
绵竹	thiɐu52	thɐi52	thɐu214	tho31	thɛ31
什邡	thiɐu51	thɐi51	thɐu214	tho33	thɛ33
罗江	thiɐu52	thɐi52	thɐu324	tho31	thɛ31
广汉	thiɐu51	thɐi51	thɐu324	tho32	thɛ32
成都	thiau42	thai42	thau213	tho21	thɛ21

表4-9　　　　　　　　群母仄声今读送气例字

例字	掘	跪	白	倔	局
中古音	群月开三入	群支合三上	群尤开三上	群物合三入	群烛合三入
旌阳	tɕhio31	khuei324	tɕhiəu51	tɕhio31	tɕhy31
中江	tɕhiɛ31	kuei324	tɕiəu45	tɕhiɛ31	tɕi31
绵竹	tɕhio31	khuei214	tɕhiəu214	tɕhio31	tɕhy31
什邡	tɕhio33	kuei214	tɕhiəu214	tɕhio33	tɕio33
罗江	tɕhio31	khuei324	tɕhiəu51	tɕhio31	tɕhy31
广汉	tɕhio32	kuei324	tɕhiəu51	tɕhio32	tɕy32
成都	tɕhio21	kuei213	tɕhiəu213	tɕhio21	tɕy21

表4-10　　　　　　　　澄母仄声今读送气例字

例字	撞	辙	浊	择	宅	术苍~
中古音	澄江开二入	澄薛开三入	澄觉开二入	澄陌开二入	澄陌开二入	澄术合三入
旌阳	tshuɑŋ51	tshɛ31	tsho31	tshɛ31	tshɛ31	tshu31
中江	tshuɑŋ52	tshɛ31	tsho31	tshɛ31	tshɛ31	tshu52
绵竹	tshuɐŋ52	tshɛ31	tsho31	tshɛ31	tshɛ31	tsho31
什邡	tshuɐŋ51	tshɛ33	tsho33	tshɛ33	tshɛ33	tsho33
罗江	tshuɐŋ52	tshɛ31	tsho31	tshɛ31	tshɛ31	tsho31
广汉	tshuɐŋ51	tshɛ32	tsho32	tshɛ32	tshɛ32	tshu32
成都	tshuaŋ42	tshɛ21	tsho21	tshɛ21	tshɛ21	tshuo21

表4-11　　　　　　　　从母仄声今读送气例字

例字	造	凿	捷	截	族
中古音	从豪开一上	从铎开一入	从叶开三入	从屑开四入	从屋合一入
旌阳	tsʰɐu324	tsʰo31	tɕʰie31	tɕʰie31	tɕʰio31
中江	tsʰau324	tsʰo31	tɕʰiɛ31	tɕʰiɛ31	tɕʰio31
绵竹	tsʰɐu214	tsʰo31	tɕʰiɛ31	tɕʰiɛ31	tɕʰio31
什邡	tsʰɐu214	tsʰo33	tɕʰie33	tɕʰie33	tɕʰio33
罗江	tsʰɐu324	tsʰo31	tɕʰie31	tɕʰie31	tɕʰio31
广汉	tsʰau324	tsʰo32	tɕʰie32	tɕʰie32	tɕʰio32
成都	tsʰau213	tsʰo21	tɕʰie21	tɕʰie21	tɕʰio21

从表4-7至表4-11中可以看出，并定从群澄各母均有部分字今在德阳地区读为送气声母，且基本为仄声字，其中，入声字占了大部分。另外个别点还有零星例字，如绵竹："助崇鱼合三去"[tsʰu214]。全浊声母部分读为送气，不仅德阳话，几乎整个西南官话区都有此现象，如湖北武汉话中，"拔、勃、薄、特、撞、宅、泽、择、族、造"等字今声母均读送气。

张琨（1975）指出汉语方言古全浊声母"次清化"类型音变的发展过程为："送气浊音型"→"清音浊流型"→"送气清音型"。同时，古全浊声母仄声今读送气也是晋陕甘地区大多数中原官话共有的语音特点。张维佳先生（2002）发现"古全浊送气音在关中方言片内形成一种'涡状'分布，中心地区读送气少，周边地区读送气多"。他认为："古全浊声母不分平仄读入送气清音，在北方官话区是以关中地区为中心发展开去的。"

那么，今天四川西南官话中全浊仄声今读送气现象与北方方言有何渊源？王福堂（2007）对西南官话方言中全浊塞音、塞擦音声母仄声送气现象解释为："西南部的西南官话中也能发现有仄声的送气字音，说明原来是古全浊声母清化后全部送气的。"他指出："在官话方言的西北地区，古全浊声母清化送气的字音集中分布在晋南、晋中西部、陕北等相连的地区，而以晋南为中心。"西南官话中全浊声母今读送气的字比西北方言少，因此他认为西南官话中全浊声母送气现象很可能是唐五代之前西北地区居民的大量迁入带来的，后由于两地方言联系较少，西南官话地区保存下来的仄声送气字也就逐渐变少了。郭丽（2009）通过对湖北西南官话以及成都、贵阳、昆明等地全浊仄声声母今读送气的例字归纳，认为"整个西南官话区全浊仄声都存在送气的现象，同中原官话这一层次有一定关系。但湖北西南官话中全浊仄声塞音、塞擦音送气的现象同鄂东南的赣方言有关"。原因是"同鄂东赣方言接触比较多的黄孝方言，读送气的现象更多。西南官话武门片是被西南官话化了的黄孝方言，而黄孝方言是被官话化了的赣语。黄孝方言中的早期层次同鄂东的赣语保持一致，湖北西南官话全浊仄声送气的现象既来自早期的西北方言的影响，也来自赣方言的影响"。

四川方言属于北方方言区，自秦至宋末，西北和北方地区就陆续有移民迁入巴蜀地区，元明清时期西北地区仍有零星移民填入四川，这种自北向南的迁移路线使得今天的四川方言不可避免地受到西北方言的影响。同时，我们将德阳地区全浊塞音、塞擦音读送气的例字与湖北西南官话情况相比，发现例字多数相同，且湖北西南官话中读送气音的字多于德阳方言，即湖北大部分地区这一现象比四川地区更加普遍。自元明清以来，四川方言与湖北西南官话就有着较密切的接触关系，同时，湖北黄孝方言区也有大量移民填入包括德阳在内的四川大部分地区。

从移民史的角度来观察今天古全浊仄声声母部分读送气音的地理分布，我们发现，四川方言全浊声母仄声送气现象除了受秦以来西北方言的影响，还恰好反映了"江西填湖广，湖广填四川"的移民历程。湖北官话全浊仄声读送气音受赣语影响，其自东向西的迁移过程，又将这一语音特征进一步扩散到四川方言中。因此，我们认为德阳方言中的古全浊仄声声母今读送气现象主要由于早期受西北方言影响，后受到湖广赣闽移民方言的影响。目前，受普通话音读影响，德阳方言中这些读送气音的古全浊字在文读中正在逐渐减少。

六 全清塞音、塞擦音声母部分读送气现象分析

中古的全清塞音、塞擦音声母有帮、端、精、知、章、庄、见 7 母，在德阳地区的六个方言点中，均有读为送气音的现象（见表 4 - 12—表 4 - 16）。

表4-12　　　　　　　德阳方言帮母字今读送气例字

例字	扒	绊	痹	遍	谱
中古音	帮皆开二去	帮桓合一去	帮脂开三去	帮先开四去	帮模合一上
旌阳	phɐ31	phæn324	phi31	phiæn324	phu51
中江	phA31	phæn324	phi31	phiæn324	phu52
绵竹	phA31	phæn214	phi31	phiæn214	phu52
什邡	phA31	phæn214	phi31	phiæn214	phu51
罗江	phA31	phæn324	phi31	phiæn324	phu52
广汉	phA32	phæn324	phi32	phiæn324	phu51
成都	pha21	phæn213	phi21	phiæn213	phu42

表4-13　　　　　　　德阳方言端母字今读送气例字

例字	跌	抖	堤	扽打了个~
中古音	端贴开四入	端侯开一上	端齐开四平	端痕合一去
旌阳	thie31	thəu51	thi31	thən51
中江	thiɛ31	thəu52	thi31	then51
绵竹	thiɛ31	thəu52	thi31	then52
什邡	thie31	thəu51	thi31	thən51
罗江	thie31	thəu52	thi31	thən52
广汉	thie32	thəu51	thi32	then51
成都	thie21	thəu42	thi21	thən41

表4-14　　　　　　　德阳方言精母字今读送气例字

例字	躁	笺	浸	雀	歼
中古音	精豪开一去	精先开四平	精浸开三去	精药开三入	精鉴开三平
旌阳	tshɐu324	tɕhiæn45	tɕhin324	tɕhio31	tɕhiæn45
中江	tshɐu324	tɕhiæn45	tɕhin324	tɕhio31	tɕhiæn45
绵竹	tshɐu214	tɕhiæn45	tɕhin214	tɕhio31	tɕhiæn45
什邡	tshɐu214	tɕhiæn35	tɕhin214	tɕhio31	tɕhiæn35
罗江	tshɐu324	tɕhiæn44	tɕhin324	tɕhio31	tɕhiæn44
广汉	tshɐu324	tɕhiæn35	tɕhin324	tɕhio32	tɕhiæn35
成都	tshɐu213	tɕhiæn45	tɕhin213	tɕhio21	tɕhiæn45

表 4-15　　　　　　　德阳方言知庄章母字今读送气例字

例字	拄	侧	拙
中古音	知虞合三上	庄职开三入	章薛合三入
旌阳	tshu51	tshe31 文　tɕie31 白	tshu31
中江	tshu52	tshɛ31	tsho31
绵竹	tshu52	tshe31	tsho31
什邡	tshu51	tshe33	tsho33
罗江	tshu52	tshe31	tsho31
广汉	tshu51	tshe32	tsho32
成都	tshu42	tshe21	tsho21

表 4-16　　　　　　　德阳方言见母字今读送气例字

例字	溉	搁	箍	刽	扛
中古音	见咍开一去	见铎开一入	见模合一平	见泰合一去	见江开二平
旌阳	khɐi324	kho324	khu45	khuɐi324	khaŋ31
中江	khai324	kho324	khu45	khuai324	khaŋ31
绵竹	khɐi214	kho31	khu45	khuɐi214	khɛŋ31
什邡	khɐi214	kho33	khu35	khuɐi214	khɛŋ31
罗江	khɐi324	kho324	khu44	khuɐi324	khɛŋ31
广汉	khɐi324	kho324	khu35	khuɐi324	khɛŋ32
成都	khai213	kho213	khu45	khuai213	khaŋ21

由表 4-12 至表 4-16 我们可以看到，德阳方言及成都话中都存在个别清声母字今读送气音现象，其中，帮、端、精、见母今读送气音的例外字稍多。

沈建民（2006）在研究《经典释文》过程中发现类似情况，他指出："值得注意的是送气与不送气之间的异读主要出现在帮组、见组和端组（即闭塞音）声母中间，而精庄章和知组（即塞擦音）声母中，送气和不送气之间的异读则很少出现。"但德阳及周边地区存在的这一现象主要是个别例外字，且似乎不成系统，很难找到其送气不送气的分化规律。从以上举出的例字来看，帮端见母字较多，但精组也有部分例字，知庄章读送气字较少。我们试从以下两个方面来进行解释：

（一）受声符或形近字的影响而误读，这些字主要为一些非常用字，如"奸、躁、燥"等。四川地区俗语中有这样的说法："四川人生得奸，认字认半边。"即指人们对较生僻的字习惯以声符来类推读音，造成讹读。另一些字，如"拔、勃、浸"等，由于在口语中使用频率很小，一般只在书面音中出现。低频词在某些情况下可能走在音变的前端，人们往往从普通话字音来推衍其在方言中的读音，在类推错误的情况下造成误读。

（二）古音来源不同。个别字在中古韵书中反切声母来源不同，可能读成送气声母。如"拼"：《广韵》中为"北萌切"，属帮母，而在《集韵》中，"拼"有两个来源：一表"使也"，"披耕切""悲萌切"；一表"除"也，"卑正切"，为滂母。由此，我们判断"拼"读送气的来源应为滂母。

第二节　韵母的历史演化分析

一　阴声韵的历史演化

（一）果摄字的演变

果摄开口一、三等字在今德阳地区多读作了开口 o 韵，如"多"[to45]，个别字读为 a，如"他"[tha45]、"哪"[la51]。

张维佳（2002）以关中方言为例，总结了果摄读音所体现出的三个历史层次：一为上古层 [æ<ai]；二为中古层 [a]；三为近代层 [ɔ]、[uo] 韵及其相关的音变形式。其中，上古、中古层的音在个别词的白读中有所保留。孙越川（2011）对比了今四川西南官话中果摄语音的分布情况，认为其演变与关中方言相似。我们结合德阳地区今果摄字的读音情况，可以看出其语音演变的不同层次，见表 4-17：

表 4-17　　　　德阳方言果摄字读音演变层次

层次	元音	例字
上古	ai	大 [thai51]
中古	a	大 [ta324]、他 [tha45]
近代	o	多 [to45]、果 [ko51]

第四章　德阳方言语音历时演化分析 | 161

"大"字在德阳地区有两读，多数情况下读为［ta324］／［thai51］，个别白读中仍保留［thai51］这一读音，应属上古音的遗留。"大、他"等字由于使用频率非常高，其音变一般相对滞后，因此在历时演变过程中保留了最早期的语音面貌。以"大"字为例，《汉语方音字汇》中显示武汉、长沙、南昌、梅县、广州、阳江、厦门、潮州、福州等方言的文读或白读中留存了-ai 这一古音，而在北方方言区中极少见。在德阳方言果摄字中，留存-ai 韵的只有一例，因此我们推测德阳话中，"大"字的白读音可能并不是内部历时演化的结果，而可能是元明清移民方言接触中借入的南方方言语音痕迹。

表 4-18　　　　德阳方言果摄字中古音与今音对比情况①

韵摄	韵	开合口	等	中古音	今音	例字
果	歌	开	一	ɑ	a/o	大他哪那/拖驮舵
	戈		三	iɑ	ie	茄
	戈	合	一	uɑ	o	玻播磨破薄菠
	戈		三	iuɑ	ye	瘸靴

从表 4-18 可以看出，德阳地区果摄开口一三等今基本混读为 o 韵，无开合口之分，开口三等主要读-ie 韵，合口三等今读为-ye 韵（中江话由于无撮口呼韵母因此仍读为-ie 韵，与开口三等戈韵混同）。在四川西南官话地区，存在开口三等与合口三等字混同的情况，如遂宁、自贡、荣县："茄"［tɕhye］／"靴"［ɕye］，均读为撮口呼韵母-ye；又如西昌："茄"［tɕhie］／"靴"［ɕie］，均读为齐齿呼韵母-ie。在德阳方言果摄字演化过程中，开口三等字由于受介音 i 的影响，促使原主元音 ɑ 前高化，今开口字读为 ie，合口字读为 ye。

（二）流摄的读音及演变

德阳方言中，中古流摄一部分唇音字今读同遇摄字，即尤侯韵读入鱼模韵，如："富妇副复负"。这一现象从唐代王维开始就已经出现②，

---

① 此处中古音拟音采用郑张尚芳、潘悟云系统。
② 李惠昌：《遇摄韵在唐代的演变》，《汕头大学学报》（人文科学版）1989 年第 4 期。

在唐宋文学用韵中较为常见。也有保持尤韵读音的字，如"浮"[fəu21]。知庄章组合端见系声母后今基本读为 əu 韵，三等韵中，端见系字声母后读为 iəu。较为特殊的是，在德阳地区乃至四川大部分西南官话中，部分流摄帮非组字开口一等和三等字读作了阳声韵，如开口一等"某、亩、茂、贸_明"、开口三等"皱_庄、嗅_晓、谋_明"等字今均读为 oŋ 韵。

表 4–19　　　　　德阳地区流摄字演变分布情况

中古韵母＼中古声母	帮非组	知庄章组	端见精组
一等侯韵	əu/u/au/oŋ	əu	əu
三等尤韵	əu/u/o/au/oŋ	əu	iəu
三等幽韵	iau		iəu

关于流摄字部分字读作阳声韵这一现象，《四川方言音系》（1960：11）就有所记录："少数字的韵尾在四川有的地区读法显得比较特异。原有元音尾读成部分相近的鼻音尾的，如'某、茂、亩、浮、皱、绉'等字，在四川有些地区带-ŋ。"这一现象在德阳各方言点也都存在：

表 4–20　　　　　德阳地区流摄鼻音韵尾字分布情况

例字	茂	亩	某	贸	谋	否	浮	皱
中古音	明流开一	明流开一	明流开一	明流开一	明流开三	非流开三	非流开三	庄流开三
旌阳	moŋ324	moŋ51	moŋ51	moŋ324	moŋ31	fəu51	fəu31	tsoŋ324
中江	məu324	məu52	məu52	məu324	məu31	fəu52	fəu31	tsoŋ324
绵竹	moŋ214	moŋ52	moŋ52	moŋ214	moŋ31	fo52	fu31	tsoŋ214
什邡	moŋ214	moŋ51	moŋ51	moŋ214	moŋ31	fo51	fu31	tsoŋ214
罗江	moŋ324	moŋ52	moŋ52	moŋ324	moŋ31	fəu52	fəu31	tsoŋ324
广汉	moŋ324	moŋ51	moŋ51	moŋ324	moŋ32	fo51	fu32	tsoŋ324

由表 4–20 可知，非母流摄开口三等字"浮、否"两字在今德阳方言内部读音差异较明显，"否"韵母存在 o/əu 两读，而"浮"存在

u/əu两读。庄组流摄开口三等字在今德阳方言各点读音统一，如"皱"，均读为-oŋ韵。明母流摄除在中江话中读为 əu 韵外，其他各方言点，包括成都话，均读为-oŋ。

除了四川地区西南官话存在此现象，湖北西南官话武天片、鄂北片也有类似现象（郭丽，2009）。李霞（2004）认为西南官话中流摄和通摄入声有部分字读为阳声韵的原因主要为：流摄和通摄中古拟音都是后高（半高）圆唇元音，从发音学的角度看，两个音发音时舌位及唇形比较接近，而发鼻音时，软腭肌收缩下降，同时也将舌位往后高方向拉动，舌根后缩后容易增强 u 的力量，也很容易增强发舌根鼻音 ŋ 的力量，才使韵母带上鼻音韵尾 ŋ。Ohala（2005）根据 Tswana 语及 Melanesian 方言中的 w 和 ŋ 之间的自由变读情况，证明"舌根鼻音和 w 相似，鼻音和唇软腭音 w 相似，目前这种 w 和鼻音的相似音变只见于舌根这一发音部位，即 w 会变为舌根鼻音 ŋ，而不会变为双唇鼻音 m。"这为 u 到 ŋ 的演变找到了类型学上的解释。孙越川（2011）从声学属性分析了 əu 和 oŋ 的声学频谱，发现 u 和 oŋ 发音时第一和第二共振峰频率非常相近，因此从听觉上容易感知错误，可能导致 u 向 ŋ 的转变。

流摄字发生 u > oŋ 这一音变现象在四川方言中较为普遍，且多发生在明母而非与其他声母的组合中。我们认为这种现象应该主要由于鼻音 m 对舌根音 u 的同化作用。由于声母 m 为浊鼻音，容易使得韵母带上鼻化特征，这样一来，鼻化后的 u 与 oŋ 从听感上更容易相混，从而使得部分流摄字明母字读音和通摄字相混。中江话明母流摄演化规律较为特殊，今仍读 əu 韵，而庄组流摄"皱"韵母读为 oŋ，当属例外现象，本书在第六章第三节进行具体分析。

（三）遇摄字的历史演变

遇摄模韵在德阳方言中主要读为 u，但有部分明母字读同果摄开口，如"幕、慕、墓"[mo24]，这一现象在四川地区西南官话中比较常见。同时，湖北西南官话中也存在这种读音现象，如与川东靠近的湖北宜昌，遇摄明母字今读 o 韵，与四川西南官话同。其他如湖南赣语、长沙话、双峰话，南方地区的扬州、苏州、温州等方言，均有同样的语音现象。湖北西南官话、湘方言中还有模韵读入流摄的现象，如"初=抽"等，而大部分四川方言包括德阳方言中没有类似的高元音裂化现象。

关于遇摄模韵读为 o 韵的原因，我们可以从发音学的角度找到一些线索：明母为浊鼻音声母，发音时软腭下降，堵住气流通往口腔的通道，而发音部位在除阻的过程中，口腔也会随发鼻音的动作产生协同作用，即口腔和鼻腔产生"耦合"作用，使得韵母舌位偏低，容易读为 o 韵。Ohala（1983）认为，元音的音质在鼻化时会受到影响而发生变化，舌位有降低的趋势。他在法语中找到了相关的例证，即从类型学的角度证实了发鼻音时元音可能会发生低化的语音变化。[①] 我们用此观点可以进一步解释汉语方言中多地存在的明母遇摄读为果摄现象。

二 鼻音韵尾的演化

德阳方言阳声韵中 m 尾已经消失，存在 n 与 ŋ 尾。其中，中古咸山深臻舒声今带 n 尾，曾梗宕江及通摄舒声今带 ŋ 尾。

德阳方言具有较为明显的鼻音韵尾的弱化现象，且旌阳、罗江两点部分鼻音韵尾还带有鼻化现象。关于鼻音韵尾的弱化，有学者对西南官话代表成都话进行过社会语言学调查与分析（肖娅曼，1994；何婉，2008），认为成都话中此现象非常明显，而且跟发音人性别、年龄也有一定的关系。根据何婉（2008）的调查发现："50 年代出生的成都人咸山摄字发音整齐的将主元音发为 æ，90 年代出生的成都男性和 80 年代出生的成都女性的 æ 音已经基本变成了 ε，主元音的发音部位升高。有些变化暂时还看不出规律，但是总的来说可以看到变化首先是从有介音的字开始的，主元音 æ 受到高元音 i/u/y 的影响，从而高化为 ε。"张弛（2012）讨论了川南地区的鼻音韵尾的弱化与脱落，川南地区的宜宾、泸州等地的咸山摄字鼻音韵尾与北京话或重庆话有较大差异，n 尾往往只做出发音姿势，但实际舌尖并不抵触齿龈。

张维佳先生（2005）考察鼻音韵尾的实际发音时将其分为四类：完全鼻音型、不完全鼻音型、鼻化型和脱落型。孙越川（2011）根据鼻音韵尾具体音值的差异，将西南官话分为四类：完整鼻音型、做势鼻

[①] Ohala, J. J. *The origin of sound patterns in vocal contractions.* Inp. F. MacNeilage (ed.), Theproduction of speech. NewYork: Springer-Verlag, 1983, pp. 189–216.

音型、元音鼻化型和纯元音型。德阳方言即属于上述学者所归纳的不完全鼻音型或做势鼻音型，即发 n 音时舌尖只是做出鼻音姿势，但事实上舌尖并没有实际发音动作，听感上鼻音尾弱化，并进一步影响韵母的发音。德阳地区发生这种音变现象的主要在咸山两摄字中，见表 4-21：

表 4-21　　　　　　　　　德阳方言咸山摄读音例字

例字	劝	含	陷	官	泉	免	选
中古音	溪元去	见桓平	匣咸去	见桓平	从仙平	明仙上	心仙上
旌阳	ɕyæn324	xæn31	ɕiæn324	kuæn45	tɕhyæn31	miæn51	ɕyæn51
罗江	ɕyæn 324	xæn31	ɕiæn324	kuæn44	tɕhyæn31	miæn52	ɕyæn52
绵竹	ɕyæn 214	xæn31	xæn214	kuæn45	tɕhyæn31	miæn52	ɕyæn52
什邡	ɕyæn 214	xæn31	ɕiæn214	kuæn35	tɕhyæn31	miæn51	ɕyæn51
广汉	ɕyæn 324	xæn32	ɕiæn324	kuæn35	tɕhyæn32	miæn51	ɕyæn51
中江	ɕiæn 324	xæn31	ɕiæn324	kuæn45	tɕhiæn31	miæn52	ɕiæn52

德阳地区咸山两摄舒声字鼻韵尾-n，实际发音中已经渐趋弱化，发音时气流部分从鼻腔通过，微带鼻音，因此实际发音只是保留了韵尾鼻音的特色，但-n 发音不完整，只有发鼻音的一个起势。同时，由于鼻音韵尾的弱化，也影响主元音的发音特点。德阳方言-æn/-iæn/-uæn/-yæn 韵母中，主元音本为 a，但发音过程中口腔大小并没有发到位，舌位略为高化，实际音色接近 æ。旌阳、罗江话中，咸山摄字读音鼻音韵尾音色上感觉比较模糊，部分人发音时整个音节听起来鼻音浓厚，具有鼻化元音的特点。

前鼻音 n 尾韵母中，弱化为何总发生在低元音 a 韵母组合中，而-in、-en 韵中鼻韵尾保留相对完整？相反，-ŋ 尾韵母中，与低元音 a 组合的韵母保持得较完整，而 i/e 组合中的 ŋ 尾在德阳话中却消失了，与 n 尾合流，读为前鼻音韵母 in/en，发生 ŋ>n 的变化。由此可见，德阳方言中前鼻音尾的弱化与后鼻音尾的保持都与主元音有密切关系。

关于低元音 a 后面的鼻音尾弱化脱落的原因，林茂灿、颜景助（1994）曾通过声学和统计分析指出："在鼻辅音前面的低元音中，由于鼻音耦合开始得早，使得鼻辅音本身时长较短，而在高元音中，由于鼻音耦合开始得晚，因而鼻辅音本身时长较长。"这说明元音的高低会影响鼻音尾的发音时长，进而影响鼻音的稳固性。

德阳话中，弱化后的前鼻音韵母 a 前如果还有介音 i 或 y，会影响 a 发音高化为 æ 乃至 ε。其中，无介音情况下 a 一般略高化读为 æ，高化读为 ε 韵的主要是部分"90 后""00 后"的年轻人，其中又以女性居多。于虹（1990）对成都话中的鼻音尾保持情况做过相应调查，得出的结论为："元音鼻化在 39 岁以下的年轻人，特别是年轻女性中占优势。"肖娅曼（1994）也关注到成都话鼻音尾现象，进一步证实了成都话中存在元音鼻化的现象。与年龄、性别、家庭环境、居住地区、文化程度、职业等因素有一定联系，其中，年龄和性别是最主要的控制因素。女性鼻化程度高于男性，年龄越小，鼻化现象越明显。何婉（2008）也对成都话中这一现象进行了调查，但她认为这仍然是一种鼻音弱化而非鼻化现象，并用长元音高化的元音链移规则解释了这一现象。基于以上几位学者的调查结果及笔者对成都话的观察，我们认为这是一种"女国音"现象在成都话韵母中的表现，主元音发音时口形扁平，舌位上抬、位置靠前，而鼻音尾明显弱化甚至脱落。20 世纪 80 年代以后出生的女性有此类读音特点的居多，"90 后"的大部分男性口音中也带上了较明显的 ε 音，听上去给人一种阴柔之感。德阳地区目前城区中小学生口语中也有这一趋势，这种发音带有较明显的年龄、性别标志。

德阳方言中鼻音尾演化另一个现象是：a 后面的 ŋ 尾较为稳固，而前高元音 i/e 后面的鼻音尾只有 n，即"音＝英""痕＝横"。这主要是由于前高元音 i/e 与 n 发音位置皆靠前，而 ŋ 发音位置靠后，从发音省力的原则来看，i/e 更容易选择鼻音 n。相反，a 后面的 n 容易弱化脱落，而与 ŋ 尾组合则较稳固。潘悟云先生（2009）对鼻音尾脱落鼻化的原因曾给出这样的解释："这种现象与舌腭肌的功能有关。舌腭肌连接于软腭和舌根之间，它的收缩或者使软腭下降，或者使舌位向后高方向收缩。"他认为发前低元音的时候，容易带动软腭的下降。我们由此推断，德阳话中 aŋ 韵发音机制大致为：前低元音 a 发音时，带动软腭下降，使得发音容易带上鼻音，并且牵动舌腭肌，使得舌位向后收缩，发出 ŋ 音。

三 入声韵的历史演化

（一）德阳方言入声韵历时演化情况分析，见表 4-22

表 4-22　　　　　　　　旌阳话入声韵演化情况

中古韵摄	开合	等	中古拟音①	今德阳地区读音	例字	个别例外字
咸入	开	一	əp	a/o	踏端答拉来/鸽见喝晓	
		一	ɑp	a/o	塔透腊来/磕溪	
		二	ɣæp	a/iɐ	插眨庄/恰见洽匣	
		二	ɣap	iɐ	鸭押压	
		三	iɛp/ɣiɐp	e/ie	涉摄章/聂泥叶以接精	
		三	iɐp	ie	怯协晓劫业见	
		四	ep	ia/e/ie	挟侠匣/贴蝶端	
	合	三	iuɐp	a	法非	
山入	开	一	ɑt	a a/oo	达端辣来萨精/割喝晓见	ai 癞 ie 蝎
		二	ɣæt	a	八帮扎沙庄	
		二	ɣat	a/ia	铡崇瞎晓辖匣	
		三	iɛtA/ɣiɛtB	e/ie/ye	哲撤知舌章列来别帮/杰群薛	
		三	iɐt	ie	揭见歇	
		四	et	e/ie/ye	憋帮铁透/结切精洁见/屑心	
	合	一	uɐt	o/ue	脱夺端撮清活匣/阔括见	a 抹
		二	uæt	ua	滑匣挖影	
		二	ɣuat	ua	刷生刮见	
		三	iuɛtA/iuɛtB	e/o/ye	劣来拙说章/绝雪精悦以	
		三	iuɐt	a/ye	发罚非/月疑越粤	
		四	uet	ye	决缺见血晓穴匣	
深入	开	三	ip	i/ɣ/y/ie/e	立来缉习精急揖影/汁章/执十章蛰章/给见及吸晓/涩	u 入日

---

① 此处中古拟音采用郑张尚芳、潘悟云系统。

续表

中古韵摄	开合	等	中古拟音	今德阳地区读音	例字	个别例外字
臻入	开	三	it	i/ɿ/e/ie	必匹_帮膝_精一_影/侄_澄质_章实_船室_书/瑟_生/吉_见	
		三	iɨt	i	乞_溪	
	合	一	uət	o/u	没_帮/突_定骨_见	
		三	iuɨt	o/u/y/ye	率 蟀_生/律_知 出 术_章/橘_见/恤_心	
		三	iut	u/ʊ/io	不_非拂_非/物_非/屈_溪	
宕入	开	一	ɑk	o/e	铎_端落_来作_精昨_精各_{搁见}恶_影博摸_帮托/泊_并	
		三	iɐk	o/io	着_知酌_章弱_日/若掠_来雀削_精脚_见药_以	iau 嚼 ye 削
	合	一	uak	o/ue	郭霍_晓/扩	
江入	开	二	ɣʌk	o/io/u	剥_帮桌_{浊知}捉_庄壳_见/觉岳_见学_匣/朴_滂	au 雹 ua 啄 iau 饺
曾入	开	一	ək	e	刻_溪北墨_帮德特_端肋_来/贼（文）塞_精	ei 贼（白）
		三	iɨk	ie/e/i/ɿ	匿_俗/测 侧 色_庄 即/熄_精忆_影/食_船	
	合	一	uək	uai/ue	或/国_见惑_匣	
		三	iuɨk	io	域	
梗入	开	二	ɣak	e	百_帮拍拆彻	o 陌_帮
		二	ak	e	麦脉_明责册_庄革隔_见扼_影	
		三	ɣiak	i/y	碧_见逆_疑/剧_群	
		三	iɛk	e/ie/i/ɿ	射_船/液腋_以/僻_滂 积 惜_精译_以/只尺石_章	
		四	ek	i/e/i/o	壁_帮/踢_端/击激_见/溺_泥	
	合	二	ɣuæk	ue	获	
	合	三	iuek	io	疫役_以	

第四章　德阳方言语音历时演化分析 | 169

续表

中古韵摄	开合	等	中古拟音	今德阳地区读音	例字	个别例外字
通入	合	一	uk	u/io	仆木_帮读_定鹿_来哭_见屋_影/育族速_见	
		一	uok	u/o	督毒_端/沃_影	
		三	iuk	u/əu/io	福目_非六_来竹逐_知叔熟_章/肉_日六_来/肃宿_心菊_见育_以	
		三	iok	u/io/y	绿_来烛触_章辱_日/足俗_精欲浴_以/玉_疑	

以旌阳话为例，我们可以看出，中古入声韵今在德阳地区主要读为 a/e/o/i/u/y/ɿ/ia/ie/ua/ue/uai/au/ye/yo 等韵。

（二）入声韵与阴声韵的合流情况

德阳市六区县方言入声韵演化情况较为一致，入声塞音尾均已消失，但仍保留了入声韵的一些特点，并没有完全和阴声韵合流。我们将六个方言点中共有的入声韵与阴声韵合流的情况列简表如表4-23所示：

表4-23　　　　　德阳方言入声韵与阴声韵合流情况

今韵母	阴入	合流条件	例字
a	阴	假开二帮组端知系、果开一端系部分字	爬茶他哪
	入	咸山开一二帮组知系、咸山合三非组	答腊拔杀
o	阴	果开一、果合一	玻多贺货
	入	山开一见系、山合一非见组、山合三章组、宕开一帮端见系、宕开三知系、臻合一帮组、江开二、梗合二见系、咸开一见系	勃鸽错落
e	阴	假开三章日组	惹蛇车遮
	入	咸三章组、深开三知庄组、山开三知章日组、曾开一帮组端见系、曾开三庄组、梗开二帮组知庄组见系	哲责麦克
i	阴	止开三见系泥组、蟹开三非知系、蟹开四	离寄机医
	入	臻、曾、梗开三非知系字、梗开四、臻合一	疾一忆席

续表

今韵母	阴入	合流条件	例字
u	阴	遇合一、遇合三非知系、流开一帮组部分字、流开三非组部分字	布姑夫母
	入	臻合一部分字、通合三非见系部分字、通合三屋韵、臻合三非、知章组部分字、通合一	突出木竹
y	阴	遇合三精泥组见系、止开三来母	虑誉遇旅
	入	梗开三群母、臻合三精见	橘剧
ɿ	阴	止开三知庄章组、蟹开三知章组	耻事知誓
	入	深开三章组、臻开三知系、曾梗开三知章组、曾开四溪母	实石吃什
ia	阴	假开二见系、蟹开二见系部分字	家霞佳虾
	入	咸、山开二见系	夹压瞎辖
ua	阴	假开二见系、蟹开二见系部分字、假合二庄组见系	耍娃花瓜
	入	山合二庄组见系、山合三微母	刷挖刮袜
ie	阴	果开三群母、假开三精组见系、蟹开二见系部分字	茄姐爷夜
	入	咸山开三帮端见系、山开四、深臻曾梗开口三四等部分字	聂业结铁及
ye	阴	果合三见系	靴
	入	山合三四精见系	月绝雪越
ai	阴	蟹开一端见系、蟹开二大部分字	买挨奶排
	入	曾开一心母、山开一来母	塞癞
uai	阴	蟹合一见系部分字、蟹合二、止合三庄组	快外会
	入	臻合三生母	蟀率
uei	阴	蟹合一非组、蟹合三非组、止开三帮组、止合三	堆废碑规
	入	曾开一从母	贼
au	阴	效开一、效开二非见系、效开三知系	包超高豪
	入	江开二帮组	雹
əu	阴	流开一、流开三知系	偷走愁柔
	入	通合三屋韵知系	肉粥
ue	阴		
	入	山、宕、曾合一见系	阔扩国或
io	阴		
	入	宕开合三非知端见系、江开二见晓组、臻合三群母、梗合三昔韵以母、通合三见系来母邪母	续菊役岳

由表 4-23 可知，德阳地区各方言点，大部分入声韵舒化后与阴声韵合流，这些阴声韵主要来自中古果、假、止、效、流等摄。但我们发现，并非所有入声韵都有相对应的阴声韵与之合并，今韵母 io、ue 目前只见于入声韵，而古阴声韵中没有此韵母，这一现象在大部分四川地区的西南官话中存在。同时，我们注意到，德阳地区行政区划内各方言点的入声韵调归派形成了一定的差异格局，而各点内部入声韵今读情况仍存在一定差异。

德麦陌韵在德阳方言内部的演化差异见表 4-24。

表 4-24　　德阳方言德麦陌韵的演化例字（曾一梗二）

例字 方言点	帮端组		知庄组				见组		
	拍	特	摘	窄	塞	侧	核	克	黑
旌阳	e	e	e/ie	e/ie	e/ie	e/ie	e	e	e
罗江	e	e	ie	e/ie	e/ie	e/ie	e	e	e
广汉	e	e	e	e	e	e	e	e	e
绵竹	e	ie	e	e	e	e	e	e	e
什邡	e	e	e	e	e	e	e	e	e
中江	e	e	e	e	e	e	e	e	e

由表 4-24 可以看出，德陌麦韵今在德阳地区的读音并没有完全合流，大部分读为-e 韵，个别字存在-e 和-ie 两读情况。这些少数例外字在《四川方言调查报告》中也有所记录，但调查结果与本次调查数据稍有差异。[①]《报告》调查的结果为：旌阳德陌麦韵知庄组字读-ie 韵，其他声母后-e；罗江话知庄组字呈现-e 和-ie 两读；广汉话中帮组字读为-ie 韵，其他声母后-e。本次调查发现，旌阳、罗江话中仅有极个别知庄组字存在-e 和-ie 两读，如"窄"［tse31］（文）、［tɕie31］（白），且这一读音如今只保存在旌阳、罗江地区大部分农村方言中，城区只有 60 岁以上的老年人口语中常用，一般认为是较"土"的说法。[②]

[①] 具体详见本书第二章各方言点与《四川方言调查报告》的数据差异相关内容。
[②] 参见饶冬梅《德阳黄许话音系调查研究》，四川师范大学硕士学位论文，2007 年。

（三）德阳方言入声调独立区入声韵情况

《报告》中提到"一部分方言入声的音值与舒声元音稍有差异，比如舒声 i̠, i, u, a, o 等元音，入声则读 ï ə, ɿ, ɩ 或 ie, ʊ 或 ʉ, æ 或 ø 等"。何大安（2004：129）根据《报告》的数据，也曾指出"四川入声独立的方言有五十一个，其中有舒/入变读的方言有三十七个"。孙越川（2011）认为这种元音变读现象主要来自中古阴声韵和入声韵，而入声韵今读已经舒化，因此称之为阴入变读更为恰当。我们赞同孙的观点，本书中也称为阴入变读。孙根据入声独立区入声字的声学采样，通过分析其共振峰频率，证实了来自入声韵的元音和来自阴声韵的元音在时长和音质上存在着差异，即入声韵虽然失去了塞尾后，但其短促的特征和音质略不同于阴声韵的特征并未消失。① 德阳地区六区县中，什邡保留了独立的入声调，其他五地入声基本归入阳平，与成都话同。但通过我们对入声韵今读的分析，发现其演化情况较为复杂：入声调独立的方言点，入声韵特征较明显，而入声调已消失的方言点，其入声韵演化相对滞后，仍保留了一些入声独立区入声韵的特点。如臻通入声合口部分字，深江入开口个别字与遇流摄部分字合流，在今德阳地区主要读为 u 韵，但与周边部分方言相比，今德阳六区县方言点中阴入合流的演化规律存在一些例外，见表 4 - 25：

表 4 - 25　　　　德阳及周边地区 u 韵阴入合流对比情况②

中古韵摄		例字	阴入合流区						入声独立区		
			旌阳	罗江	中江	广汉	成都	绵竹	什邡	新都	都江堰
入声韵	臻合一	忽	o	u	u	u	u	ʊ	ʊ	o	o
	臻合三帮系	物勿	o	u	u	o/u	u	ʊ	ʊ	o	o
	臻合三泥组	律	u	u	u	u	u	u	o	o	o
		术苍~		u	o	u	u	uo		o	o

---

① 孙越川：《四川西南官话语音研究》，浙江大学博士学位论文，2011 年，第 75 页。
② 新都一点材料取自吴红英《川西广汉五县市语音调查研究》，四川师范大学硕士学位论文，2010 年；都江堰取自孙越川《都江堰音系调查》，浙江大学硕士学位论文，2008 年。

续表

中古韵摄		例字	阴入合流区						入声独立区		
			旌阳	罗江	中江	广汉	成都	绵竹	什邡	新都	都江堰
入声韵	通合一	毒	u	u	u	u	u	u	u	o	o
	通合三屋韵	熟陆	u	u	u	u	u	u	u	o	o
		牧	o	u	u	o	u	u	o	o	o
		镯	u	u	o	u	o	u	o	o	o
	深开三日母	入	u	u	u	u	u	u	ʊ	u	o
	江开二滂母	朴	u	u	u	u	u	u	u	o	o
	江开二澄母	浊	u	u	o	u	o	u	o	o	o
阴声韵	遇合一	布苏胡姑	u	u	u	u	u	u	u	u	u
	遇合三非组知系	夫初如主									
	流开一帮组部分字	亩母									
	流开三非组部分字	负副复									

从表 4-25 可以看出，成都话臻摄、通摄等入声字今与阴声韵遇流摄部分字已经基本合并，读为 u。在四川西南官话非入声独立区，通摄入声并入遇摄，宕江摄入声并入果摄是演变主流。但我们发现，德阳地区阴入合流的趋势中，仍然有个别字保留了与阴声韵不同的读法，如"律、物、勿、术"等。这些字韵母读得较松或者较开，因此元音位置相对较低，与果摄字靠拢。我们从以上例字中，发现入声韵和阴声韵在合并上存在的两种不同路径：

臻合一三、通合一三入→遇摄 *uət *iut/ *uk *uok *iuk *iok > u

　　　　　　　　→果摄 *uət *iut/ *uk *uok *iuk *iok > ʊ > o

孙越川（2011：69）认为，四川地区的西南官话中，阴入变读现象只存在于入声自成一调的部分方言中。但是今德阳地区非入声独立方言点，其中仍有个别字存在读 o/ʊ 现象，这说明了德阳地区入声调的归派与韵母阴入合流的速度并不完全一致。

同时，随着方言接触的频繁，入声独立区的阴入变读现象进一步减弱，入声韵与阴声韵合流的趋势越加明显。我们以什邡话为例，通过与 20 世纪 40 年代《报告》记录的什邡音系比较，可以看到什邡话中臻通摄部分字与遇摄合流的趋势，见表 4-26。

表 4-26　　什邡话臻入合三与通入一等字两次调查数据例字

中古韵摄	例字	《报告》读音	本次调查读音
臻入合口三等 帮端见系字	骨	ko5	ku5
	突	tho5	thu5
	拂/佛	fo5	fu5
	律	lo5	lu5
	出	tsho5	tshu5
通入一等	笃	to5	tu5
	鹿	lo5	lu5
	木	mo5	mu5
	哭	kho5	khu5
	服	fo5	fu5
	陆	lo5	lu5
	辱	zo5	zu5

《报告》中，什邡话臻通入声韵原多数读 o 韵，而我们今天调查的数据部分字已读为 u。除此以外，绵竹话"律、出"在《报告》中韵母记为 o，而本次调查读音为 u；广汉话中"忽、律"《报告》中韵母为 o，本次调查读音也读为 u。旌阳、中江、罗江三地暂未找到臻通二摄入声读音的记录差异，大部分都已读为 u 韵。我们从绵竹、什邡、广汉三地 o→u 的变化趋势，可以看出：德阳地区六个方言点的这一入声韵特征均有向阴声韵靠拢的趋势。什邡、广汉两地原均有独立入声调，但独立入声调的字有逐渐减少并派入阳平的趋势。因此，其部分具有特色的入声韵也逐渐向周围入声归阳平的地区靠拢。我们由此推测：臻通入声部分字今在德阳地区读"ʊ/o"应是入声独立区的韵母特征，是早期的历史层次。旌阳、罗江、中江、广汉、绵竹话入声已基本全部派入阳平，但韵母系统中仍有个别字存在 u/o 阴入变读的情况，这是入声消失，但入声韵演变滞后的标本。同时，入声独立区的什邡，随着入声调字的减少，入声韵也被周围非入声独立区方言进一步同化。随着方言间

接触的频繁，加之成都话作为地区通语的强势影响，这些入声韵特色还会进一步减少，逐渐加入阴入合流的行列中。

（四）深臻曾梗入开口三四等字演化情况分析

中古开口三等入声韵 *ip 缉、*it 质、*it 迄、*ik 职、*ɯiak 陌、*ɛk 昔韵和开口四等 *ek 锡韵在西南官话中与开口三等阴声韵 *i 支、*i 脂、*ii 微、*iɛi 祭韵和四等 *ei 齐韵合流[①]。反映这一现象的最早韵书是《蒙古字韵》，沈钟伟（2008）研究发现，阴声韵"支脂之微"与入声韵"锡昔麦陌"在《蒙古字韵》中已经合并，如北京音中，"笔质＝鼻脂""析锡＝徙支"。

但今天在德阳地区方言中，我们发现入声韵"缉质迄职陌昔锡"与"支脂微祭齐"在读音上有分化的情况，这些入声韵中大部分字今并没有与阴声韵完全合流，而是部分读为 ie 韵，即在 i 元音后还增加了一个 e 尾音。在绵竹、什邡两个方言点尤其突出。以绵竹话为例，我们根据调查的 3000 多个例字来看，除了非知庄章日母字以外，中古这一组入声韵和舒声韵在今天绵竹话中的读音情况，见表 4-27：

表 4-27　绵竹话深臻曾梗入开三四等与支脂微祭齐韵母今读对比

韵	开合	等	古韵尾	今读音			
				帮组	端组	见系	精组
缉	开	三	-p	ie		ie/i	ie/i
迄	开	三	-t			ie	
质	开	三	-t	ie/i		ie/i	ie/i
职	开	三	-k		ie	ie	ie
陌	开	三	-k			ie	
昔	开	三	-k	ie/i		ie/i	ie/i
锡	开	四	-k	ie/i	ie	ie	ie
支	开	三	0	i/ei	i	i	ʅ/i
脂	开	三	0	i/ei			ʅ
之	开	三	0	i	i	i	ʅ

---

① 此处中古音拟音采用潘悟云系统。

续表

韵	开合	等	古韵尾	今读音			
				帮组	端组	见系	精组
微	开	三	0	ei		i	
祭	开	三	0	i		i	
齐	开	四	0	i/ei		i	

由表4-27可以看出，在绵竹话中，入声韵"缉质迄职陌昔锡"并没有和"支脂微祭齐"完全混同，而是部分字的读音跟开口三等麻韵、开口二等皆佳韵字读音混同。如"吉质=姐麻，息职=斜麻"等。

郭丽（2009）比较了《汉语方言字汇》中合肥、扬州、苏州包括成都华阳等保留了喉塞音尾的方言点的入声韵情况，发现喉塞音尾是一个短而紧的音，比其他音节长度明显短促，若塞尾趋于消失，为了弥补音节的短促性，可能会增生一个滑音。孙越川（2011：90）认同这一推断，并认为这种元音的变异性只出现在入声调独立的方言中。但根据我们的调查结果，情况并非如此。今天德阳地区六个方言点只有1个区县保留有较为完整的入声调，其他五区并非入声独立区，但仍有部分字发生了此类音变，见表4-28：

表4-28　德阳方言深臻曾梗入开口三四等字今读 ie 韵例字

中古韵	缉				质			
例字	级	集	吸	立	吉	笔	乙	膝
旌阳	tɕie31	tɕi31	tɕie31	li31	tɕie31	pi31	i31	ɕi31
中江	tɕiɛ31	tɕi31	tɕiɛ31	li31	tɕiɛ31	pi31	iɛ31	ɕi31
绵竹	tɕiɛ31	tɕiɛ31	tɕiɛ31	liɛ31	tɕiɛ31	piɛ31	iɛ31	ɕiɛ31
什邡	tɕie33	tɕie33	tɕie33	li33	tɕie33	pi33	i33	ɕi33
罗江	tɕie31	tɕie31	tɕie31	li31	tɕie31	pi31	i31	ɕi31
广汉	tɕie32	tɕie32	tɕie32	li32	tɕie32	pi32	ie32	ɕi32
成都	tɕie21	tɕie21	tɕie21	nie21	tɕie21	pi21	ji21	ɕi21

续表

中古韵	职				昔			
例字	力	极	熄	即	辟	积	昔	益
旌阳	li31	tɕie31	ɕi31	tɕie31	phi31	tɕi31	ɕi31	i31
中江	li31	tɕiɛ31	ɕi31	tɕi31	phi31	tɕi31	ɕi31	i31
绵竹	lie31	tɕiɛ31	ɕiɛ31	tɕiɛ31	phiɛ31	tɕiɛ31	ɕiɛ31	iɛ31
什邡	li33	tɕi33	ɕi33	tɕie33	phi33	tɕie33	ɕi33	i33
罗江	li31	tɕie31	ɕi31	tɕi31	phi31	tɕi31	ɕi31	i31
广汉	li32	tɕie32	ɕi32	tɕie32	phi32	tɕi32	ɕi32	i32
成都	lie21	tɕie21	ɕie21	tɕie21	phi21	tɕi21	ɕi21	ji21

中古韵	锡				陌			
例字	劈	滴	笛	踢	击	绩	逆	隙
旌阳	phi31	te31	te31	thie31	tɕie31	tɕi31	ȵie31	ɕie31
中江	phi31	tiɛ31	tiɛ31	thi31	tɕiɛ31	tɕi31	ȵiɛ31	ɕiɛ31
绵竹	phiɛ31	tiɛ31	tiɛ31	thiɛ31	tɕiɛ31	tɕi31	ȵiɛ31	ɕiɛ31
什邡	phi33	ti33	ti33	thie33	tɕi33	tɕie33	ȵie33	ɕie33
罗江	phi31	te31	te31	thi31	tɕie31	tɕi31	ȵie31	ɕie31
广汉	phi32	te32	tie32	thie32	tɕie32	tɕi32	ȵie32	ɕi32
成都	phi21	tie21	tie21	tie21	tɕie21	tɕie21	ȵie21	ɕie21

从表4-28所列例字可以看出，德阳六区县均不同程度的存在此现象，而周边的成都话也有部分字读为-ie韵。其中，旌阳、罗江话中部分字，如"滴、笛"等丢失介音i，韵母直接读为单e。总体上看，这些"缉质迄职陌昔锡"中读ie韵的字并没有形成整体覆盖，在德阳话中已有相当一部分读为i韵，与止摄字合流。

"缉质迄职陌昔锡"入声韵高顶出位读ie韵这一现象在四川入声独立区广泛存在，如华阳、泸州、五通桥、都江堰、郫县等地。孙越川（2011）统计了四川地区西南官话深臻曾梗开三四入声字非知庄章组字的读音分布：读-ie韵的地区分布在什邡、中江、射洪、彭州、都江堰、郫县、新都、崇州、大邑、荥经、乐山、犍为、沐川、彭山、新津、双流、屏山、泸州、古蔺、叙永、宜宾、高县、青神等地。除中江外，其他均为入声独立区。且根据我们的调查发现，除中江、什邡外，德阳其他几个方言点也存在此语音现象，这一音变情况并非只存在入声独立区。因此，具体分布情况还需要进一步分析。

语言系统中，任何音位的变化都可能对整个语言系统产生影响，并可能在系统内部引起连锁反应。元音系统的连锁变化称为链移（chain shifts）。何大安（1987：5）指出："推力连锁，是由于辨义引起的，一个甲音变成另一个已存在的乙音，如果不求保持辨义，可与乙合而为一。但是为了保持区别，乃推动原有的乙往别处移位。"侍建国（2011：86）认为链移分为推链（push chains）和拉链（pull chains 或 drag chains），"链移所反映的是语音系统趋于对称和自然，一旦语音系统出现不对称或者不自然，就会出现空缺（gap），系统基于自动补缺的功能，会自动调整使得系统重新趋于对称和自然"。

郭丽（2009）认为造成入声韵"缉质迄职陌昔锡"今读 ie 的原因在于入声在该区发展较为缓慢。在保留喉塞尾的方言中，入声韵主元音和喉塞尾之间常常增生一个滑音，这个增生的滑音常常是人类语言中最容易发音的 ə，成为韵母的组成部分。结合阴声韵麻韵三等韵在都江堰等入声独立的方言中今读为 i（如"姐、借、爷"韵母今读为 i）的这一情况，郭丽认为这是一种推链音变，即由于入声韵读入 ie 韵，挤占了阴声韵的位置，迫使原读为 ie 的麻韵三等字不断高化，最终读为 i。孙越川（2011）认同这种推断，并进一步认为这种推链音变不仅发生在开口韵，也发生在合口韵中，如术、物、职、昔等合口入声韵的塞音韵尾脱落后，也可能增生滑音来补足音节。

如果我们把都江堰方言列为类型（1）方言，把德阳方言列为类型（2）方言，可以看到其推链的规律为：

类型（1）：阴声韵"假摄三等麻韵" *ia→ie→i
　　　　　入声韵"缉质迄职陌昔锡" *ip, it, ik→ie

类型（2）：阴声韵"假摄三等麻韵" *ia→ie
　　　　　入声韵"缉质迄职陌昔锡" *ip, it, ik→ie
　　　　　　　　　　　　　　　　　　　　　↓
　　　　　　　　　　　　　　　　　　　　　i

在类型（1）方言中，入声韵音变为 ie，促使阴声韵麻韵高化为 i，两个音变阶段皆已完成。而类型（2）方言中，入声韵部分读 i，部分读 ie，而麻韵未发生音变，①只完成了推链的第一个阶段，且这一阶段还存在两种分化情况。类型（1）方言主要存在于川西南南路话区域，而类型（2）主要分布于成都、德阳及周边的彭州、新都、郫县、华阳等入声独立区方言。是什么原因使得类型（2）方言没有完成推链的阶段，而在第一阶段出现两种分化？我们认为，原有入声独立区的方言由于原塞音尾的丢失，促使发音时 e 滑音的产生，来补足原塞音尾的位置。这种读 ie 韵现象产生以后，在类型（1）方言区产生了推链作用促使麻韵高化，而在类型（2）方言中则没有形成这股强有力的推链力量。可以说，深臻曾梗入声韵 e 的产生与麻韵 e 尾的丢失，这两种音变之间的发生存在先后急缓的关系。德阳方言中麻韵字之所以没有发生读音变化，很可能是由于推链形成的力量在第一阶段被分散，使得其力量减弱，从而没有能够排挤掉麻韵三等的位置，麻韵三等与这些入声韵今共存，均读 ie 韵。

第三节　德阳方言声调研究

一　德阳境内西南官话声调情况概述

德阳境内六区县方言声调情况较为复杂。其中，旌阳、罗江、中江、绵竹独立入声调消失，调类共阴平、阳平、上声、去声四种，四地方言调值相差不大，与成都话调值相似。广汉、什邡还不同程度地保留了独立入声调，广汉话据本次调查数据显示只记录到一个字读明显的入声调特征，其余字在文读中已经不见痕迹，据吴红英（2010）调查的结果看，广汉话入声调仍较明显。目前在广汉城区，已经很少听到明显的入声调，说明入声在广汉地区正逐渐向周边无入声调的方言靠拢，濒临消失。因此，入声独立区的讨论将限于什邡，见表 4-29。

---

① 本次调查只在德阳话中找到一例麻韵字今读 i 韵的字："些_麻开三_"[ɕi45]。

表 4-29　　　　　　　　　　德阳方言声调演化情况

古声调		今调类、调值						例字
调类	清浊	旌阳	罗江	绵竹	什邡	广汉	中江	
平声	清	阴平45	阴平44	阴平45	阴平35	阴平35	阴平45	阿斑包卑
	全浊 次浊	阳平31	阳平31	阳平31	阳平31	阳平32	阳平31	曹豺藏残
上声	次浊清	上声51	上声52	上声52	上声51	上声51	上声52	采吵楚喘
	全浊	去声324	去声324	去声214	去声214	去声324	去声324	伴抱怠父
去声	清、次浊 全浊	去声324	去声324	去声214	去声214	去声324	去声324	按拜贝奥
入声	独立				33			八毒鹤不
	派入他声	阴平						给挖揞憋
		阳平						八笔伯不
		上声						饺撒抹辱
		去声						亿剧轧述

二　德阳方言入声演化分析

赵元任、丁声树等（1948）曾指出，"入声归阳平，这是西南官话一个最重要的特点。"李荣先生（1985）曾指出："西南官话的特性是古入声今全读阳平，与其他六区分开。西南官话包括成都、重庆、武汉、昆明、贵阳、柳州、桂林等地。"他提炼出"入声归阳平"这一规则，作为在全国汉语方言中确定西南官话的重要条件。关于四川方言的分区问题，一直以来学者们都主要遵循入声的归派不同来进行划分，如郝锡炯、胡淑礼（1985），黄雪贞（1986），李蓝（2009）等等。李蓝（2009）提出："古入声今读音的归属和四声框架，是我们判断一个方言是不是西南官话的基本条件。"对于四川西南官话中入声独立区的特点，崔荣昌先生（1996）谈道，"这区的方言，可以说是四川全省方言中较为复杂的一个区域"。

黄雪贞（1986）将旌阳、广汉、绵竹、中江、罗江划归到成渝片，将什邡划归到灌赤片中的岷江小片。李蓝（2009）将什邡划归到西蜀片的岷赤小片，旌阳、广汉、绵竹、中江、罗江划归到川黔片的成渝小片。

德阳地区内部方言入声归派呈两种格局：西北部的什邡的入声调，本次调查保存较为完整；而旌阳、罗江、中江、广汉、绵竹的入声基本已消失，基本派入阳平调。其中，广汉地区少部分老年人口语中还保留有入声调，但读书音中已基本读为阳平，与邻近的旌阳、成都话相同。

由于入声归派的不同对研究四川西南官话具有重要意义，因此，探究四川西南官话中入声独立方言的历史来源，也成为研究现代四川方言来源的一个重要内容。李蓝（1995）认为："今四川的平调入声区全在古三蜀及明代四川省的川西道、上川南道、下川南道、遵义道（现贵州省遵义地区）范围内。这一带，从古到今都是巴蜀文化的中心区域，在地理上远离湖北、湖南，受明清两代湖广及江西、广东等外来移民的影响较小，是老四川话保存得比较完整的地区。"他认为降调入声很可能由老四川话的低平调入声变化而来。杨波（1997）研究四川合江话入声现象时，曾指出四川西南官话中入声区和非入声区的不同来源，入声区方言是由中原汉语发展而来，即秦到宋时期的"老四川话"，而后者则是由于明清移民入川，带来的明清官话覆盖了原来的土著语言。周及徐（2012）以"湖广话"和"南路话"两个概念来对四川地区西南官话的两大类型进行区分。"南路话指岷江以西及以南，特别是成都西南的都江堰、温江、崇州、大邑、蒲江和新津一带的方言。它在语音、词汇上都有自己的特征，最明显的不同于湖广话的语音特征是入声独立。""四川盆地岷江以西以南地区、以及与其相延续的长江以南地区的有独立入声调类的方言（即'南路话'），应是更早的宋元时期古代四川方言的遗留。岷江以东以北四川中东部地区，以成都、重庆话为代表的成渝片方言（即'湖广话'），才是明清'湖广填四川'的结果。"前辈学者的研究得出的结论基本达成共识，即入声独立应是"湖广填四川"之前四川土著方言的特点。从今天四川方言入声独立方言点的地理分布来看，呈现由西向东逐渐减弱的趋势。

德阳地处川中，整个行政辖区内由于历史及地理等原因，入声的分派今在其境内形成入声独立和入声派入阳平两种格局。我们将德阳各区县古入声归派情况做一个简单的统计，见表4-30：

表4-30　　　　　　　　德阳地区古入声字派入四声比例

	清、次浊入声字								全浊入声字							
	阴平		阳平		上声		去声		阴平		阳平		上声		去声	
	字数	比例	字数	比例	字数	比例	字数	比例	字数	比例	字数	比例	字数	比例	字数	比例
旌阳	17	3.1%	361	66.2%	5	0.9%	32	5.9%	2	0.3%	119	21.8%	0	0%	9	1.6%
中江	15	2.8%	365	68.2%	1	0.2%	24	4.5%	2	0.4%	120	22.4%	1	0.2%	7	1.3%
什邡	15	2.8%	13	2.5%	4	0.7%	21	4.0%	1	0.2%	14	2.6%	0	0%	9	1.7%
绵竹	14	2.5%	361	66.2%	5	0.9%	35	6.4%	2	0.3%	119	21.8%	0	0%	9	1.6%
罗江	6	1.1%	352	67.7%	6	1.1%	29	5.6%	1	0.2%	120	23.1%	0	0%	6	1.1%
广汉	1	0.2%	341	67.2%	4	0.8%	33	6.5%	0	0%	118	23.3%	0	0%	10	2.0%
成都	11	2.1%	358	68.8%	4	0.8%	22	4.2%	0	0%	117	22.5%	0	0%	8	1.5%

需要说明的是，表4-30中几个方言点用于百分比计算的数值有细微差别，我们调查的旌阳话古入声字共545字；中江话古入声字535字；绵竹话入声字545字，罗江话古入声字共520字；调查广汉话共507字；调查成都话古入声字共520字。由于各方言点调查的古入声字实际字数有较小差异，所以笔者将根据各方言点实际的入声字总数来核算入声散入四声的比例。由上表数据可知，什邡虽然保留了独立的入声调，但仍有部分古入声字已派入其他四声，本次调查什邡话古入声字527字，其中77字派入其他四声。而从这77个入声字派入其他四声的比例来看，其中27字派入阳平，占35.1%；30字派入去声，占38.9%；16字派入阴平，占20.8%；仅4字派入上声，占5.2%。

以上数据说明：第一，从保留独立入声的数量看，什邡话多于广汉话。即什邡话保留独立入声调相对更为完整，入声字派入其他声调的字约占总入声字的14.6%。第二，从派入其他四声的情况看，什邡话中入声字派入情况最普遍的入派去声，约占38.9%，其次才是派入阳平的字，大致排列为：去声 > 阳平 > 阴平 > 上声。由此可见，什邡话古入声字显示出入派四声的趋势，但与其他五个方言点从派入其他四声的比例上看有所不同，也体现出派入规律的差别，绵竹、旌阳、罗江等地区入声主要派入阳平，其入声分化规律基本相同。而什邡话入声字派入其他声调的字中，去声占据最大比例，入派去声，与其他几个方言点存在明显区别。

同时，从入声的归派来看，除什邡话外，古入声字今在德阳地区绝大多数字派入阳平，其次归入去声，再其次为阴平，归入上声的例字寥寥无几。其中，派入阳平的字主要为古清、次浊声母字，旌阳、罗江、中江、广汉、绵竹五个点中古清、次浊声母入声字派入阳平的比例平均在66%以上，而全浊声母入声字派入今阳平的字只有23%左右。

另外，笔者本次调查的广汉话入声基本消失，已派入其他四声，派入规律与成都话基本一致，入归阳平，仅"八"字调较特别，相对读音较短促，带有入声调特色。吴红英（2010）调查川西五县市方言时，对广汉城区西南官话的调查数据中，所调查的发音人还带有较完整的入声调类，塞音韵尾脱落，入声独立清楚，记为中平调33。从这一线索，我们可以看到，处于德阳与成都交接的广汉话入声调正处在一个逐渐消失的过程中。本次调查的发音人在念口语使用频率很高的"八"一字时，仍读出了明显的入声调特点，我们可以推断调查人可能白读中仍保存有入声调层次，但在书面文读中已经趋于和成都话同。这也反映了调查取点不同，发音人不同，加之语言本身的竞争演化，可能会使得调查结果有一定的差异。

总体来说，位于德阳西部的什邡今天仍保留了独立入声，而中部和东南部的广汉、绵竹、旌阳、罗江、中江则受湖广话覆盖，入声基本归入了阳平。从今入声保留的地理分布情况看，也正好呈现由西北向东南方言逐渐消失的趋势。

随着大成都辐射圈的覆盖，目前什邡话保留独立入声，但其中少部分入声字已读为阳平，向成都话靠拢；广汉话中的入声已经逐渐消失，与成都话趋同。从入声调的保存情况可以看出德阳地区处于入声独立区与入派阳平区交界之地，这种特殊的入声分化现象说明了这个地区是"南路话"与"湖广话"两种不同历史层次方言的一个重叠地区，我们认为：从德阳地区声调情况的地理分布来看，基本反映了湖广填四川从地域上从东向西渐进的过程，同时也反映了湖广话覆盖和同化原有的以入声独立为特征的南路话的过程。

三 连读音变分析

(一) 德阳方言连读音变类型

关于汉语方言中的连续音变现象，前贤们多有关注。赵元任先生于1928年所著的《现代吴语的研究》中就有对吴语变调情况的调查，王福堂（1959）的《绍兴话记音》，郑张尚芳（1964）的《温州方言的连续变调》等，多是针对南方方言中复杂的连续变调现象进行分析。同时，学者们对连续变调的不同类型也多有关注，林焘、王理嘉（1992）将汉语方言连续变调的类型总结为三种：前变型、后变型和全变型。王福堂（1999）根据引起变调的原因，将方言连续变调分为由语音条件决定的连续变调、和位置有关的连续变调以及和构词情况有关的连续变调三种。王洪君（1999）将连续变调分为邻接交替式、自身交替式和特征延伸式三种基本类型。

按变调的位置来分，四川德阳地区普遍存在的连读变调，基本都是后字变调。"后字变调的区域纵跨云贵川三省，其内部一致性较高，后字是阳平、上声、去声时常变读为阴平。"[①] 德阳地区六区县方言中均存在后字变调现象，尤其以旌阳、绵竹、罗江三地后字变调为阴平现象最为普遍。我们以这三区县作为典型代表来进行分析，并将后字变调分为重叠变调和非重叠变调两大类型，以便进行分类说明。

1. 重叠变调

德阳话中部分重叠词后字常常变调为阴平，这一特征与成都话相似，如表4-31所示：

表4-31　　　　　　　　德阳方言重叠词变调情况

原组合	变读后	举例
45+45	45+45	妈妈　杯杯　扳扳　幺幺_{对小孩的爱称}　竿竿　哥哥

[①] 陈荣泽：《西南官话的两字组连读变调与轻声》，《西藏民族学院学报》2011年第3期。

续表

原组合	变读后	举例
31＋31	31＋45	盆盆 篮篮 盒盒 旗旗 索索_{绳子} 娃娃 皮皮 瓶瓶 馍馍 壶壶 藤藤 毛毛
51＋51	51＋31	米米 桶桶 果果 坎坎 饼饼 板板 蹬蹬_{鞋跟} 恍恍_{粗心大意}
324＋324	324＋45	褂褂 罐罐 架架_{架子} 巷巷 棍棍_{棍子} 舅舅 缝缝_{裂缝} 绊绊

由表 4-31 可知，发生重叠变调的主要是阳平、上声和去声重叠组合的字，"阴平＋阴平"组合中后字不变调。除"上声＋上声"组合中，后字变调为阳平外，其余重叠变调均为后字变读阴平。这一现象与成都、重庆话叠字音变规律基本相同。

2. 非重叠变调

非重叠词变调情况较为复杂，我们按照词内部结构的不同分为以下几类：

（1）后缀式字组变调

德阳方言两字组合中，如果是后字为词缀，意义虚化的字，个别情况下发生后字变调为阴平 45 调的现象，如：

头：锄头、前头、高头、石头、骨头、后头、舌头儿

上：楼上、床上、脚上

来：出来、回来、过来、转来_{掉头回来}

去：出去、回去、过去、转去_{返回}

里：屋里、那里、这里

子：鞋子、裤子、盘子、旺子、网子（51 变 31）

从以上变调的例子来看，带词缀的两字组变调，后字一般变调为阴平，其变调条件与前字的调值无必然联系。"子"后缀变调规律较为特殊，组合中一般变调为阳平。

（2）复合式构词变调

崔荣昌先生（1997）在《成都话音档》中把成都话的变调划分为两类：有规律与无规律变调。有规律变调主要针对叠字变调，其演变规律与德阳话相同，即除上上相连的叠字组，后字变读为阳平 31 调外，其他声调的叠字组，后字均变读为阴平 45 调。而"无规律"主要针对非叠字的变调情况，最常见的情况为后字变为阴平调。崔荣昌先生举出

了如下例子："裁缝、钥匙、头发、石榴、你们、我们、他们、衣裳、没有、笆篓儿、姑爷、出去、等下儿、牙齿、四季豆儿、龙门阵儿"。但文章未涉及对这种变调的规律的分析。何婉（2008）也注意到成都话中的后字变调为阴平情况："阴平+阳平"，"衣裳"；"阳平+阳平"，"头发、婆娘"；"阳平+去声"，"虾米"；阴平+去声，"经佑"。但何婉认为成都话中，"非重叠式组合的变调情况比较少见，基本没有什么变化，个别变化也暂时没有什么规律可循"。

相较而言，德阳方言中非重叠式组合的变调情况更为丰富，复合式构词变调情况见表 4-32：

表 4-32　　　　　　　　德阳方言复合式构词变调情况

原组合	变读后	举例
阴平+阳平 45+31	阴平+阴平 45+45	衣裳 姑娘
阴平+去声 45+324	阴平+阴平 45+45	庄稼 生意 经佑_{照顾} 声气_{声音} 铺盖
阳平+阳平 31+31	阳平+阴平 31+45	喉咙 磕膝_{膝盖} 疙瘩 头发 葫芦 篾条 石榴
阳平+上声 31+51	阳平+阴平 31+45	牙齿 额脑_{额头} 钥匙
阳平+去声 31+324	阳平+阴平 31+45	情报 图片 裁判 棉布 煤炭 名气 木匠 作用 场地 长度 材料 权利 名字 邮电 原谅 原料 存在 条件 头发 绝对

由表 4-32 可以看出，德阳地区发生变调组合类型主要为：降调+降调、降调+曲折调、平调+降调、平调+曲折调。其中，变调字组最多的情况是降调+曲折调，即"阳平+去声"组合，后字通常变调为阴平。

我们考察以上变调形式，可以观察到这种连读变调形式均为前字不变，后字变读为阴平调 45。其中，对于"31+31"产生变调的原因，我们可以从发音条件来进行解释：通常两个降调相连，从音高的变化上来说形成两条曲线，相对而言需要简化。同时，两个相同的调相连容易发音单调，如果两个字均为非平调，发音时还容易拗口，因此调型需要异化。李小凡(2004)将这种基于发音省力而简化连调式的调型,称为简化型连调;而为使字组内部相邻音节的调型有所变化而发生异化,称为异化型连调。他认为"非平调的同调连读既有简化发音的要求,又有区别相邻音节调型的要求,最容易发生变调"。我们结合德阳话的实际变调情况来看,"31+324"变调情况最为普遍,由于降调与曲折调的组合发音过程声调曲折度最大,需要简化,同时基于汉语韵律中要求顿挫的节奏,因而这一组合中简化和异化声调最有效方式就是变为平调。同时,我们发现,德阳话中的连续变调均为后字变调,这种情况在汉语方言变调情况中非常少。① 且德阳话中的后字变调,除了"51+51→51+31"外,其他的后字变调总是变读为阴平45调。

从连续变调的地理分布情况来看,在德阳地区六区县方言中,具有这种明显变调特征的地区主要为旌阳区、绵竹县、罗江县、中江县四地,广汉、什邡两地连续变调情况与成都话基本相同。以旌阳话为代表,我们收集了大约两千个变调字组,以情况最为普遍的"31+324→31+45"为例,选取了部分本地人较常用的两字组词。调查发现,连读变调除了与语音条件有关,还与字组内部的组合结构有一定关系,我们按照其内部结构关系来进行分类,见表4-33:

表4-33　　　　旌阳话两字组词变调 (31+324→31+45)

结构类型	举例
并列	劳动、辞退、尺寸、牙齿、责任、毒害、业务、疾病、场地、贫困、服务(名)、测量、答辩、勤快、朝向、丞相、图画、绸缎、储备、时候、屏幕、全部、奴隶、媳妇、血旺
偏正	国际、铁证、客气、脚步、国会、确定、赤字、铁路、拍卖、绝对、杂志、白菜、学费、热带、日记、药费、乐器、陆地、密度、业务、日用、笔记、铁道、猎豹、虐待、茶叶、长度、程度、诚意、洪亮、红布、彭县、脾气、芹菜、桃片、田坝、涂料、重庆、凉粉儿、帆布、肥肉、符号、牛粪
补充	文件、促进
述宾	革命(名)、接近(名)

---

① 李小凡先生收集全国方言108个点,其中72个点都是前字变调,后字变调的只有西南官话的成都、西昌、昭通、大理、昆明、黎平、吉首等几个点。

续表

结构类型	举例
主谓	国庆
结构不明	麻将、和尚、出息、月亮

我们发现，旌阳话"阳平+去声"组合变调的例子中，变调条件与共时语音条件有关，但不受历时语音条件的限制，即前字的阳平调不分其来自古平声或入声，也同声母的清浊等条件无必然关联，而是与字组内部语法结构有较密切的联系。由表4-33可知，其中偏正、并列字组变调情况最为普遍，而补充、述宾、主谓三种结构的字组少有变调。

吕叔湘先生在《丹阳方言的声调系统》中指出："偏正字组、并列字组倾向于变调，动宾字组、主谓字组倾向于不变调，动补字组介于二者之间。"德阳方言中的这种变调情况和吕叔湘先生观察的变调规律基本一致。吕叔湘先生关于变调的这一总结后经张惠英、许宝华、侯精一等前辈学者的进一步研究和运用，形成"广用式""窄用式""专用式"等概念，广为连读变调研究所用。曾莉莉（2007）在讨论丰城方言的轻声和连续变调情况时也发现，轻声与变调都与语法结构有关，一般说来，偏正结构、并列结构字组读轻声和变调情况最为普遍。

德阳方言中的连读变调也与语法结构有密切联系，即使同样的字组合成词，内部结构关系不同，也会直接影响后字是否变调。关于这一特征，陈保亚先生（2006）曾关注过，并就这一现象举了以下例子[①]，见表4-34：

表4-34　　　　德阳话连续变调与字组结构关系对比

单字调+单字调	偏正（名）	述宾	述补	并列	偏正（谓）	主谓
磨31+肉214	磨肉 31+45	磨肉 31+324				
鱼31+肉324	鱼肉 31+45			鱼肉 31+324		

---

① 陈保亚：《从接触看濒危方言、濒危特征和濒危机制》，《长江学术》2006年第1期。

续表

单字调+单字调	偏正（名）	述宾	述补	并列	偏正（谓）	主谓
油31+漏324	油漏 31+45					油漏 31+324
迟31+到324	迟到 31+45				迟到 31+324	
吃31+够324			吃够 31+324			

由表4-34可以看出，"阳平+去声"组合的词，如果该词是名词性的偏正结构，则后字要变调为阴平，其他情况下则不变调。陈保亚先生认为这个现象说明"变调可能受结构关系和分布功能两种因素的影响，也说明结构关系和分布功能是说话者能够意识到的两种初始语法现象"。同时，德阳话的变调现象从语言实际再次证明了结构语言学和生成语法试图从分布功能推导结构关系的困难。"是否能够从分布功能推导结构关系是理论语言学中的重要问题，德阳话这种变调现象对语言学理论研究有重要价值。"由于受周边方言及普通话影响，目前德阳方言这一变调现象处于濒危状态。

"结构格局是支配语言运转和演变的杠杆"①。表4-34清楚地表明了德阳话中这种变调分布规律与字组内部结构关系有一定联系。在"阳平+去声"组合字组中，当前后字组合关系存在多种可能时，说话人根据后字是否变调来区分所表达的意义。王福堂（1999）认为：一个字在语流当中的声调调值跟单念时的不同并不都是由共时层面单字调的组合引起的，还可能受到构词、语法位置等方面因素的影响。

但我们发现，仅仅用结构关系来解释德阳方言中的变调现象有一定的局限性。因为德阳方言中，除了不同结构关系的字组可以用变调来区分，同种结构关系但具有多义的字组在德阳话中也用变调与否来区别词义：如"接近"一词，表示"时间、空间上靠近某个数据"意义时，后字变调读为阴平，表示动作义的"靠近"时，后字不变调；又如"调和"，做"佐料"义时，后字变读阴平，做"协调、使和谐"义时，

---

① 徐通锵：《音节的音义关联和汉语的变音》，《语文研究》2003年第3期。

后字读原调；又如"实在"，做副词表程度时，后字变调为阴平，而做形容词表"物品分量足或人坦诚"义时，后字读原调。

那么，我们如何来探寻旌阳话这种连续变调的内在规律呢？如果我们将"偏正""并列"两种结构类型作为"阳平＋去声"→"阳平＋阴平"的音变条件的话，那么无法解释为什么还存在个别动宾、补充、主谓关系甚至一些结构不明的字组发生变调的例子？又如何解释同结构但多义的二字组变调的差异？

毫无争议的是，旌阳话中的这种连读变调情况均为后字变调，且具备区别词义的作用，这种作用相当于普通话中轻声的作用。但我们通常认为的普通话中的轻声是一种读得又轻又短的变调。德阳地区的这种连续变调是否也属于一种轻声现象呢？

（二）德阳方言连续变调原因探析

林焘、王理嘉（1992）认为，"汉语大多数方言都存在轻音现象，只是范围和数量有很大差别。成都昆明等西南方言的轻音比普通话少得多，语气词、后缀和助词等一般都不轻读"。同属西南官话的贵阳话连续变调中，最常见的情况也是后字常常变调为阴平55调。汪平（1994）认为，由于贵阳话变调的字在北京话里多读轻声，而贵阳话又没有与北京话相同的轻声，因此贵阳话的变调相当于北京话的轻声。魏钢强（2000）主张将汉语方言中的轻声分为调值的轻声和调类的轻声，调值的轻声指连读时字调读得很短，但调类不变；调类的轻声指失去原调类，但调值并不缩短。从对西南官话的变调观察来看，他认为毕节、贵阳方言中的后字变调属于调类的轻声，成都方言的变调肯定跟轻声现象有关。李树俨（2005）对调值的轻声和调类的轻声一说提出了不同意见，他认为，"轻声是在字组中只有前字调类控制整个调式而后字失去了原调，其调类在连调中被中和的现象。方言中的变调情况不能用北京话轻声的声学表现来作简单的比附。轻声非纯语音化的音变，而是受语义条件控制的变音。在语音变调的表层之外，还有一个音系底层"。

我们赞同李的观点。结合德阳方言中连读变调的实际来看，用轻声来解释连读变调的原因稍显笼统。首先，德阳方言中发生变调的后字并不能完全和北京话中读轻声的字相对应。其次，德阳方言中连读变调不仅受前后字语音条件的限制，也受前后字组合关系的限制。这种限制条件对应北京话中读轻声的条件有明显区别。因此，分析此类与音义都有密切关系的连读变调需要根据方言自身的特点进行归纳和分析。从内部结构关系的角度看，德阳方言中发生后字变调的多是名词性的偏正或并列结构字组，前后字关系紧密，不能拆分，属于一种"向心"结构。李倩（2001）在分析中宁话的连读变调时，总结出中宁话变调与结构语法之间有密切联系，两字组合变调的规律为："前后字的意义在结构中相对独立，属于'1+1=2'的结构，读连调甲；前后字意义交叠，即前后字意义有融合性，表示一个概念的，是'1+1=1'的结构，读连调乙。"徐通锵（2003）肯定了李倩的这一分析，发生连读变调的基础是语义，是"1个概念"的"1"制约着"2个字·2个音节"的"2"的变化范围和方向。

我们把德阳话中的重叠式连续变调，非重叠变调中的附加式连续变调，以及复合词中的部分发生后字变调的情况放在一起来进行观察，发现其特征同中宁话中的联调乙类型相似，前后字意义有所交叠。当前后字意义各自独立，相当于"1+1=2"的结构时，后字一般不变调。下面来举一组例子观察德阳方言后字变调的情况，见表4-35：

表4-35　　　　　德阳方言连读变调与字组结构关系对比

单字调+单字调	偏正（名）	述宾	述补	并列	偏正（谓）	主谓
排31+队324		排队 31+324				
熬31+夜324		熬夜 31+324				
填31+空324	填空 31+45	填空 31+324				
录31+像324	录像 31+45	录像 31+324				
缝31+纫324	缝纫 31+45			缝纫 31+324		

由以上例子可以看出，即使前后字相同，但是二者之间结构关系不同，因此前后字的意义地位也不相同。在表4-35中，述宾、并列结构

中的二字组前后字意义各自独立，因此后字仍读原调，而偏正结构中的前后字关系有领属关系，或者并列结构中前后二字关系有所融合，后字常常处于依附地位，在这种情况下，后字一般变调为阴平。再如"鱼肉"一词，当前后字为偏正结构，表示"鱼的肉"时，后字变调为阴平；而作为并列结构，表示"鱼和肉"时，前后字关系独立，后字读原调。

  李小凡先生认为"分析变调现象时要注意区分语音变调和音义变调"。"语音变调发生在语音层内部，是单层音变，其作用是调节发音。音义变调涉及音和义两个层面，是跨层音变，其作用主要不在于调节发音，而在于构词或标记句法功能。语音变调一般只需用语音规则描写，音义变调则不能简单地用同一套语音规则来描写。"连续变调时，其前字和后字的语法语义关系变化与否，可以作为判断连续变调层级的基本标准。如果前后字在连读时只发生调值调型的变化，而不发生语法语义关系的变化，前后字之间仍是离散的单字，这种情况属于纯粹的语流音变。如果这个过程中还伴随着语法语义方面的变化，前后字由原来的离散的关系聚合成一个凝固的整体，获得某种特定意义，这种情况就属于音义变调。

  德阳方言中复合式构词变调一方面受前后字本身调值的影响，即受一定的共时语音条件制约，但又不仅仅受其控制，在非重叠构词中更受语法和语义因素的制约，是一种依附于语法和语义因素而产生的变调现象，属于李小凡先生所归纳的音义变调类型。受普通话影响，非重叠构词的连读音变在年轻人的口语中已经逐渐减少，与成都话接近。

第五章　从德阳方言与周边方言的比较看语言接触

第一节　德阳方言与成都话语音特征比较

成都为四川省省会，是四川省乃至西南地区重要的政治和经济中心，因此我们将成都话看作地区通语，视为四川话的代表。同时，"湖广填四川"给四川地区语言、文化方面带来了深远影响，四川人普遍将四川话俗称为"湖广话"。成都作为府中腹地，成为元明清外省移民的重要移入地，因此我们又将成都话作为"湖广话"的代表。德阳地区一直是古蜀道到成都的要道，距离成都78千米，与成都在地理位置上距离较近。我们将德阳话的音系与成都话做比较，以看出其和成都话的异同，并以此观察成都话对周边方言的辐射性影响。

一　成都话的总体音系特点

（一）成都话声母系统的主要特点

成都话声母特征主要有：古全浊声母清化，呈现送气、不送气两者并存局面；不分尖团，尖团音已经合流；泥来母洪混细分；晓匣与非敷奉在一定条件下相混，即晓组合口字在 u 韵前混读为非组；古知庄章组字今主要读为舌尖前音声母，部分今读舌面前音，与精组存在合流现象；部分见系开口二等字白读仍作开口呼；影云以三母合流，基本读作零声母。疑母部分与影母合流，一部分白读音为 ŋ，还有部分与泥母合流。

（二）成都话韵母系统的主要特点

成都话韵母特征主要有：无塞音韵尾；止摄合口一部分字读入遇摄，如"虽、隧、遂、穗"，存在"支微入鱼"现象；中古蟹止两摄合口逢泥来母时今成都话仍读作合口字，如：内、累、泪；中古-m尾在今成都话中已经消失；咸山摄合流，an韵在成都话中存在明显主元音高化，韵尾弱化及脱落倾向，多数阳声韵出现前后鼻音不分的局面；入声韵舒化，基本与阴声韵合流；深臻曾梗四摄合流，主要读作 ən/in/uən/yn。

（三）成都话声调特点

成都话今共有四个声调：阴平45、阳平21、上声213、去声42。古入声无论清浊在今成都话中基本派入阳平。

二　德阳方言与成都话主要语音特征的比较①

（一）帮组字今读

表 5 – 1

方言点 例字	旌阳	罗江	中江	广汉	绵竹	什邡	成都	北京
搬	pæn1	pæn1	pæn1	pæn1	pæn1	pæn1	pæn1	pan1
包	pɐu1	pɐu1	pau1	pɐu1	pɐu1	pɐu1	pau1	pau1
婆	pho2	pho2	pho2	pho2	pho2	pho2	pho2	pho2
拔	phɐ2	phʌ2	phʌ2	phʌ2	phʌ2	phʌ2	pha2	pa1

帮组字在今德阳和成都地区的读音基本一致，并母仄声洪音今在成都德阳两地均有部分字读为送气声母 ph-，如"拔、勃、捕"等。

（二）古非晓组字的分混

表 5 – 2

方言点 例字	旌阳	罗江	中江	广汉	绵竹	什邡	成都	北京
户	fu4	fu4	fu4	fu4	fu4	fu4	fu4	hu4
欢	xuæn1	xuæn1	fæn1	xuæn1	xuæn1	xuæn1	xuan1	xuan1

---

① 此处为了便于突显声韵对比，声调标记简化：阴平调表示为1，阳平调表示为2，上声表示为3，去声表示为4，入声表示为5。北京音主要参考《汉语方言字汇》（第二版），语文出版社2003年版。

续表

方言点 例字	旌阳	罗江	中江	广汉	绵竹	什邡	成都	北京
伐	xuɐ2	xuʌ2	fʌ2	fʌ2	fʌ2	fʌ2	fa2	fa2
黄	xuɑŋ2	xuɐŋ2	fɑŋ2	xuɐŋ2	xuɐŋ2	xuɐŋ2	xuaŋ2	xuɑŋ2

由表 5-2 可知，德阳方言各点内部关于古晓匣组字的分混规律不尽相同，与成都话存在一定差异。成都话中，古非晓组字在-u 韵前发生混读现象，韵母为-u 时，晓组字声母读为 f-。除旌阳、罗江话中非组字极少数混读为 x 外，旌阳、罗江、广汉、绵竹、什邡与成都话混读规律基本相同。中江话非晓组混读规律与成都话差异较大，晓组字今大多数混读为 f 母，但在-oŋ 前非晓组字都读为声母 x-。

（三）泥来母的分混

表 5-3

方言点 例字	旌阳	罗江	中江	广汉	绵竹	什邡	成都	北京
南	læn2	læn2	læn2	læn2	læn2	læn2	næn2	næn2
兰	læn2	læn2	læn2	læn2	læn2	læn2	næn2	læn2
泥	ȵi2	ȵi2	ȵi2	ȵi2	ȵi2	ȵi2	ȵi2	ni2
离	li2	li2	li2	li2	li2	li2	ni2	li2

德阳方言与成都话泥来母分混情况同，泥来母洪混细分，分为 l/n 和 ȵ 两组。成都话中开合前读为 n，德阳各区县方言读为 l，我们将此处 n/l 看作音位的变体。

（四）知庄章组字今读

表 5-4

方言点 例字	旌阳	罗江	中江	广汉	绵竹	什邡	成都	北京
治	tsɿ4	tsɿ4	tsɿ4	tsɿ4	tsɿ4	tsɿ4	tsɿ4	tsɿ4

续表

方言点 例字	旌阳	罗江	中江	广汉	绵竹	什邡	成都	北京
抄	tsʰɐu1	tsʰɐu1	tsʰau1	tsʰɐu1	tsʰɐu1	tsʰɐu1	tsʰau1	tʂʰau1
章	tsɑŋ1	tsɐŋ1	tsɑŋ1	tsɑŋ1	tsɐŋ1	tsɐŋ1	tsɑŋ1	tʂɑŋ1
植	tsʅ2	tsʅ2	tsʅ2	tsʅ2	tsʅ2	tsʅ5	tsʅ2	tʂʅ2

古知庄章字今在德阳地区和成都话中均已基本合流。旌阳话中存有少数翘舌音声母字。据肖娅曼（1994）、何婉（2008）等对成都话翘舌音声母的调查，一些翘舌声母字还在一部分老年人口语中遗存，但这些字存在及分布的情况较为复杂，且不稳定。

（五）见系开口二等字蟹咸江梗摄字

表5-5

方言点 例字	旌阳	罗江	中江	广汉	绵竹	什邡	成都	北京
解	tɕiɐi 文 kɐi 白	tɕiai 文 kɐi 白	tɕiai 文 kai 白	tɕiɐi 文 kɐi 白	tɕiɐi 文 kɐi 白	tɕiɐi 文 kɐi 白	tɕiai 文 kai 白	tɕie3
鞋	ɕiɐi2 文 xɐi2 白	xɐi2	xai2	xɐi2	xɐi2	xɐi2	xai2	ɕie2
陷	ɕiæn4 新 xæn4 老	ɕiæn4 新 xæn4 老	ɕiæn 新 xæn4 老	ɕiæn 新 xæn4 老	xæn4	ɕiæn 新 xæn4 老	ɕiæn 新 xæn4 老	ɕiɛn4
硬	ŋen4	ŋen4	ŋen4	ŋen4	ŋen4	ŋen4	ŋen4	ŋen4
杏	ɕin4 文 xən4 白	xən4	xen4	xen4	xen4	xən4	xən4	ɕin4

由表5-5可知，见系二等字在德阳话和成都话中均有部分字仍读开口呼，其中部分字文读音已腭化。

（六）船禅两母今读塞擦音擦音对比

表5-6

方言点 例字	旌阳	罗江	中江	广汉	绵竹	什邡	成都	北京
船	tsʰuæn2	tsʰuæn2	tsʰuæn2	tsʰuæn2	tsʰuæn2	tsʰuæn2	tsʰuæn2	tsʰuæn2

续表

方言点 例字	旌阳	罗江	中江	广汉	绵竹	什邡	成都	北京
慎	tshən4	sən4	tshen4	sen4	tshen4	tshən4	sən4	ʂən4
常	saŋ2	sɐŋ2	saŋ2	sɐŋ2	sɐŋ2	sɐŋ2	saŋ2	tshaŋ2
唇	suən2	suən2	suen2	suen2	suen2	suən2	suən2	tʂhuən2
纯	suən2	suən2	suen2	suen2	suen2	suən2	suən2	thuən2

船禅两母今在普通话中有送气塞擦音和擦音两种情况。德阳方言和成都相比，今分化情况大致相同。个别字存在例外情况，如德阳方言中"慎"字在旌阳、中江、绵竹、什邡几点读为送气塞擦音声母，与成都话有差异。

（七）影疑母开口一二等字

表 5-7

方言点 例字	旌阳	罗江	中江	广汉	绵竹	什邡	成都	北京
我	ŋo3	ŋo3	ŋo3	ŋo3	ŋo3	ŋo3	ŋo3	uo3
安	ŋæn1	ŋæn1	ŋæn1	ŋæn1	ŋæn1	ŋæn1	ŋæn1	an1
硬	ŋən4	ŋən4	ŋen4	ŋen4	ŋen4	ŋən4	ŋən4	in4
昂	ŋaŋ2	ŋɐŋ2	ŋaŋ2	ŋɐŋ2	ŋɐŋ2	ŋɐŋ2	ŋaŋ2	aŋ2
雁	ŋæn4	iæn4 文 ŋæn4 白	ŋæn4	iæn4 文 ŋæn4 白	ŋæn4	iæn4 文 ŋæn4 白	iæn4	iεn4

影疑母开口一二等字在德阳方言中大部分字今读 ŋ-声母，与成都话基本相同，但个别字在成都话中已经读为零声母字。

（八）疑影母开口三四等字

表 5-8

方言点 例字	旌阳	罗江	中江	广汉	绵竹	什邡	成都	北京
约	io2	io2	io2	io2	Io2	io5	io2	yε1

续表

方言点 例字	旌阳	罗江	中江	广汉	绵竹	什邡	成都	北京
印	in4	in4	in4	in4	in4	in4	in4	in4
宜	ȵi2	ȵi2	ȵi2	ȵi2	ȵi2	ȵi2	ȵi2	i2
严	ȵiæn2	ȵiæn2	ȵiæn2	ȵiæn2	ȵiæn2	ȵiæn2	ȵiæn2	iɛn2
言	iæn2	iæn2	iæn2	iæn2	iæn2	iæn2	ian2	iɛn2

疑影母字开口三四等字读法，德阳成都两地基本相同。影母基本读零声母，疑母部分读为 ȵ-声母，混入泥母。

（九）以、云母及日母今读

表 5-9

方言点 例字	旌阳	罗江	中江	广汉	绵竹	什邡	成都	北京
肉	zu2 文 zəu4 白	zəu4	zəu4	zəu4	zu2 文 zəu4 白	zəu4	zu2 文 zəu4 白	ʐəu4
入	zu2	zu2	zu2	zu2	zʊ2	zu5	zu2	ʐu2
融	ioŋ2	ioŋ2	ioŋ2 zoŋ2	ioŋ2	ioŋ2	ioŋ2	ioŋ2	ʐoŋ2
荣	yn2	yn2	yn2	yn2	yn2	yn2	yn2	ʐoŋ2
容	ioŋ2	ioŋ2	ioŋ2	ioŋ2	ioŋ2	ioŋ2	ioŋ2	ʐoŋ2

由表 5-9 可以看出，以、云母字的今读在德阳、成都两地基本相同，日母字"肉"在德阳个别区县已缺少文读音 [zu]。

（十）臻摄合口一三等端泥精组字

表 5-10

方言点 例字	旌阳	罗江	中江	广汉	绵竹	什邡	成都	北京
盾	tən4	tən4	ten4	ten4	ten4	tən4	tən4	tuən4
遵	tsən1	tsən1	tsen1	tsen1	tsen1	tsən1	tsən1	tsuən1

续表

方言点\例字	旌阳	罗江	中江	广汉	绵竹	什邡	成都	北京
论	lən4	lən4	len4	len4	len4	lən4	lən4	luən4
笋	suən3	sən3	sen3	sen3	sen3	sən3	sən3	suən3
寸	tshuən4	tshuən4	tshen4	tshuen4	tshuen4	tshuən4	tshən4	tshuən4

臻摄字今在德阳、成都两地部分端泥精组字无 u 介音,个别字在德阳个别方言点中受普通话影响,已带上介音 u。

(十一) 假摄开口三等精组见系字

表 5-11

方言点\例字	旌阳	罗江	中江	广汉	绵竹	什邡	成都	北京
姐	tɕie3	tɕie3	tɕiɛ3	tɕie3	tɕiɛ3	tɕie3	tɕie3	tɕie3
借	tɕie4	tɕie4	tɕiɛ4	tɕie4	tɕiɛ4	tɕie4	tɕie4	tɕie4
夜	ie4	ie4	iɛ4	ie4	iɛ4	ie4	ie4	ie4
些	ɕi1	ɕi1	ɕi1	ɕi1	ɕi1	ɕi1	ɕi1	ɕie1

假摄开口三等精组见系,在德阳话和成都话今读表现基本一致,麻韵字大部分读为 -ie 韵,极个别字如"些"读为 -i 韵。

(十二) 流摄明母字

表 5-12

方言点\例字	旌阳	罗江	中江	广汉	绵竹	什邡	成都	北京
某	moŋ3	moŋ3	məu3	moŋ3	moŋ3	moŋ3	moŋ3	məu3
母	mu3	mu3	mu3	mu3	mu3	mu3	mu3	mu3
贸	moŋ4	moŋ4	məu4	moŋ4	moŋ4	moŋ4	moŋ4	mau4
茂	moŋ4	moŋ4	məu4	moŋ4	moŋ4	moŋ4	moŋ4	mau4

流摄明母字今读,德阳大部分方言点和成都话一致,大部分字读

-oŋ韵。但中江一点今主要读为-əu韵,与成都话不同。

(十三) 蟹山摄合口一等端泥组

表 5-13

方言点 例字	旌阳	罗江	中江	广汉	绵竹	什邡	成都	北京
乱	luæn4	luæn4	luæn4	luæn4	luæn4	luæn4	luan4	luan4
累	luei4	luei4	luei4	luei4	luei4	luei4	luei4	lei4
雷	luei2	luei2	luei2	luei2	luei2	luei2	luei2	lei2
堆	tuei1	tuei1	tuei1	tuei1	tuei1	tuei1	tuei1	tuei1

蟹山摄合口一等端泥组今在德阳各区县方言及成都话中都有 u 介音,读为合口呼。

(十四) 宕摄入开口三等 (药)

表 5-14

方言点 例字	旌阳	罗江	中江	广汉	绵竹	什邡	成都	北京
略	lio2	lio2	lio2	lio2	lio2	lio5	lio2	lye4
雀	tɕhio2	tɕhio2	tɕhio2	tɕhio2	tɕhio2	tɕhio5	tɕhio2	tɕhye4
约	io2	io2	io2	io2	io2	io5	io2	ye1
芍	so2	so2	so2	so2	so2	so5	so2	ʂau2

宕摄入声开口三等字今在德阳与成都地区大部分读-io 韵,个别知系字读-o 韵。两地特征基本相同。

(十五) 曾一梗二开口入声帮端知见系字

表 5-15

方言点 例字	旌阳	罗江	中江	广汉	绵竹	什邡	成都	北京
北	pe2	pe2	pE2	pe2	pe2	pe5	pe2	pei3

续表

方言点\例字	旌阳	罗江	中江	广汉	绵竹	什邡	成都	北京
德	te2	te2	pE2	te2	te2	te5	te2	tɤ2
泽	xe2	xe2	pE2	xe2	xe2	xe5	xe2	tsɤ2
黑	xe2	xe2	pE2	xe2	xe2	xe5	xe2	xei1

曾一梗二入开口帮端知见系字在德阳各方言点今主要读为-e韵，韵母同成都话。其中，什邡保留了独立入声，因此我们可以将这些例字看作声调保持入声，韵母同成都话的标本。

（十六）臻入声合口一三等帮知系端泥组

表5–16

方言点\例字	旌阳	罗江	中江	广汉	绵竹	什邡	成都	北京
物	o2	vu2	vu2	o2	ʊ2	ʊ5	vu2	u4
出	tshu2	tshu2	tshu2	tshu2	tshu2	tshu5	tshu2	tshu1
不	pu2	pu2	pu2	pu2	pu2	pu5	pu2	pu4
术苍术	tshu2	tsho2	tshu2	tshu2	tsho2	tsho5	tshuo2	tʂu2

臻入声合口一三等帮知系端泥组部分字今在德阳、成都两点都读-u韵，个别字在德阳部分方言点中读为-o韵，尤其什邡、绵竹两地保留读-o/-ʊ韵的字较多。

（十七）深臻曾梗入声三四等开口帮端见系

表5–17

方言点\例字	旌阳	罗江	中江	广汉	绵竹	什邡	成都	北京
逼	pie1	pie1	piE1	pi2	pi2	pie1	pie2 老 pi2 新	pi1
匿	ȵie2	ȵie2	ȵiE2	ȵie2	ȵie2	ȵie5	ȵie2	ni4

续表

方言点 例字	旌阳	罗江	中江	广汉	绵竹	什邡	成都	北京
集	tɕie2	tɕie2	tɕiE2	tɕie2	tɕiɛ2	tɕie5	tɕie2 老 tɕi2 新	tɕi2
吉	tɕie2	tɕie2	tɕiE2	tɕie2	tɕiɛ2	tɕie5	tɕie2 老 tɕi2 新	tɕi2

深臻曾梗入声三四等开口帮端见系今在德阳成都两地部分读为-i韵，但均有部分字读-ie韵。成都话中体现出明显的新老异读现象，青年人主要读为-i韵，与北京音韵母相同。

（十八）曾梗入合口三等见系、通入三等精组见系

表5–18

方言点 例字	旌阳	罗江	中江	广汉	绵竹	什邡	成都	北京
育	io2	io2	io2	io2	io2	io5	io2	y4
局	tɕhy2	tɕhy2	tɕhio2	tɕy2	tɕio2	tɕio5	tɕy2	tɕy2
域	io2	io2	io2	io2	io2	io5	io2	y4
菊	tɕhio2	tɕy2	tɕi2	tɕy2	tɕy2	tɕy5	tɕy2	tɕy2

这一组字在今德阳、成都两地方言中部分字今读-io韵，另有部分读为-y韵，向北京音靠拢。

（十九）通入屋韵帮系

表5–19

方言点 例字	旌阳	罗江	中江	广汉	绵竹	什邡	成都	北京
仆	phu2	phu2	phu2	pho2	pho2	pho5	phu2	phu2
木	mu2	mu2	mu2	mo2	mo2	mo5	mu2	mu4
牧	mo2	mu4	mu2	mo4	mo2	mo5	mu2	mu4
瀑	phu2	phu2	phu2	pɐu4	pho2	pho5	phu2	phu4

通摄屋韵帮系字今在德阳大部分地区读为 u 韵，与成都话同。但什邡、绵竹部分字今读 o 韵，与果摄字混。

（二十）遇合三等今读

表 5-20

方言点 例字	旌阳	罗江	中江	广汉	绵竹	什邡	成都	北京
居	tɕy1	tɕy1	tɕi1	tɕy1	tɕy1	tɕy1	tɕy1	tɕy1
娱	tɕy2	tɕy2	tɕi2	tɕy2	tɕy2	tɕy2	tɕy2	tɕy2
雨	tɕy3	tɕy3	tɕi3	tɕy3	tɕy3	tɕy3	tɕy3	tɕy3
于	tɕy2	tɕy2	tɕi2	tɕy2	tɕy2	tɕy2	tɕy2	tɕy2

遇摄合口三等今在德阳大部分地区均读 y 韵，与成都话同。但中江一点缺少撮口呼，撮口呼字均读为齐齿呼，与成都话差异较大。

（二十一）咸山摄帮端组开口三四等字

表 5-21

方言点 例字	旌阳	罗江	中江	广汉	绵竹	什邡	成都	北京
碟	te2	te2	tiɛ2	te2	tiɛ2	tie5	tie2	tie2
帖	the2	the2	thiɛ2	the2	thiɛ2	thie5	thie2	thie3
铁	the2	the2	thiɛ2	the2	thiɛ2	thie5	thie2	thie3
列	le2	le2	liɛ2	liɛ2	tiɛ2	tie5	tie2	tie4

咸山摄帮端组开口三四等字在今成都话中主要读为-ie 韵，中江、绵竹、什邡三地韵母读音与成都话一致，而旌阳、罗江基本读为开口呼 e，丢掉了 i 介音，广汉话处于由 e 向 ie 的变化过程中。

（二十二）古入声调今读

表 5-22

方言点 调类	旌阳	罗江	中江	广汉	绵竹	什邡	成都
古入声	阳平 31	阳平 31	阳平 31	阳平 32	阳平 31	入声 33	阳平 21

古入声在今成都话中无论清浊基本都归入阳平调，德阳地区的旌阳、中江、罗江、绵竹、广汉入声归派规律与成都话同，但什邡话仍保留有独立入声调，调值大致为中平调。

三 德阳方言各点与成都话异同分析

我们以上一小节 22 条语音特征为线索，列表对德阳方言各点与成都话及北京音进行对比，以成都话的语音特征作为参照，德阳方言各点有与之相似的特征，即用"+"表示，反之用"-"表示，如果该相似特征较为模糊或呈现部分与之相似而部分与之不同，则用"±"表示，见表 5-23。

表 5-23　　　　　　德阳话与成都话语音特点比较

方言点 音韵特点	成都	旌阳	罗江	中江	广汉	绵竹	什邡	北京
帮组字今主要读 p/ph，并母仄声个别读为 ph	+	+	+	+	+	+	+	-
古晓组字 u 韵前读 f，其他不混	+	+	+	-	+	+	+	-
泥来母洪混细分	+	+	+	+	+	+	+	-
知庄章组合流，读 ts	+	+	+	+	+	+	+	-
见系开口二等字蟹咸江梗摄字部分不腭化	+	+	+	+	+	+	+	-
船禅两母部分读擦音	+	+	+	+	+	+	+	-
影疑母开口一二等今读 ŋ	+	+	+	+	+	+	+	-
疑母开口三四等今读零声母和 ȵ	+	+	+	+	+	+	+	-
以、云母及日母部分读零声母	+	+	+	+	+	+	+	+
臻摄合口一三等端泥精组字部分丢失 u 介音	+	+	+	+	+	+	+	-

第五章 从德阳方言与周边方言的比较看语言接触 | 205

续表

音韵特点＼方言点	成都	旌阳	罗江	中江	广汉	绵竹	什邡	北京
假摄开口三等精组见系字读 ie 韵	+	+	+	+	+	+	+	+
流摄明母字读 oŋ	+	+	+	-	+	+	+	-
蟹山摄合口一等端泥组今读合口	+	+	+	+	+	+	+	-
宕摄入开口三等今读 o/io	+	+	+	+	+	+	+	+
曾一梗二开口入声帮端知见系字读 e 韵	+	+	+	+	+	+	+	+
臻入声合口一三等帮知系端泥组读 u 韵	+	±	+	+	+	+	+	+
深臻曾梗入声三四等开口帮见系部分读 ie	+	+	+	+	+	+	+	+
曾梗入合口三等见系，通入三等精见系读 io	+	+	+	+	+	+	+	+
通摄屋韵帮系今读 u 韵	+	±	+	+	±	+	+	+
遇合三今读 y	+	+	+	-	+	+	+	+
咸山摄帮端组开口三四等字今读 ie	+	-	-	+	±	+	+	+
古入声调今读阳平	+	+	+	+	±[①]	+	-	-

为了进一步比较德阳方言与成都话的相似程度，我们借鉴周及徐先生（2013）所采用的"语音特征及权重数值表"中计算方法，将每一个方言点的相似度进行数字的统计，并转化为相应的数值，以期更直观地展现方言点之间的相似程度。

计算方法说明：

（1）相似特征数：每两个方言之间，同为加号即为 1 个语音相似点，以此累计；

（2）语音特点权重数值：由于在具体的语流中，声韵调出现频率不同，因此其在音系特点中所占比重也不同。纵观德阳方言与成都音系，我们将声调数定为 5 个，声母平均数定为 20 个，韵母平均数定为 36 个，那么我们假设在 36 个音节的语句中，声韵调出现的概率比大约为 1.8 : 1 : 7.2。

[①] 本次调查录音，广汉话中只有一个常用字"八"在书面音中读为独立入声调，调值为中平调。但据吴红英（2010）调查的数据，广汉话中依然保留有独立入声调，因此我们认为广汉话的入声正在受强势方言影响，处于逐渐消失的过程中，本处记为"±"。

(3) 计算出概率比之后，我们在表 5-24 中计入出现概率的权重数值。声母特点相似权重数值记为 1.8，调类特点相同或相似记为 7.2，韵母特点相似则记为 1。

表 5-24　　　　德阳话与成都话语音特征及权重数值①

方言点	相似特征数	加权的相似特点条数及加权值	相似特征权重值
成都—旌阳	20	1/2/3/4/5/6/7/8/9/22，9×0.8+6.2=13.4	20+13.4=33.4
成都—罗江	21	1/2/3/4/5/6/7/8/9/22，9×0.8+6.2=13.4	21+13.4=34.4
成都—中江	19	1/2/3/4/5/6/7/8/9/22，8×0.8+6.2=12.6	19+12.6=31.6
成都—广汉	20.5	1/2/3/4/5/6/7/8/9/22，9×0.8+2.6=9.8	20.5+9.8=30.3
成都—绵竹	20	1/2/3/4/5/6/7/8/9/22，9×0.8+6.2=13.4	20+13.4=33.4
成都—什邡	19	1/2/3/4/5/6/7/8/9，9×0.8=7.2	19+7.2=26.2
旌阳—北京	4	9，1×0.8=0.8	4+0.8=4.8
罗江—北京	5	9，1×0.8=0.8	5+0.8=5.8
中江—北京	5	9，1×0.8=0.8	5+0.8=5.8
广汉—北京	5	9，1×0.8=0.8	5+0.8=5.8
绵竹—北京	4	9，1×0.8=0.8	4+0.8=4.8
什邡—北京	4	9，1×0.8=0.8	4+0.8=4.8
成都—北京	5	9，1×0.8=0.8	5+0.8=5.8

表 5-25　　　　德阳话与成都话相似特征权重数值比较

	旌阳	罗江	中江	广汉	绵竹	什邡	北京
成都	33.4	34.4	31.6	29.8	33.4	26.2	5.8
北京	4.8	5.8	5.8	5.8	4.8	4.8	—

---

① 关于表中"加权的相似特点条数及加权值"一栏的计分说明：由于前一栏已经对相似条数按每条 1 分合计，因此第二栏加分主要对 1 到 9 条声母部分的相似条数再乘以概率比，如"成都—旌阳"，声母部分有 9 条特征相似，第一栏已计入 8 分，按照 1.8 的概率比，那么第二栏就加 9×0.8=7.2；声调部分概率比为 7.2，由于第一栏已经计入了 1 分，那么第二栏中再加上 6.2 分。第三栏总计前两栏得分。如果两个方言点所有特征均相同或相似，那么权重值最大为 22+9×0.8+6.2=35.4 分。

我们在表 5-25 中得到每两个方言之间相似特征的权重值。如两个方言点 22 条特征全部对应,那么权重值最大应为 22 + 9 × 0.8 + 6.2 = 35.4。我们将上表中的数值与最大权重值相比,则可以得出方言点之间的相似度,简单计算列表如表 5-26 所示:

表 5-26　　　　　　　　德阳话与成都话相似度

	旌阳	罗江	中江	广汉	绵竹	什邡	北京
成都	94.4%	97.2%	89.2%	84.2%	94.4%	74%	16.4%
北京	13.6%	16.4%	16.4%	16.4%	13.6%	13.6%	—

从表 5-26 得出的数据可知,德阳六区县方言中,罗江话语音特点与成都话最近,其次是旌阳话、绵竹话,再次为中江话、广汉话,相对语音特点较远的是什邡话。这一方面说明德阳话内部存在一定程度的差异;另一方面也说明德阳地区各方言点与成都话的相似度并不完全与地理位置的远近成正比。

从地理位置来看,广汉、什邡、绵竹、旌阳与成都直接距离较近。而中江、罗江离成都相对较远。但从语音特征的相似性比较结果来看,与成都话语音特征相似性大小依次为罗江 > 旌阳、绵竹 > 中江 > 广汉 > 什邡。

为什么如广汉、什邡与成都直线距离较近,但语音相似程度反而较远?我们注意到,影响三地与成都话语音相似特征权重值最主要的因素为声调。这三地中,什邡话还保留有大部分入声字,广汉话中也还残留了极个别入声字,而邻近的成都话中入声已经消失,基本派入阳平调。由于声调的权重值计算中占的比例较大,因此数据中体现二者的相似程度的比例也相应受到影响。

在分析德阳各点方言与成都话相似度呈现差异的原因时,我们需要注意到成都市区周边的方言特征。成都周边的各区方言与标准的成都话均有不同程度的差异。成都周边东北部的郊县,如郫县、新都、彭州、温江等地,其语音特征也同成都话有明显不同。因此,这些相对成都市区而言,与德阳地区更加邻近的郫县、新都、彭州、温江等地的方言也与德阳方言有所接触,这种接触影响在一定程度上削弱了成都话作为地区通语对德阳方言的辐射影响。我们把地理位置位于成都城区外围的如温江、双流、华阳等地，以及成都与德阳之间的郫县、新都、彭州等地区称为"低洼地带"或者"过渡地带"，这些地区虽然紧靠成都，但其方言特征与成都话有一定差异，最明显的区别就是入声调独立。因为这些区域所使用的方言并非典型的成都话，且与靠近这些周边地区的广汉、什邡方言发生密切的接触。因此，从计算得出的数据看，这两个方言点与成都话的相似度并不高。但随着社会发展节奏的加快，成都的区域经济政治优势体现得越来越明显，而成都话所体现出的权威方言特性也越来越强，呈现以标准成都市区话为中心向区域四周辐射的效应，与之地理位置邻近的方言可能会进一步受其影响，相似度可能也会越来越高。

另外需要说明的是，德阳方言与成都话相似数值都比较大，而与北京话相似数值却偏小。这主要是由于本次比较并不以整个音系范围来进行，而是重在选择德阳地区和成都话两地较为凸显的语音特征进行对比，相对去除了较多与北京话相同的特征，但计算时是以同一把标尺来衡量这几种方言的距离。因此，与北京话相似数值的计算不是一个绝对的相似值，而只是一个相对的参考值。

四　德阳方言与成都话的接触影响

总体上看，德阳方言与成都话在语音特点上相似度较高。一是由于德阳与成都地理位置上相隔较近，德阳已经划入未来的大成都区域。二是由于成都是四川省省会，是整个区域的经济和政治中心，因为成都话作为区域共同语，其语言也影响着周边方言。加之社会发展的加快，各地经济文化方面的往来加快，语言接触也进一步密切，德阳方言的语音特征也有向成都话靠拢的趋势。我们从二者已有的相似特征很难判断语言接触的层次，这些相似特征究竟是明清时期移民方言与本地土著方言接触变异的结果，还是成都话对德阳话的接触影响造成？或者是语言内部演化的统一形成了两地方言的相似性？为了进一步探究成都话对德阳方言的影响，我们试图从德阳方言正在发生的语音变异来看二者的语言接触情况：

（一）鼻韵尾的弱化脱落。受成都话影响，德阳方言中咸山摄鼻韵尾进一步弱化脱落。《四川方言调查报告》中调查的旌阳、罗江两地的鼻化韵特色，本次调查发现这种现象已经不太明显，与成都话鼻韵尾读音特征相近。

（二）连读变调的弱化。德阳旌阳、绵竹、罗江、中江存在较为明显的连读音变现象，特别是"阳平+去声"组合，后字大多变阴平，但靠近成都的什邡、广汉两地基本向成都话靠拢，这种连读变调的组合范围逐渐变小，可能进一步与成都话趋同。

（三）入声调的变化。虽然本次调查发现什邡话尚有独立入声调，但其中部分入声字已经派入阳平，入声调有逐渐消失归入他声的趋势。广汉话已基本同成都话趋同，除仅有的一例读入声调的"标本"外，其他字基本全部派入阳平调。

（四）入声韵的变化。臻入声合口一三等帮知系端泥组字、通摄屋韵帮系字，成都话中基本读 u 韵，什邡、绵竹两地方言较多读为 o，但受成都话影响，随着入声字派入阳平，入声韵也逐渐发生 o 向 u 韵变化的趋势。又如咸山摄帮端组开口三四等字，如"碟、帖、铁、列"等，原在德阳地区主要读为 e 韵，无 i 介音。而目前从我们调查的情况看，除地理位置靠近绵阳地区的旌阳、罗江两地方言中仍有部分字读为 e 韵外，广汉、什邡、绵竹已经逐渐带上 i 介音，读为 ie 韵，与成都话读音一致。

第二节　德阳方言与南路话语音特征比较

一　"南路话"概述

"'南路'本指四川地区以岷江为凭借的水路。"（周及徐，2013）岷江属于长江上游的一条支流，发源于岷山，是古代商旅经长江进出四川盆地的主要通道，途经成都、乐山、宜宾等重要城市，在宜宾汇入长江，这条水上通路由此被称为"南路"。"南路话"是与"湖广话"相对的概念。之前的学者大都将"湖广填四川"之前的四川土著方言称为"老四川话"，但"老四川话"的音系特征究竟有哪些？我们可以从对"南路话"的探讨找到一些线索。"'南路话'指岷江以西及以南，特别是成都西南的都江堰、温江、崇州、大邑、邛崃、蒲江和新津一带的方言，分布范围大约相当于《中国方言地图集》中西南官话'灌赤片'中的'岷江小片'。一般来说，'南路话'在语音、词汇系统方面都有自己的特征，最明显的不同于湖广话的语音特征是入声独立。"（周及徐，2013）

"老四川话"或"南路话"这一概念在过去的四川方言研究中较少提及。今天的四川话是否都是元明清时期湖广移民带来的？湖广地区的移民方言与当时的四川土著语言之间的关系究竟是一种替换关系，还是不同语言之间的接触关系？蓝勇先生（1995）考证了清代四川土著在各地的分布比例，根据各地县志收集的材料来看，川西南入声独立区的土著人口比例远高于川东北地区。杨波（1997）、孙越川（2011：130）等认为四川地区仍有原四川土著语言的痕迹，入声独立就是"老四川话"的遗留。周及徐先生（2013）从移民史和方言的地理分布情况进行考察，认为四川和重庆地区仍然成片地存在元明清大移民以前延续下来的方言，提出了"南路话"这一概念，即原来的"老四川话"就是"南路话"。我们沿用"南路话"这一概念，试通过德阳地区内部方言特征的地理分布，比较其与周边南路话之间的异同，以帮助厘清今天四川方言的来源。

德阳地区的什邡话由于在过去的方言调查中显示有独立的入声调，且靠近温江、都江堰一带，因此划归在岷江小片中，应属于南路话区域。关于"南路话"在整个四川地区的分布，周及徐先生认为，"有这种语音特征的话沿岷江以西一直向南分布，经乐山、宜宾直至泸州地区，再折向东北进入今重庆市境内。"一般认为，"南路话"与以成都话为代表的"湖广话"是来源不同的两种方言，二者之间有明显的区别。

二 南路话主要语音特点

相较"湖广话"，"南路话"的不同语音特点主要表现在：

（一）声调方面入声独立，不归阳平。

（二）声母方面，成都周边的都江堰、郫县、彭州、新都等地古深臻曾梗摄入声三等知系声母今读卷舌 tʂ-音。其他南路话区域绝大部分声母特征与德阳话及成都话相似。

(三) 韵母方面，尤其入声韵，主要有以下特征：果摄一等字今读-u 韵；模韵帮系端组字读-o 韵；深臻曾梗入声三四等开口帮端见系今读-ie 韵；咸山开口一二三等入声帮端知系、曾一梗二开口入声帮端知见系字、深臻曾梗二三等入声开口庄组今读-æ 韵；臻入合口一三等帮知系端泥组读-o 韵；通入帮知端泥组今读-o 韵。

三　德阳方言与南路话语音特征比较

我们以南路话中典型代表崇州话、大邑话为代表方言点①，同时加入与德阳地区西北部毗邻的南路话方言点郫县、新都、彭州三地，将其与德阳各点方言进行语音特征的比较，观察德阳地区方言与南路话语音特点的异同。郫县点调查数据来自《川西大邑等七县市方言音系调查研究》(易杰，2010)，彭州点调查数据来自《四川西南彭州等八区市县方言音系研究》(毕圆，2011)，新都点调查数据来自《川西广汉等五县市方言音系比较研究》(吴红英，2010)。

首先，我们将德阳各县区方言与南路话代表点方言的声调情况见表5-27：

表 5-27　　　　**德阳方言与南路话代表方言点声调情况**

方言点 例字	旌阳	罗江	中江	广汉	绵竹	什邡	郫县	彭州	新都	崇州	大邑
阴平	45	45	45	35	45	35	55	34	45	45	45
阳平	31	31	31	32	31	31	31	31	21	31	31
上声	51	52	51	51	52	51	52	51	42	52	52
去声	324	324	324	324	214	214	214	224	213	324	324
入声	(31)	(31)	(31)	(31)	(31)	33	33	33	33	33	33

为方便比较，下面各方言对比中，声调部分标注简化，用数字表示：1 表示阴平，2 表示阳平，3 表示上声，4 表示去声，5 表示入声。

---

① 该点的方言数据由国家社科基金项目"四川西南地区方言研究"课题提供，特此感谢！崇州一点调查音人为四川师范大学 2009 级硕士研究生刘瓅鸿，大邑一点调查音人为四川师范大学 2009 级硕士研究生毕圆，四川师范大学周及徐教授校音。

(一) 古非晓组分混情况

表 5-28

方言点 例字	旌阳	罗江	中江	广汉	绵竹	什邡	郫县	彭州	新都	崇州	大邑
狐	fu2	fu2	fu2	fu2	fu2	fu2	fu2	fu2	fu2	fu2	hu2
欢	xuæn1	xuæn1	fæn1	xuæn1	xuæn1	xuæn1	xuan1	xuan1	xuan1	xuan1	xuan1
伐	xuɐ2	xuA2	fA2	fA2	fA2	fA5	fA5	fA5	fA5	fA5	fA5
黄	xuaŋ2	xuaŋ2	faŋ2	xuɐŋ2	xuɐŋ2	xuɐŋ2	xuaŋ2	xuaŋ2	xuaŋ2	xuaŋ2	xuaŋ2

由表 5-28 可知，南路话古晓组字在单韵母 u 前混读为 f，其他的晓组字均读 x 声母。德阳方言大部分方言点与此规律同，但旌阳话、罗江话中有少数例外，中江话与南路话混读规律差异较大。

(二) 帮系字今读

表 5-29

方言点 例字	旌阳	罗江	中江	广汉	绵竹	什邡	郫县	彭州	新都	崇州	大邑
班	pæn1	pæn1	pæn1	pæn1	pæn1	pæn1	pan1	pan1	pan1	pan1	pan1
包	pɐu1	pɐu1	pɐu1	pɐu1	pɐu1	pɐu1	pau1	pau1	pau1	pau1	pau1
婆	pho2	pho2	pho2	pho2	pho2	pho2	pho2	pho2	pho2	pho2	pho2
拔	phɐ2	phA2	phA2	phA2	phA2	phA5	phA5	phA5	phA5	phæ5	phæ5

帮组字在今德阳和南路话中声母语音特征基本相同，古浊声母仄声今在德阳地区、南路话区域都有部分字读为送气声母 ph-，如"拔、勃"等。

(三) 泥来母的分混

表 5-30

方言点 例字	旌阳	罗江	中江	广汉	绵竹	什邡	郫县	彭州	新都	崇州	大邑
南	læn2	læn2	læn2	læn2	læn2	læn2	lan2	nan2	lan2	nan2	nan2

续表

方言点 例字	旌阳	罗江	中江	广汉	绵竹	什邡	郫县	彭州	新都	崇州	大邑
兰	læn2	læn2	læn2	læn2	læn2	læn2	lan2	nan2	lan2	nan2	nan2
泥	ȵi2	ȵi2	ȵi2	ȵi2	ȵi2	ȵi2	ȵi2	ȵi2	ȵi2	ȵi2	ȵi2
离	li2	li2	li2	li2	li2	li2	li2	ni2	li2	ni2	ni2

泥来母的分混在德阳方言与南路话中规律相同，都是洪混细分。开合前读 n/l，齐撮前读 ȵ。

（四）知庄章组字今读

表 5-31

方言点 例字	旌阳	罗江	中江	广汉	绵竹	什邡	郫县	彭州	新都	崇州	大邑
治	tsɿ4	tsɿ4	tsɿ4	tsɿ4	tsɿ4	tsɿ4	tsɿ4	tsɿ4	tsɿ4	tsɿ4	tsɿ4
抄	tshau1	tshɐu1	tshɐu1	tshɐu1	tshɐu1	tshɐu1	tshɐu1	tshɐu1	tshɐu1	tshau1	tshau1
章	tsaŋ1	tsaŋ1	tsaŋ1	tsaŋ1	tsaŋ1	tsaŋ1	tsaŋ1	tsaŋ1	tsaŋ1	tsaŋ1	tsaŋ1

知庄章组字在南路话和德阳方言中读音情况基本相同，知庄章组绝大部分字今已合流，主要读为舌尖前音声母。

（五）深臻曾梗摄入声三等知系声母字今读

表 5-32

方言点 例字	旌阳	罗江	中江	广汉	绵竹	什邡	郫县	彭州	新都	崇州	大邑
十	sɿ2	sɿ2	sɿ2	sɿ2	sɿ2	ʂʅ5	ʂʅ5	ʂɚ5	ʂʅ5	sɘ5	sɘ5
直	tsɿ2	tsɿ2	tsɿ2	tsɿ2	tsɿ2	tʂʅ5	tʂʅ5	tʂɚ5	tʂʅ5	tsɘ5	tsɘ5
尺	tshɿ2	tshɿ2	tshɿ2	tshɿ2	tshɿ2	tʂhʅ5	tʂhʅ5	tʂhɚ5	tʂhʅ5	tshɘ5	tshɘ5
石	sɿ2	sɿ2	sɿ2	sɿ2	sɿ2	ʂʅ5	ʂʅ5	ʂɚ5	ʂʅ5	sɘ5	sɘ5

深臻曾梗摄入声三等知系声母在德阳话中今主要读为舌尖前声母，

但在南路话部分区域，如郫县、彭州、新都三地，读为舌尖后声母，卷舌音明显。

（六）见系开口二等字蟹咸江梗摄字①

表5-33

方言点 例字	旌阳	罗江	中江	广汉	绵竹	什邡	郫县	彭州	新都	崇州	大邑
解	tɕiɐi3 kɐi3	tɕiɐi3 kɐi3	tɕiai3 kai3	tɕiɐi3 kɐi3	tɕiɐi3 kɐi3	tɕiɐi3 kɐi3	kai3	kai3	tɕiai3 kai3	tɕiai3 kai3	
鞋	ɕiai2 xai2	xɐi2	xɐi2	xɐi2	xɐi2	xɐi2	xai2	xai2	xai2	xai2	
陷	ɕiæn4 xæn4	ɕiæ4 xæn4	ɕiæ4 xæn4	ɕiæ4 xæn4	xæn4	ɕiæ4 xæn4	xan4	xan4	xan4	xan4	
硬	ŋəŋ4	ŋəŋ4	ŋen4	ŋen4	ŋen4	ŋəŋ4	ŋəŋ4	ŋəŋ4	ŋəŋ4	ŋəŋ4	
杏	ɕin4 xən4	xən4	xen4	xen4	xen4	xən4	xən4	xən4	xən4	xən4	

见系开口二等部分字在今德阳地区方言中部分保留开口呼读法，部分字文读音中发生腭化现象，向北京音靠拢，这一特征与南路话相似。

（七）船禅两母今读塞擦音擦音对比

表5-34

方言点 例字	旌阳	罗江	中江	广汉	绵竹	什邡	郫县	彭州	新都	崇州	大邑
船	tshuæn2	tshuæn2	tshuæn2	tshuæn2	tshuæn2	tshuan2	tshuan2	tshuan2	tshuan2	tshuan2	
慎	tshən4	sen4	tshen4	sən4	tshen4	tshən4	tshən4	tshen4	tshen4	tshen4	
常	sɐŋ2	sɐŋ2	sɐŋ2	sɐŋ2	sɐŋ2	saŋ2	saŋ2	saŋ2	saŋ2	saŋ2	
唇	suən2	suen2	suən2	suən2	suən2	suən2	suen2	suen2	suen2	suen2	
纯	suən2	suen2	suən2	suən2	suən2	suən2	suen2	suen2	suen2	suen2	

① 表格中有新老异读的情况，上为新派读音，下为老派读音，下同。

船禅两母字在今德阳地区方言中部分读为擦音声母,如"常、纯、唇"等;个别字在普通话中读为擦音声母,但在德阳方言中读为送气塞擦音,如"慎"。这些特征在南路话中也同样存在。

(八) 影疑母开口一二等字今读

表 5-35

方言点 例字	旌阳	罗江	中江	广汉	绵竹	什邡	郫县	彭州	新都	崇州	大邑
我	ŋo3	ŋo3	ŋo3	ŋo3	ŋo3	ŋo3	ŋo3	ŋo3	ŋo3	ŋo3	uo3
安	ŋæn1	ŋæn1	ŋæn1	ŋæn1	ŋæn1	ŋæn1	ŋan1	ŋan1	ŋan1	ŋan1	ŋan1
硬	ŋən4	ŋen4	ŋen4	ŋən4	ŋen4	ŋən4	ŋən4	ŋən4	ŋən4	ŋən4	in4
昂	ŋaŋ2	ŋeŋ2	ŋaŋ2	ŋaŋ2	ŋeŋ2	ŋaŋ2	ŋaŋ2	ŋaŋ2	ŋaŋ2	ŋaŋ2	ŋaŋ2
雁	ŋæn4 næn4	iæn4	næn4	iæn4 næn4	næn4	iæn4 næn4	iæn4	iæn4	iæn4	iæn4	iɛn4

影疑母开口一二等字的今读情况在德阳方言和南路话中基本相同,大部分读为 ŋ 声母,部分字读为零声母,与北京音接近。

(九) 疑影母开口三四等字今读

表 5-36

方言点 例字	旌阳	罗江	中江	广汉	绵竹	什邡	郫县	彭州	新都	崇州	大邑
约	io2	io2	io2	io2	io2	io5	io5	io5	io5	io5	io5
印	in4	in4	in4	in4	in4	in4	in4	in4	in4	in4	in4
宜	ȵi2	ȵi2	ȵi2	ȵi	ȵi2	ȵi2	ȵi2	ȵi2	ȵi2	ȵi2	ȵi2
严	ȵiæn2	ȵiæn2	ȵiæn2	ȵiæn2	ȵiæn2	ȵian2	ȵian2	ȵian2	ȵian2	ȵian2	ȵian2
言	iæn2	iæn2	iæn2	iæn2	iæn2	ian2	ian2	ian2	ian2	ian2	ian2

疑影母开口三四等字在今德阳方言与南路话中演化情况相同,部分字读为零声母,部分字混入泥母,读为 ȵ。

(十) 以、云母及日母字今读

表 5-37

方言点 例字	旌阳	罗江	中江	广汉	绵竹	什邡	郫县	彭州	新都	崇州	大邑
肉	zu2 zəu4	zəu4	zəu4	zəu4	zu2 zəu4	zəu4	zəu4	zəu4	zəu4	zəu4	zəu4
人	zən2	zən2	zen2	zen2	zən2	zən2	zen2	zen2	zen2	zən2	zen2
荣	yn2	yn2	in2	yn2	yn2	yn2	yən2	yən2	yin2	yin2 yəŋ2	
容	ioŋ2	ioŋ2	ioŋ2	ioŋ2	ioŋ2	ioŋ2	ioŋ2	ioŋ2	ioŋ2	yoŋ2	ioŋ2

以、云母字在今德阳各点方言和南路话中基本都读为零声母。日母止摄如"儿、而"等今都读为零声母，其他字大多声母今读为 z。

(十一) 蟹山臻摄合口一三等端泥精组字今读

表 5-38

方言点 例字	旌阳	罗江	中江	广汉	绵竹	什邡	郫县	彭州	新都	崇州	大邑
堆	tuei1	tuei1	tuei1	tuei1	tuei1	tuei1	tuei1	tuei1	tuei1	tei1	tuei1
短	tuæn3	tuæn3	tuæn3	tuæn3	tuæn3	tuæn3	tuan3	tuan3	tuan3	tan3	tan3
盾	tən4	tən4	ten4	ten4	tən4	tən4	ten4	ten4	ten4	tən4	ten4
遵	tsən1	tsən1	tsen1	tsen1	tsən1	tsən1	tsen1	tsen1	tsen1	tsən1	tsen1
论	lən4	lən4	len4	len4	lən4	lən4	len4	len4	len4	lən4	len4
笋	suən3	sən3	sen3	sen3	sən3	sən3	sen3	sen3	sen3	sən3	sen3

这一部分字在今德阳方言各点与南路话语音特点大部分相同。蟹山摄合口今在德阳话中均读为合口，而在崇州、大邑话中多读开口。其中，崇州话蟹摄端组仍读开口，大邑话蟹摄端组读为合口。臻摄合口一三等端泥精组两者读音基本一致，今部分字无 u 介音，读为开口呼。

（十二）假摄开口三等精组见系字

表 5-39

方言点 例字	旌阳	罗江	中江	广汉	绵竹	什邡	郫县	彭州	新都	崇州	大邑
姐	tɕie3	tɕie3	tɕiE3	tɕie3	tɕiɛ3	tɕie3	tɕie3	tɕie3	tɕie3	tɕi3	tɕi3
借	tɕie4	tɕie4	tɕiE4	tɕie4	tɕiɛ4	tɕie4	tɕie4	tɕie4	tɕie4	tɕi4	tɕi4
夜	ie4	ie4	iE4	ie4	iɛ4	ie4	ie4	ie4	ie4	i4	i4
些	ɕi1	ɕi1	ɕi1	ɕi1	ɕi1	ɕi1	ɕi1	ɕi1	ɕi1	ɕi1	ɕi1

假摄开口三等精组见系字在今德阳地区各方言点韵母读为-ie/-iE/-iɛ，部分南路话如郫县、彭州、新都方言该类字读音特点与德阳相同。但崇州、大邑等地南路话中读为-i 韵，与德阳话有明显差异。

（十三）流摄明母字今读

表 5-40

方言点 例字	旌阳	罗江	中江	广汉	绵竹	什邡	郫县	彭州	新都	崇州	大邑
某	moŋ3	moŋ3	məu3	moŋ3	moŋ3	moŋ3	moŋ3	moŋ3	moŋ3	moŋ3	moŋ3
母	mu3	mu3	mu3	mu3	mu3	mu3	mu3	mu3	mu3	mu3	mu3
贸	moŋ4	moŋ4	məu4	moŋ4	moŋ4	moŋ4	moŋ4	moŋ4	moŋ4	moŋ4	moŋ4
茂	moŋ4	moŋ4	məu4	moŋ4	moŋ4	moŋ4	moŋ4	moŋ4	moŋ4	moŋ4	moŋ4

流摄明母大部分字在今德阳地区和南路话大部分地区今均读为-oŋ 韵，仅德阳中江话今主要读为-əu 韵。

（十四）宕摄入开口三等字今读

表 5-41

方言点 例字	旌阳	罗江	中江	广汉	绵竹	什邡	郫县	彭州	新都	崇州	大邑
略	lio2	lio2	lio2	lio2	lio2	lio5	lio5	nio5	nio5	niɵ5	niɵ5

续表

方言点\例字	旌阳	罗江	中江	广汉	绵竹	什邡	郫县	彭州	新都	崇州	大邑
雀	tɕhio2	tɕhio2	tɕhio2	tɕhio2	tɕhio2	tɕhio5	tɕhio5	tɕhio5	tɕhio5	tɕhiɵ5	tɕhɵ5
约	io2	io2	io2	io2	io2	io5	io5	io5	io5	yɵ5	yɵ5
芍	so2	so2	so2	so2	so2	so5	so5	so5	so5	sɵ5	sɵ5

宕摄入声开口三等字在今德阳地区各方言点中主要读为-io韵，在南路话中主要有io/iɵ两种读法，两者语音特征相似。

（十五）咸山开口入声一二等帮端系庄组、三等知章组字今读

表5-42

方言点\例字	旌阳	罗江	中江	广汉	绵竹	什邡	郫县	彭州	新都	崇州	大邑
答	tɐ2	tʌ2	tʌ2	tʌ2	tʌ2	tʌ5	tʌ5	tʌ5	tʌ5	tæ5	tæ5
辣	lɐ2	lʌ2	lʌ2	lʌ2	lʌ2	lʌ5	nʌ5	lʌ5	lʌ5	næ5	næ5
舌	se2	se2	se2	se2	se2	se5	se5	se5	se5	sæ5	sæ5
腊	lɐ2	lʌ2	lʌ2	lʌ2	lʌ2	lʌ5	nʌ5	lʌ5	lʌ5	næ5	næ5

由表5-42可以看出，这一组字在今德阳地区各方言点中韵母主要有两种读法：-ɐ/ʌ和-e。部分南路话语音特点与德阳方言相似，如郫县、彭州、新都。而崇州、大邑话中，咸山开口入声一二等帮端系庄组及三等知章组字均读为-æ，与德阳方言存在明显差异。

（十六）曾一梗二开口入声帮端知见系字

表5-43

方言点\例字	旌阳	罗江	中江	广汉	绵竹	什邡	郫县	彭州	新都	崇州	大邑
北	pe2	pe2	pE2	pe2	pe2	pe5	pe5	pe5	pe5	pæ5	pæ5
德	te2	te2	pE2	te2	te2	te5	te5	te5	te5	tæ5	tæ5
黑	xe2	xe2	pE2	xe2	xe2	xe5	xe5	xe5	xe5	xæ5	xæ5

曾一梗二开口入声帮端知见系字在德阳地区各方言点及邻近的南路

话方言点中,均读为-e 韵,而在崇州、大邑话中读为-æ 韵。

(十七)臻入合口一三等帮知系端泥组今读

表 5-44

方言点 例字	旌阳	罗江	中江	广汉	绵竹	什邡	郫县	彭州	新都	崇州	大邑
物	o2	vu2	vu2	o2	ʋ2	ɔ5	o5	o5	ɵ5	ɵ5
出	tshu2	tshu2	tshu2	tshu2	tshu2	tshu5	tsho5	tsho5	tsho5	tshɵ5	tshɵ5
不	pu2	pu2	pu2	pu2	pu2	pu5	po5	po5	po5	pɵ5	pɵ5
术 苍术	tshu2	tsho2	tshu2	tshu2	tsho2	tsho5	so5	so5	so5	sɵ5	sɵ5

臻入合口一三等帮知系端泥组在今德阳方言中部分读为 o,部分读为 u。绵竹、什邡两点还有介于 o 与 u 之间的 ʋ 读音。而南路话中基本都读为 o,个别读为 o 的变体,如 ɵ 等,此处我们将 o/ʋ/ɵ 看作同一音位的不同变体,德阳方言与南路话在这一组读音上是相近的。

(十八)臻入合口三等精见组

表 5-45

方言点 例字	旌阳	罗江	中江	广汉	绵竹	什邡	郫县	彭州	新都	崇州	大邑
屈	tɕhio2	tɕhio2	tɕhio2	tɕhio2	tɕhio2	tɕhio5	tɕhio5	tɕhio5	tɕhio5	tɕhyɵ5	tɕhyɵ5
橘	tɕy2	tɕy2	tɕi2	tɕy2	tɕy2	tɕy5	tɕy5	tɕy5	tɕy5	tɕyɵ5	tɕyɵ5
戌	ɕio2	ɕio2	ɕio2	ɕio2	ɕio2	ɕio5	ɕio5	ɕio5	ɕy1	ɕyɵ5

臻入合口三等精见组字在今德阳地区基本呈现 y/io 两读,川西南路话崇州、大邑点主要读为 yɵ。

(十九)山宕曾梗入合口一二等见系今读

表 5-46

方言点 例字	旌阳	罗江	中江	广汉	绵竹	什邡	郫县	彭州	新都	崇州	大邑
括	khue2	khue2	khuE2	khue2	khuɛ2	khue5	khue5	khue5	khue5	khuæ5	khuæ5

续表

方言点 例字	旌阳	罗江	中江	广汉	绵竹	什邡	郫县	彭州	新都	崇州	大邑
国	kue2	kue2	kuE2	kue2	kuɛ2	kue5	kue5	kue5	kue5	kuæ5	kuæ5
获	xue2	xue2	xuE2	xue2	xuɛ2	xue5	xue5	xue5	xo5 kue5	xuæ5	xuæ5
郭	kue2	kue2	kuE2	kue2	kuɛ2	kue5	kue5	kue5	kue5	kuæ5	kuæ5

从表 5-46 可以看出，这一组字在德阳地区各点方言与部分南路话中语音特征相同，基本都读为-ue 韵。崇州、大邑两点读为-uæ 韵，与德阳方言呈现明显差异。

（二十）咸山宕摄入声一等开口见系

表 5-47

方言点 例字	旌阳	罗江	中江	广汉	绵竹	什邡	郫县	彭州	新都	崇州	大邑
鸽	ko2	ko2	ko2	ko2	ko2	ko5	ko5	ko5	kɤ5	kə5	kə5
割	ko2	ko2	ko2	ko2	ko2	ko5	ko5	ko5	kɤ5	kə5	kə5
各	ko2	ko2	ko2	ko2	ko2	ko5	ko5	ko5	kɤ5	kə5	kə5
渴	kho2	kho2	kho2	kho2	kho2	kho5	kho5	kho5	khɤ5	khə5	khə5

由表 5-47 可以看出，这一组字在德阳地区各方言点内部非常一致，都读为-o 韵。与南路话相比较，郫县、彭州两地语音特征与德阳方言相同。而在新都话中，今韵母读为-ɤ，崇州、大邑两地读为-ə 韵，与德阳方言存在明显差异。

（二十一）深臻曾梗入声二三等开口庄组今读

表 5-48

方言点 例字	旌阳	罗江	中江	广汉	绵竹	什邡	郫县	彭州	新都	崇州	大邑
涩	se2	se2	se2	se2	se2	se5	se5	se5	se5	sæ5	sæ5

续表

方言点 例字	旌阳	罗江	中江	广汉	绵竹	什邡	郫县	彭州	新都	崇州	大邑
测	tshe2	tshe2	tshe2	tshe2	tshe2	tshe5	tshe5	tshe5	tshe5	tshæ5	tshæ5
色	se2	se2	se2	se2	se2	se5	se5	se5	se5	sæ5	sæ5
责	tse2	tse2	tse2	tse2	tse2	tse5	tse5	tse5	tse5	tsæ5	tsæ5

由表 5-48 可以看出，深臻曾梗入二三等开口庄组字今在德阳各点方言和部分南路话中语音特征一致，均读为-e 韵，而崇州、大邑两处南路话中读为-æ，与德阳方言存在明显差异。

（二十二）深臻曾梗入声三四等开口帮端见系今读

表 5-49

方言点 例字	旌阳	罗江	中江	广汉	绵竹	什邡	郫县	彭州	新都	崇州	大邑
笔	pi2	pi2	pi2	pi2	piɛ2	pi5	pie5	pie5	pie5	pie5	pie5
匿	ȵie2	ȵie2	ȵiE2	ȵiɛ2	ȵiɛ2	ȵie5	ȵie5	ȵie5	ȵie5	ȵie5	ȵie5
集	tɕie2	tɕie2	tɕiE2	tɕie	tɕiɛ2	tɕie5	tɕie5	tɕie5	tɕie5	tɕie5	tɕie5
吉	tɕie2	tɕie2	tɕiE2	tɕie	tɕiɛ2	tɕie5	tɕie5	tɕie5	tɕie5	tɕie5	tɕie5

由表 5-49 可以看出，深臻曾梗入声三四等开口帮端见系字在今德阳地区呈现-i/-ie 两读，而南路话中基本都读为-ie 韵。从调查的统计字数来看，什邡和绵竹保留-ie 韵的字相对更多，而德阳其他方言点这部分字有的已经读为-i 韵，失去了入声韵的特征，这说明德阳内部各方言点与南路话具有不同程度的差异。

（二十三）曾梗入合口三等见系，通入三等精组见系

表 5-50

方言点 例字	旌阳	罗江	中江	广汉	绵竹	什邡	郫县	彭州	新都	崇州	大邑
育	io2	io2	io2	io2	io2	io5	io5	io5	io5	yɵ5	yɵ5

续表

方言点 例字	旌阳	罗江	中江	广汉	绵竹	什邡	郫县	彭州	新都	崇州	大邑
局	tɕhy2	tɕhy2	tɕhi2	tɕhy2	tɕio2	tɕio5	tɕio5	tɕio5	tɕio5	tɕyɵ5	tɕiɵ5
域	io2	io2	io2	io2	io2	io5	io5	io5	io5	yɵ5	iɵ5
菊	tɕhio2	tɕy2	tɕi2	tɕy2	tɕy2	tɕy5	tɕy5	tɕy5	tɕy5	tɕyɵ5	tɕiɵ5

由表5-50可以看出，这一组字在今德阳地区各方言点与南路话中语音特征相似，基本都读为-io/-yɵ/-iɵ韵，部分方言点中个别字受普通话影响，青年人口语中多读为-y。

（二十四）通摄入声帮端知系今读

表5-51

方言点 例字	旌阳	罗江	中江	广汉	绵竹	什邡	郫县	彭州	新都	崇州	大邑
仆	phu2	phu2	phu2	pho2	pho2	pho2	pho5	pho5	pho5	phɵ5	phɵ5
木	mu2	mu2	mu2	mu2	mo2	mo5	mo5	mo5	mo5	mɵ5	mɵ5
毒	tu2	tu2	tu2	tu2	tu2	tu5	to5	to5	to5	tɵ5	tɵ5
绿	lu2	lu2	lu2	lu2	lu2	lu5	no5	no5	no5	lɵ5	lɵ5

由表5-51可以看出，通摄入声帮端知系字今在德阳地区的旌阳、罗江、中江话、广汉话中主要读为u韵，南路话均读为o韵，两者存在明显差异。而与南路话地理位置相对毗邻的什邡、绵竹两地则与南路话读音相似，读为o韵。

（二十五）咸山摄帮端组开口三四等字今读

表5-52

方言点 例字	旌阳	罗江	中江	广汉	绵竹	什邡	郫县	彭州	新都	崇州	大邑
碟	te2	te2	tiE2	te2	tiɛ2	tie5	tie5	tie5	tie5	tie5	tie5
帖	the2	the2	thiE2	the2	thiɛ2	thie5	thie5	thie5	thie5	thie5	thie5

第五章　从德阳方言与周边方言的比较看语言接触 | 223

续表

方言点 例字	旌阳	罗江	中江	广汉	绵竹	什邡	郫县	彭州	新都	崇州	大邑
铁	thE2	thE2	thiE2	thE2	thiɛ2	thiɛ5	thiɛ5	thiɛ5	thiɛ5	thiɛ5	thiɛ5
列	lE2	lE2	liE2	liE2	liɛ2	tiɛ5	niɛ5	niɛ5	niɛ5	niɛ5	niɛ5

咸山摄帮端组开口三四等字在今南路话中主要读为-ie韵，中江、绵竹、什邡三地韵母读音与南路话基本一致，而旌阳、罗江话中无-i介音，大多读为开口呼-e，广汉话部分读-e韵，部分读为-ie韵，处于由e向ie的变化过程中。

（二十六）山摄入合口三四等、宕江入开口二三等精组见系字

表5-53

方言点 例字	旌阳	罗江	中江	广汉	绵竹	什邡	郫县	彭州	新都	崇州	大邑
学	ɕio2	ɕio2	ɕio2	ɕio2	ɕio2	ɕio5	ɕio5	ɕio5	io5	ɕiɵ5	ɕiɵ5
月	ye2	ye2	ie2	ye2	ye2	ye5	ye5	ye5	io5	iɵ5	ye做月子 iɵ月母子
缺	tɕhye2	tɕhye2	tɕhie2	tɕhye2	tɕhye2	tɕhye5	tɕhye5	tɕhye5	tɕhye5	tɕhiɵ5	tɕhiɵ5
脚	tɕio2	tɕio2	tɕio2	tɕio2	tɕio2	tɕio5	tɕio5	tɕio5	tɕio5	tɕiɵ5	tɕiɵ5

由表5-53可以看出，这一组字在德阳地区各方言点中今有两种读音分布，部分读为-io韵，如"学、脚"等；部分读为-ye韵，如"月、缺"等，南路话崇州大邑两点读为iɵ韵，郫县、彭州、新都话中读音特征与德阳方言相同。

（二十七）古入声调今读

表5-54

方言点 调类	旌阳	罗江	中江	广汉	绵竹	什邡	郫县	彭州	新都	崇州	大邑
古入声	(31)	(31)	(31)	(32)	(31)	33	33	33	33	22	33

南路话区域基本都保留了完整入声调,而德阳方言中,旌阳、罗江、中江、绵竹、广汉古入声调已基本消失,基本派入阳平调,什邡仍保留独立入声调,调值与南路话相近。

四 德阳方言各点与南路话主要语音特征异同分析

我们结合以上27条语音对比特征,列表将德阳方言各点与南路话进行对比,以南路话代表——崇州话的语音特征作为参照,德阳方言各点有与之相似的特征,即用"+"表示,反之用"-"表示,如果该相似特征较为模糊或呈现部分与之相似而部分与之不同,则用±表示,见表5-55。

表5-55　　　　　德阳方言与南路话语音特征比较

方言点 音韵特点	崇州	大邑	郫县	新都	彭州	旌阳	罗江	中江	广汉	绵竹	什邡
古晓组字 u 韵前读 f,其他不混	+	+	+	+	+	+	+	-	+	+	+
泥来母洪混细分	+	+	+	+	+	+	+	+	+	+	+
古浊声母仄声字部分读送气	+	+	+	+	+	+	+	+	+	+	+
深臻曾梗摄入声三等知系声母今读 ts/tsh/s	+	+	-	-	+	+	+	+	+	+	+
知庄章组合流,读 ts	+	+	+	+	+	+	+	+	+	+	+
见系开口二等字蟹咸江梗摄字部分不腭化	+	+	+	+	+	+	+	+	+	+	+
船禅两母今部分读擦音	+	+	+	+	+	+	+	+	+	+	+
影疑母开口一二等今多读 ŋ	+	+	+	+	+	+	+	+	+	+	+
疑开三四等今主要读零声母和 ȵ	+	+	+	+	+	+	+	+	+	+	+
以、云母及日母部分读零声母	+	+	+	+	+	+	+	+	+	+	+
蟹山臻摄合口一三等端泥精组字部分丢失 u 介音	+	+	+	+	+	+	+	+	+	+	+
假摄开口三等精见系字读 i 韵	+	+	-	-	-	-	-	-	-	-	-
流摄明母字读 oŋ	+	+	+	+	+	+	+	+	+	+	+
宕入开口三等今读 o/io	+	+	+	+	+	+	+	+	+	+	+
咸山开口入声一二等帮端系庄组、三等知章组字今读 æ	+	+	-	-	-	-	-	-	-	-	-
曾一梗二开口入声帮端知见系字今读 æ	+	+	-	-	-	-	-	-	-	-	-

续表

音韵特点＼方言点	崇州	大邑	郫县	新都	彭州	旌阳	罗江	中江	广汉	绵竹	什邡
臻入声合口一三等帮知系端泥组读 ɵ/o 韵	+	+	+	+	+	±	−	−	−	+	+
臻入合口三等精见组今读 iɵ/yɵ	+	+	+	−	−	−	−	−	−	−	−
山宕曾梗入合口一二等见系今读 uæ	+	+	+	−	−	−	−	−	−	−	−
咸山宕摄入声一等开口见系今读 ɔ	+	+	+	−	−	−	−	−	−	−	−
深臻曾梗入声二三等开口庄组今读 æ	+	+	+	−	−	−	−	−	−	−	−
深臻曾梗入声三四等开口帮端见系今读 ie	+	+	+	+	+	±	±	±	±	+	+
曾梗入合口三等见系，通入三等精组见系读 iɵ/io	+	+	+	+	+	+	+	+	+	+	+
通入屋韵帮系今读 ɵ/o 韵	+	+	+	+	+	−	−	−	−	±	±
咸山摄帮端组开口三四等字今读 ie	+	+	+	+	−	−	−	−	+	+	+
山摄合口三四等、宕江入开口二三等精组见系字 iɵ/io	+	+	+	+	+	+	+	+	+	+	+
入声调独立	+	+	+	+	+	−	−	−	±	−	+

我们采用与上一小节相同的"语音特征及权重数值"计算方法，将每一个方言点的相似度进行数字统计，并转换为相应的数值，来观察德阳各地方言与南路话之间的相似程度，见表5－56。计算方法说明详见上一节"德阳方言与成都话比较"，语音特点中声韵调权重数值比仍设置为1.8∶1∶7.2。表5－55中声母特征比较条数10条，韵母比较特征16条，声调比较特征1条，如方言点之间27项语音特征均相同或相似，那么最大相似特征权重值为27＋10×0.8＋6.2＝41.2。

表5－56　　　　　　德阳方言与南路话语音特征权重数值

方言点	相似特征数	加权的相似特点条数及加权值	相似特征权重值
崇州—旌阳	16	1/2/3/4/5/6/7/8/9/10，10×0.8＝8	16＋8＝24
崇州—罗江	15.5	1/2/3/4/5/6/7/8/9/10，10×0.8＝8	15.5＋8＝23.5
崇州—中江	14.5	2/3/4/5/6/7/8/9/10，9×0.8＝7.2	14.5＋7.2＝21.7
崇州—广汉	16.5	1/2/3/4/5/6/7/8/9/10，10×0.8＝8	16.5＋8＝24.5

续表

方言点	相似特征数	加权的相似特点条数及加权值	相似特征权重值
崇州—绵竹	18.5	1/2/3/4/5/6/7/8/9/10, 10×0.8=8	18.5+8=26.5
崇州—什邡	19.5	1/2/3/4/5/6/7/8/9/10/27, 10×0.8+6.2=14.2	19.5+14.2=33.7
彭州—旌阳	22	1/2/3/5/6/7/8/9/10, 9×0.8=7.2	22+7.2=29.2
彭州—罗江	21.5	1/2/3/5/6/7/8/9/10, 9×0.8=7.2	21.5+7.2=28.7
彭州—中江	20.5	2/3/5/6/7/8/9/10, 8×0.8=6.4	20.5+6.4=26.9
彭州—广汉	22.5	1/2/3/5/6/7/8/9/10/27, 9×0.8+2.6=9.8	22.5+9.8=32.3
彭州—绵竹	24.5	1/2/3/5/6/7/8/9/10, 9×0.8=7.2	24.5+7.2=31.7
彭州—什邡	25.5	1/2/3/5/6/7/8/9/10/27, 9×0.8+6.2=13.4	25.5+13.4=38.9
崇州—彭州	19	1/2/3/5/6/7/8/9/10/27, 9×0.8+6.2=13.4	19+13.4=32.4

以上方言点中，我们将崇州、大邑作为川西南路话代表点，而郫县、彭州、新都三地作为成都周边南路话代表点，分别以崇州和彭州为代表音系，计算其与德阳方言语音相似特征权重数值，见表5-57。

表5-57　　　　德阳话与南路话相似特征权重数值比较

	旌阳	罗江	中江	广汉	绵竹	什邡	彭州
崇州	24	23.5	21.7	24.5	26.5	33.7	32.4
彭州	29.2	28.7	26.9	32.3	31.7	38.9	—

我们在表5-57中得到每两个方言之间相似特征的权重值。如两个方言点之间27条特征全部对应，那么权重值最大应为41.2。我们将上表中的数值与最大权重值相比，则可以得出方言点之间的相似度，简单计算结果见表5-58：

表5-58　　　　德阳方言与南路话相似度

	旌阳	罗江	中江	广汉	绵竹	什邡	彭州
崇州	58.3%	57%	52.7%	59.5%	64.3%	81.8%	78.6%
彭州	70.9%	69.7%	65.3%	78.4%	77%	94.4%	—

由表5-58可以看出，德阳方言中，与崇州话相似程度最高的是什邡话，相似特征81.8%；其次为彭州话，再次是绵竹话，又次是广汉话、罗江话，与崇州话语音特征相差最大的是中江话，相似程度仅52.7%。与南路话相似度由最大到最小依次为：什邡>绵竹>广汉>旌阳>罗江>中江。另外，与彭州为代表的成都周边南路话的比较中，什邡与彭州话的相似程度最高，为94.4%，其次为广汉，再次为绵竹、旌阳、罗江，与彭州话相差最远的仍然是中江话。相似程度基本与所处的地理位置的远近成正比，离南路话区域越近，语音特征相对更为接近，反之则较远。德阳境域狭长，由东南向西北方向追溯，我们可以看到与南路话的关系逐渐密切的走势。同时，我们观察到，虽然彭州和崇州都属于南路话区域，入声调独立，但是二者相似特征并不是特别高，只有78.6%，这说明成都周边的彭州、郫县、新都三地的语音特征与典型南路话已经有了较为明显的一些区别特征。

第三节　从德阳话、成都话及南路话语音特征的地理分布看其语言接触

通过数据对比，我们得出了德阳方言与成都话及两派南路话之间的相似特征权重值，并由此看出德阳六区县方言中，每个方言点与成都话和南路话之间的对比数据不尽相同。这一方面说明德阳地区各方言点内部存在着一定的语音特征差异，同时也说明德阳方言各点与周边方言的远近亲疏关系不尽相同，我们结合上节列出的具体语音特征条目来进行分析和说明：

（1）古非晓组字的分混问题。南路话区域非晓组字的分混规律基本一致，即古晓组字仅在u韵前读f，如"胡、户、虎"等字声母读为f，其他韵前二者不混。成都话中非晓组混读规律与南路话相同。德阳话中绝大部分方言点与成都话及南路话一致，但中江话中非晓组字的混读规律较为特殊，其历时分化规律与南路话差异较大，本书将在第六章对此进行具体分析。

（2）泥来母洪混细分。这一语音特征在四川方言大部分地区演化规律相同。四川中部包括岷江流域的大部分方言点基本贯穿这条演化路

线，而川东部分区域，如靠近重庆一带的方言，泥来母字则洪细全混。周及徐先生认为，泥来的分化与《切韵》音系相对应，同时，从这一特征的地理分布来看，移民较早覆盖的东部地区泥来全混，而川中大部分地区依然保持洪混细分的特征，由此推断泥来母洪混细分应是南路话固有的语音特征，而并非湖广移民带来而形成的。我们赞同这一推断，德阳地区位于川中，与南路话区域接近，从德阳方言内部泥来母的分化看，各方言点泥来母分化特征一致，与成都话、南路话同。

（3）深臻曾梗摄入声三等知系声母字在南路话区域的郫县、新都、彭州、都江堰等地均存在读卷舌声母字现象，如"直、湿、十、尺"等。

与彭州、郫县、新都三地稍有差异的是，都江堰话中这些入声字除声母读为卷舌外，韵母部分读为-ə，如"质、植"［tʂə5］。孙越川（2011：25）认为，由于入声调和韵母区分的顽固性，使得这些字在与湖广话的竞争中遗留了下来，这种现象是"老四川话"的遗存。但这一语音特征在今德阳话、成都话和川西南路话崇州、大邑等方言点中均无。对于形成这种差异性地理分布的原因，还有待于进一步研究。

（4）假摄开口三等精组见系字，如"姐、借、爷"等字今在成都话及成都周边的郫县、新都、彭州话中均读为-ie，德阳各方言点也读为-ie韵，而在川西南路话中基本读为-i韵。

深臻曾梗入声三四等开口帮端见系字今在川西南路话及成都周边的南路话中也读为-ie韵，与假摄开口三等字今读相同。德阳地区各方言点中保留部分字读为-ie韵，部分字读为-i韵。

在德阳地区及郫县、新都、彭州，包括成都话中，深臻曾梗入声字读音混入假摄麻韵开口三等字，读为-ie。郭丽（2009）认为，这是由于入声韵原塞音尾的脱落，而使得韵母后增生了一个e尾音。由于这些入声字读-ie，逐渐抢占了麻韵的位置，进一步引起麻韵字高化，因此在川西南路话中，麻韵字大部分读为-i韵。

关于深臻曾梗开三四入声今读类型，孙越川（2011）发现四川中东部大部分地区今读-i，岷江流域及灌赤片入声区主要读-ie。这种地理分布类型恰恰说明南路话与湖广话之间的一个竞争演化关系。四川中东部地区受湖广话方言覆盖，今天深臻曾梗开三四入声韵特征已经消失，而德阳地区处在两种方言竞争演化的焦点位置，因此德阳方言中-ie 韵的保留应是湖广话在由东向西影响四川方言过程中留下的底层特征。这个特征随着湖广话方言社会的进一步扩大，以及普通话的进一步影响，正逐渐趋于消失。

（5）臻入合口一三等帮端知系、通入帮端知系字今在南路话中一般读-ɵ 韵，而在德阳地区的旌阳、罗江、中江、广汉话及成都话中这些入声字部分混入模韵，读为-u，绵竹、什邡话与周边彭州、新都、郫县话相同，大部分仍读为-o 韵。

从地理位置上看，这一部分入声字韵母自东向西的一个语音演化路线是 u＞o＞ɵ，读为 u 韵的地区基本已混入阴声韵，ɵ 韵还保留了明显的入声韵特色，而 o 基本介于两者之间的过渡阶段。

（6）曾一梗二开口入声帮端知见系字今读情况。曾一梗二开口入声帮端知见系字今在大邑、崇州话中读 æ，德阳地区各方言点均读为 e，郫县、彭州、新都也读为 e。

（7）古入声调的今读情况。南路话最明显的一个语音特征即入声独立。德阳方言中大部分方言点入声调已经消失，读为阳平调。而靠近南路话区域的什邡话中仍保留了较为完整的入声调。

除了对德阳话与成都话、南路话语音上的主要区别特征进行分析，并结合这些特征描绘其地理分布外，我们还需要根据这些地理分布来寻求同言线的分布与走势，以进一步分析德阳方言内部的结构和层次。我们以上文德阳话与南路话比较的 27 条语音特征作为线索，首先排除德阳话、成都话及南路话三者共有的语音特征，取其主要的语音比较特征来绘制同言线。

1. 古晓组字 u 韵前读 f，其他不混。
2. 深臻曾梗摄入声三等知系声母今读 tʂ/tʂh/ʂ。
3. 假摄开口三等精组见系字读 i 韵。
4. 流摄明母字读 oŋ。
5. 咸山开口入声一二等帮端系庄组、三等知章组字今读 æ。
6. 曾一梗二开口入声帮端知见系字今读 æ。
7. 臻入声合口一三等帮知系端泥组读 ɵ/o 韵。
8. 山宕曾梗入合口一二等见系今读 uæ。

9. 咸山宕摄入声一等开口见系今读 ə。
10. 深臻曾梗入声二三等开口庄组今读 æ。
11. 通入屋韵帮系今读 ɵ/o 韵。
12. 咸山摄帮端组开口三四等字今读 ie。
13. 入声独立。

方言分区通常要以同言线作为重要的参考标准之一。最大的同言线束穿过川西南路话与彭州、郫县、新都交界之地，因此我们可以认为崇州、大邑、都江堰再往西的方言属于典型的南路话区域，而郫县、新都、彭州方言的一些特征已经体现出逐渐向湖广话靠拢的趋势。第13条语音特征将什邡同德阳其他区县相隔开来，而与南路话语音特征基本相同。第1、4特征将中江话与德阳其他区县隔开，因其具有不同于南路话也不同于周边同行政区域内方言的特征。

第四节　德阳话与周边方言语音特征不同地理分布的历史成因

赵元任先生（1980：104）曾提出："原则上大概地理上看得见的差别往往也代表历史演变上的阶段。所以横头头的差别往往就代表竖里头的差别"。结合德阳方言语音演化与接触的实际，我们认为，这里的"竖"并不仅仅指语言内部演化的历史，还包括从语言外部因素去追溯影响语言变异的过程。我们试从德阳地区与成都话、南路话语音特征的差异性地理分布去探寻其形成的历史原因。

一　历史移民因素

关于德阳地区的历史移民情况，本书绪论一章已有相关描述。由于战乱、天灾等原因，明末清初时期的四川地区土著人口锐减，而相较之下川西南一带人口受损情况稍有减轻。据曹树基（1997：74）考证，"成都平原两侧的龙安、嘉定一带情况要好一些……西部的雅安一带也因战事较少，人口稍有保留。"这也意味着当时南路一带土著人口数量尚占部分比例。而纵观整个四川地区的历史移民情况，元明清的外来移民在四川各地落户的情况具有不均衡性。

湖广移民的路线大致是自东向西推进的。从移民入川落户的数量来看，各地移民选择落户的地区有一定差异，其中最靠近湖广的川东地区成为移民密集地带，其次就是成都府，这是由于成都府地处四川盆地成都平原，又是四川地区的经济和政治中心地带，因此吸引大量外来移民来此聚居。而成都府再往西南方向的眉州、邛州、嘉定府、雅州府等移民数量大大减少。从移民落户的地点来看，川西南区域受外来移民方言相对较小，保留当地土著方言的特点相对较多。根据历史移民的情况，再结合今天德阳话、成都话与南路话的语音特点来看，今天的德阳话与成都话基本都属于湖广话体系，大邑、崇州等南路话区域较多保留了移民前四川土著方言的特征，而处于德阳、成都及典型南路话区域交界的郫县、新都、彭州等地则处于两种层次方言影响的叠置地带，兼有湖广话与南路话特征。

二 地理条件因素

德阳地区从地理条件上来分，大致可以分为三个部分，位于东南部的罗江、中江属于丘陵地区，中部的广汉、旌阳属于成都平原地区，西北部的什邡、绵竹属于龙门山脉中段地区。一般说来，地势平坦的盆地平原地区、人口来往较频繁的地区经济政治中心等地，与周边方言密切接触的程度较高。而地势陡峭的高山及丘陵地区，由于地理上的阻隔和交通条件的不便，这些地区的语言面貌通常较为保守，与周边方言之间的接触也大大减弱。元明清时期的湖北移民一般遵循自东向西的填川路线，由于迁移路途遥远，移民较多停留在川东一带，再逐渐向四川中西部迁徙。地域上他们一般多选择平原或丘陵地带，以便占地开垦。德阳地区由于复杂的地形分布，使得外来移民在地域选择上多有向平原丘陵地带倾斜，而较少进驻交通条件不便及生活条件艰苦的山区，因此，什邡、绵竹两地可能相对吸引外来移民的数量较少，语言上受湖广话影响相对要小。另外，山川阻隔等原因使得这些地区受战乱影响也相对较小，人口受损程度相对平原地区也小一些，这也在一定程度上限制了外来移民的大量填入。"德阳、罗江、绵竹的平坝及浅丘地带土著人口较少，有的是康熙以后从外地返回原籍者。但在龙门山和龙泉山区的深山茂林处，明代土著较多，可惜目前没有具体的文史资料记载。"① 清康熙十九年（1680年），全国划分为十八个行省，省辖府、府辖县，把普通州与县并列为一级。什邡县直接隶属于四川省承宣布政使司川西道成都府。清朝初年未撤县，与汉州（今广汉、单州）并列，从一定程度上表明相较德阳其他地区，该地区人口没有剧烈缩减。

成都地处整个四川地区的中心位置，其重要的经济和政治地位吸引了众多元明清时期的外来移民，因此成都话受湖广移民方言影响很大，而成都周边的郫县、新都、彭州等地由于地理位置相对偏僻，又与南路区域的邛崃、大邑、崇州等地毗邻，因此保留了一些南路话方言特征，没有完全与成都话走上共同的演化道路。

同时，我们从同言线图可以看到中江地区的语音特征具有一定的特殊性。中江县为丘陵大县，全县绝大部分为丘陵地形，尤其中江南边的集凤、万福、冯店等地区地处深丘带，与外界接触少，过去大部分中江人往往"脚不出县"，甚至"脚不出乡"。地理的隔绝使得中江地区的经济、文化发展相对滞后，同时也使得语言接触变异相对滞缓。元明清时期大量移民来此落户以后，外来方言对土著语言产生了深远影响，而地理上的封闭性使得其保留了较多移民方言特征，这些语言形式使其与周边同处丘陵地区的遂宁、乐至方言具有了一定的相似性，而在一定程度上与德阳地区区县方言存在着差异。

三　建制沿革与行政区划的变动

梅耶指出："语言区域的分界常与古代的行政区域相符。……由于这些区域的划分实际上与自然的要求相符，因此，语言间的相似无疑也可以用这些关系来加以说明。"② 崔荣昌先生（1996）认为："因为长期居住在同一行政区域内，不同的方言会有更多的机会发生融合而变得日趋接近。"

德阳地区西北部毗邻川西南路区域。1952年，党中央国务院恢复

---

① 冯菊：《德阳宗族的来源及祠堂的兴废》，载《德阳文史资料选辑·第14辑》（内部资料）1996年版。
② ［法］A. 梅耶：《历史语言学中的比较方法》，岑麟祥译，载《国外语言学论文选译》，语文出版社1992年版，第42页。

四川省建制，设立四川省温江专区，属地级市，包括今天的成都市温江区（包括今天青羊区的苏坡街道、黄田坝街道等地）、新都区、郫县、双流县、新津县、蒲江县、彭州市、崇州市、都江堰市、广汉市、什邡市、绵竹市等地。1983 年，国务院撤销温江地区，其大部分行政区划归成都市，而广汉县、绵竹县、什邡县和绵阳地区的德阳县、中江县等组成今天的四川第二大工业城市——德阳市。我们从德阳境内区县的历史沿革可以了解到，什邡、广汉、绵竹市由于 20 世纪 80 年代之前一直划归温江区管辖，而温江区中所辖区县方言基本都属于南路话音系。因此，我们认为，什邡、广汉由于地理和历史沿革和行政区划的原因，与"南路话"有较为密切的接触关系。由德阳历史上行政区划的变动我们可以看到原什邡地区与南路话区域在地理和历史沿革上的密切关系。什邡话因此体现了更多"南路—湖广"方言过渡地带的特色。

而德阳中部地区的旌阳、罗江自元明清以来一直属绵阳区管辖，1983 年德阳建市以后划归德阳市管辖。中江县自宋以来一直归潼川府管辖，与安岳、乐至等地同属一个行政区域，1958 年后改属绵阳，1983 年改属德阳至今。总体说来，德阳地区在古代行政划分上，处于成都、绵州、潼川三个行政区域的接触地带，语言上也体现出接触特征。这些语音特征为研究语言接触现象提供了重要的线索，同时也为揭示德阳地区方言的历史层次提供了有力的证据。

苏晓青、许井岗（2013）认为："通常人们对自己所在区域的文化习俗无形之间会形成一种归属感，表现在语言上就是一种对母语的认同，这种归属倾向使他们在使用语言上认同同一个行政区划内的语言，从而尽力维持属于他们自己的语言习惯和语言特征。"这说明行政区域的格局在一定程度上也会影响方言分布格局。德阳六区县内部语言特征的异同充分体现出历史移民及地理条件、行政区划对方言的影响。我们发现，各区县之间的语音差异随着行政区划的统一，纳入德阳市行政区域内以后，其内部六区县之间的接触频繁，而境内的人民也因行政区域的统一而在语言态度上更多地体现出对中心城区方言即旌阳话的认同，与区域内中心方言产生一种亲切的"邻居效应"。我们由广汉方言入声的渐趋消失可以看出此趋势。什邡话也有个别字开始入归阳平，或许在一定时期内也将逐渐与德阳境内其他区县方言特征更加趋同，与南路话差异越来越明显。

还需注意的是，成都作为整个四川乃至西南地区的政治经济中心，成都话处于地区通语和强势方言的地位，南路话由于与成都话语音差异明显，加之目前交通条件及大众媒介传播的加速完善，操南路话口音的年青一代开始改说成都话，随着成绵乐城市一体化的到来，可能进一步加深语言之间接触的密切程度。

历史移民、地理条件、行政区划等因素一方面使得德阳方言与周边方言的接触变得深入，同时也使得德阳方言内部各区县之间的方言有着纷繁复杂的接触演变关系。我们要分析德阳方言的内部层次，一方面要从其自身历时的演变入手，更重要的是考察其与周边方言的接触演变关系。德阳地区由于内部各区县的地理条件有所不同，使得外来移民在选择地点上有所侧重，形成移民语言与德阳当地土著语言接触的不均等性。同时，由于历史行政区划的不同，部分区县在历史上一直归属其他行政辖区，这就使得这些区县的方言在一定程度上同其他与之邻近的同区域内方言密切接触，而形成今天德阳各区县方言语音特征上的差异。然而，我们从今天内部区县方言的一些演变趋势及个别语音特征的变异，可以看出今同属德阳行政区域的各方言之间正发生着语言趋同现象。

综上所述，德阳地处湖广话与南路话两种不同层次方言区域的边界地区，与这两种方言具有密切的接触关系。德阳方言作为方言边界地区的语言接触的实例，展示了接触过程中正在发生的现象：成都话作为强势方言，对周边方言的辐射性影响进一步加大，使得南路话区域板块不断向岷江以西以南的方向退缩。

第六章　从特殊音变看历史移民与方言接触

第一节　中江话 x/f 混读现象分析

何大安先生认为 F/X 在西南地区，一般有两种演变方向：一种是都演变为 X；另一种是都变成了 F。其中，RA/RB/RD 都是朝 F 的方向变，只是程度不同；RB-1/RA-1/RC 都是朝 X 方向变，也存在程度的不同。何将这种变化规律简化为：

X > RA > RB > RD > F
F > RB-1 > RA-1 > RC > X

何认为四川、云南和湖北的西南官话，变化都比较单纯，一般都只具备 RA/RB/RC 中的一种规律，但湖南及邻近湖南的湖北赣方言情况较复杂，将 X/F 的混读规律交织在一起，形成音韵妥协的现象。同时，何提到，这种现象极有可能和湘语型的 RB 类型与西南官话的 RA 类型的交汇传播有关。

中江话一方面非组字有部分向 X 演变，另一个规律又表现出晓组字今向 F 的演变，RB 和 RB-1 两种混读规律交织其中，两种演变方向产生拉锯力量，形成音韵妥协现象。何大安先生认为 RB 在本质上是一条消极的规律，因其只限制哪些音不能发生变化，即限制 X 在 o, -oŋ 前读为 x，其他混读为 f。他认为 RB 类型在湘语、西南官话及赣语中都存在。在湘语和西南官话中，RB 规律涉及的音韵部分都是读成-oŋ 的通摄字，而在赣语内部是读成-oŋ 的宕摄字，三地之间的内部音韵结构有差异，虽然在类型上属于同一种类型，但是何大安认为这只是一种比附演变。反过来我们是否可以认为，既然这条规律可以越过方言间的地域鸿沟，那么中江话呈现的 RB 规律应是越过了和其毗邻的旌阳区等地，受到元明清时期湖广移民方言底层的影响或刺激，呈现出和其相隔遥远的方言之间的比附演变。

何大安先生将赵元任等（1948）和杨时逢（1969、1974、1984）的湖北、云南、湖南、四川四省方言调查报告的数据进行归纳，其中与中江话同属 RB 类型的四川地区有武圣、永川、乐至、遂宁、巫溪 5 个点，而湖南地区属于该类型的共有 32 个点，湖北地区有麻城、蒲圻等 8 个点。李永新（2009）认为湘江流域方言中非晓组字的混读情况为："湘江流域，许多方言古晓母合口字今读 f 声母，由 f 与普通话中 xu-对应"。四川地区今具有这种类型的方言点主要为中江及毗邻的丘陵地区乐至、遂宁两地，其余三个点为川东重庆一带。崔荣昌先生曾经调查过中江地区的"老湖广话"，经过实地的调查走访，他认为在中江县内多个乡镇仍保留有湘方言岛。在调查中江境内"老湖广话"的代表永兴话时，崔先生记录了永兴话的非晓组读音情况：中古晓匣两母（包括邪母个别字）在合口韵前一律读 f-，而非、敷、奉三母的通摄合口三等字一般读 x-，临近的金堂竹篙话也具有这一特点。① 这一特征与笔者调查的中江城区话规律相同，说明中江境内 RB 类型的混读规律较为普遍。中江、乐至、遂宁三县毗邻，历史上曾在很长一段时间属于同一行政辖区，因此在方言特点上较为接近。同时，这三地也是元明清时期湖广移民来川较为集中的地区，又由于该地地处丘陵地带，地理位置相对偏僻，其语音面貌中的湖广话特征得以保留。因此，我们推测：中江话独特的 f/x 混读现象是由于历史上的湖广移民尤其是湖南湘语所形成的方言植入性特征。

第二节　从影疑母字演化规律看德阳话与湘赣方言之间的历史联系

疑母在中古的拟音为 ŋ、影母为 ʔ（或作 ø），二者在方言中的合流经历了较为漫长的时间。叶祖贵（2010）将《中原音韵》的影疑母与

---

① 崔荣昌：《四川境内的湘方言》，台北中研院历史语言研究所 1996 年版，第 45 页。

古八思巴字对照，发现疑母的开口字多读 ŋ 声母，与影母仍存差异。到了明清时期，北方方言区的影疑母逐渐合流，但在南方方言中影疑母仍没有合流。

赵学玲（2007）根据北方方言影疑母在开口呼前的读音情况分为北京型、济南型、天津型、洛阳型和合肥型。其中济南型读 ŋ 声母，包括冀鲁官话、中原官话、兰银官话、西南官话及晋语的大部分地区。将南方方言分为湘赣型、吴闽客型和粤语型三种。其中湘赣型特点是：开口呼和合口呼里，影疑二母合并，开口呼多读 ŋ 声母，合口呼多读零声母；在齐齿呼和撮口呼里，二者大多不混，影母读零声母，疑母读 ȵ 声母。我们试图将德阳话①放在北方方言和南方方言中进行对比，看出其与其他方言间演化规律的异同，见表 6-1②：

表 6-1　　　　　　　德阳方言与北方方言代表点影疑母字例字

类型	代表分布点	袄影	鹅疑	安影	恩影	昂疑	藕疑
	德阳	ŋau3	ŋo2	ŋæn1	ŋen1	ŋaŋ2	ŋəu3
北京型	北京	au3	ɣ2	an1	en1	aŋ2	ou3
	昆明	ɔ3	o2	ā1	ē1	ā2	əu3
济南型	济南	ŋɔ3	ŋe2	ŋā1	ŋē1	ŋaŋ2	ŋou1
天津型	天津	nau3	nɣ2	nan1	nən1	naŋ2	nou3
洛阳型	洛阳	ɣɔ3	ɣe2	ɣā1	ɣe1	ɣaŋ2	ɣɤu3
合肥型	合肥	z̞ɔ3	ʋ2	z̞æ1	z̞ən1	z̞ā1	z̞ɯ3

从影疑母字开口呼在北方方言中的分布来看，德阳话和济南型演化规律基本一致。但对于影疑母字在齐撮口韵母前读音的分化，赵学玲引用了《汉语方言字汇》中的材料，认为北方方言中，四呼的每一呼读音都相同，如西南官话成都话，影疑母在开口呼前读为 ŋ，而在齐撮前均读为零声母，这与我们今天调查的数据不同。四川地区的西南官话

---

① 关于影疑母字的演化规律，德阳六区县内部基本一致，因此，我们在表中将其合为一个点来和其他方言点进行比对。
② 例字引用自《汉语方言字汇》（第二版），语文出版社 2003 年版。

中，包括德阳在内的大部分地区都存在影疑母字在齐撮口前读为舌面化声母 ȵ 的情况。这个特点与大部分北方方言有所不同，而与南方部分方言有着相似之处。然而南方方言中影疑母字的演化规律较为复杂，我们列举影疑母在齐撮口韵母前的例字进行观察，见表6-2：

表6-2　　　　德阳方言与南方方言代表点影疑母字例字

类型	代表分布点	约影	渊影	夜以	宜疑	严疑	逆疑
	德阳	io2	yæn1	ie4	ȵi2	ȵiæn2	ȵie2
湘赣型	长沙	io5	yē1	ie4 文 ie4 白	ȵi2 i2 白	ȵiẽ2 文 ȵan2 白	ȵi5
	南昌	iɔk5	yɔn1	ia4	ȵi4 文 i4 白	ȵiɛn4 文 ŋɔn4	ȵit5
吴闽客型	苏州	iɔʔ5	jiøl 文 iøl 白	ji4	ȵi4	ȵi2	ȵiɪʔ5
	梅县	iɔk5	ian1	ia4	ȵi2 文 i2 白	ȵiam2	nit5
	厦门	iɔk5 文 iɔʔ5	iɛn1	ia4	gi2	giam2	gɪk5
粤语型	广州	jœk33	iyn1	jɛ4	ji2	jim2	jik5 文 ŋak5 白

从表6-2我们可以看出，德阳话影疑母字在齐撮前的分化演变规律与湘赣型方言基本相同。而这种演化规律的相似，是由于方言之间有一定的历史源流关系，还是语言内部的发展规律刚好促成的巧合？我们更倾向于前一种推断。

德阳乃至整个四川西南官话除了与湖北西南官话有密切的联系外，与湘语、赣语都有较深的接触。崔荣昌先生（1996）提到过四川西南官话与长沙话之间的对应联系。崔先生曾以成都话为出发点，将成都话的903条词语与17个方言点分别进行异同比较。比较的结果为：与成都话最为接近的是同属西南官话的昆明话，而其次是长沙话，与昆明话相同词条526条，相同比例为58.3%；与长沙话相同词条496条，相同比例为54.9%。南方方言中，除长沙话外，与成都话词语使用最相似的就是南昌话，名列北京话之前。崔先生用词语相似度来考证成都话与湘赣方言之间的亲密关系，并由此进一步推断湘语对四川官话的深远影响，而这种影响是由于元明清时期"湖广填四川"，湖南湘语区移民入川造成的。

德阳话中影疑母字读音的演化规律与湘赣方言相同，进一步证实了崔先生的推断。从移民史的角度考察，湘赣型方言在湖北地区也有分布，元明清时期湖北地区的移民大量遍布于德阳乃至大部分四川地区。据张国维（1995）统计，明代江西迁入湖广的人口占历代江西迁入湖广人口的63%以上，迁入湖广的江西移民主要是江西北部和中部的居民，特别是赣江中下游和鄱阳湖东部平原地区迁出的居民最多，占总移民数的78.7%，这些地区也正是经济水平高且人地矛盾突出的地方。同一时期湖南地区迁入的移民有73.1万，占整个地区278.7万人口总数的26.2%。其中江西籍人口有57万，占移民的78%左右。而湖北地区则更为突出，在明洪武年间湖北地区174万的人口中，移民占98万，为总数的56%，而在这98万的人口中，江西籍的人口有69万，占移民总人口的70%。从这些数据可以看出明朝时期江西人口大量输入湖广地区，反映了"江西填湖广，湖广填四川"的移民进程。据葛剑雄（1997）考证，明初入川移民也以湖北人为主，其中多麻城籍。所谓迁自麻城的湖北人很多是江西籍，实际上四川的移民来自湖北、江西两地。今日四川方言是明初湖北的西南官话混合江西方言以后向西传播的结果。因此，影疑母字的分布特征说明，四川地区的西南官话并不是典型的北方官话，而是处在北方方言与南方方言过渡地带的方言。

第三节　中江话流摄明母字的演变

流摄明母字今在四川方言大部分地区均读为 oŋ 韵，但中江话例外，仍读 əu 韵。《报告》后面的附图十二描绘了这一语音特征的地理分布：流摄明母今读 əu 韵今主要分布在川东达县和重庆地区的秀山、酉阳、彭水、黔江、石柱、忠县、万县、云阳、奉节、巫山等地。除此以外仅川中丘陵地区的中江、乐至和遂宁三地具有此特征。除庄组流摄字"皱"以外，明母流摄字在川中地区的中江、乐至两地韵母读音均读为 -əu，遂宁地区为 -nɛ、-oŋ 两读，这与非晓组相混规律在四川地区的地理分布有着高度的相似特征。

　　从地理上看，中江与乐至、遂宁三县毗邻，位于川中丘陵腹地，地理位置相对偏僻，因此同外界的交流相对较少，受周边语言影响相对较小。同时，中江县在历史上的划属自唐以来一直属潼川府辖，1958年改属绵阳专区，一直与遂宁、蓬溪、安岳、乐至等县同属一个行政管辖区域，直至1983年改由德阳市管辖。因此，这三县在明母流摄读音特征上形成了一个小的同言线圈，滞留在川中丘陵地区，像一个小型孤岛，与川东重庆地区遥相呼应。

　　中江地区与重庆相隔较远，但二者却在明母流摄字的演化特征上如此一致，我们认为这不是语言自身演变过程上的巧合，而是历史上湖广移民方言在自东向西的覆盖过程中留下的痕迹。我们试图从湖广地区流摄明母的读音来寻找线索。《湖北方言调查报告》（杨时逢，1948）记录：今湖北麻城话中，"某、谋"韵母为əu，"亩"韵母读为oŋ；武汉话中"某、亩、谋"韵母均为əu，与重庆接近的钟祥、恩施、宜昌话中均存在流摄明母今读əu韵的现象。除了湖北西南官话，湘方言中也有明母字读əu韵的特征。彭建国（2006：128）考察湘语中流摄字的历史演变情况，发现尤侯韵唇音字在湘方言中大部分转入了鱼模韵，但明母字一般仍归尤侯，如"亩、某、牡、茂、贸、谋"等字。

　　由此可见，今湖北、湖南大部分地区均存在流摄明母仍读əu韵的现象。这种语音现象今天在四川地区的地理分布较为特殊，主要为川东重庆地区、川中中江和乐至、遂宁三地，两个片区在地理上并不相连，但语音特征却如此一致。我们联系历时移民的情况来看，重庆地区地处湖北、湖南移民向西迁入四川的喇叭口地区，"是湖北通向四川的移民走廊的东头"[①]。因此语音特征上与湖北、湖南地区有较多相似性。明母流摄读为əu韵这一特征主要原因一方面是由于这些地区处于湖广移民的交通要道，且是湖广移民的主要聚居地，同时地理位置上又与湖北地区毗邻，受周边湖北方言的影响较深。而四川中部地区中江、乐至、遂宁这三地地处川中丘陵地带，交通多有不便，地理位置偏僻，与外界

[①] 周及徐：《从语音特征看四川重庆"湖广话"的来源——成渝方言与湖北官话代表点音系特点比较》，《四川师范大学学报》（社会科学版）2012年第5期。

交流甚少，今天这三地境内仍遗留有较多湘方言岛，如中江县的永兴话，乐至靖州腔等。我们由此推测：由于明清时期大量湖广籍移民来到中江地区，流摄明母读 əu 韵这一语音特征也在语言接触过程中逐渐植入当地语音系统。由于其地理上的封闭性及行政区域上与乐至、遂宁之间的紧密性，使得这三地这一语音特征在周边湖广话的包围中没有被同化，语言演变速度相对滞后，湖广地区来源的方言特征得以保留。

第四节　蟹摄字开口二等见系字的流变

蟹摄开口二等见系字在今天德阳地区方言中主要读为-iai 韵，这些字声母基本已腭化。声母仍为喉牙音的，韵母为-ai。这种情况目前主要存在于文读和白读的对立中，见表 6－3：

表 6－3　　　　　　　德阳方言蟹摄开口二等字演化例字

韵摄	蟹摄							
	开二皆韵	开二皆韵	开二皆韵	开二皆韵	开二佳韵	开二佳韵	开二佳韵	开二皆韵
声母	见	见	见	见	见	见	匣	匣
例字	皆	介	界	戒	懈	解	鞋	械
旌阳	tɕiɐi45	tɕiɐi324	tɕiɐi324	tɕiɐi324	ɕiɐi324	tɕiɐi51 文 kɐi51 白	ɕiɐi31 文 xɐi31 白	ɕiɐi324
中江	tɕiai45	tɕiai324	tɕiai324	tɕiai324	ɕiai324	tɕiai52 文 kai52 白	xai31	ɕiai324
绵竹	tɕiɐi45	tɕiɐi214	tɕiɐi214	tɕiɐi214	ɕiɐi214	tɕiɐi52 文 kɐi52 白	xɐi31	ɕiɐi214
什邡	tɕiɐi35	tɕiɐi214	tɕiɐi214	tɕiɐi214	ɕiɐi214	tɕiɐi51 文 kɐi51 白	xɐi31	ɕiɐi214
罗江	tɕiɐi44	tɕiɐi324	tɕiɐi324	tɕiɐi324	ɕiɐi324	tɕiɐi52 文 kɐi52 白	xɐi31	ɕiɐi324
广汉	tɕiɐi35	tɕiɐi324	tɕiɐi324	tɕiɐi324	ɕiɐi324	tɕiɐi51 文 kɐi51 白	xɐi32	ɕiɐi324
成都	tɕiai45	tɕiai213	tɕiai213	tɕiai213	ɕiai213	tɕiai41 文 kɐi41 白	xai21	ɕiai213

由表6-3可知，蟹摄开口二等见系字大部分字都带上了i介音，少部分白读音读为开口呼，声母没有发生腭化。旌阳话中，山摄开口三等见系个别字，如"筵、延"二字的韵母也读为iai。

郑张尚芳先生（2002）就曾指出"增生介音i，在以e/ɛ为主元音的韵里，是更常见的音变。不管在方言或雅言的历史音变里，e的裂变都是值得首先注意的规律。"刘泽民（2004）观察客赣方言的历史层次时，也注意到了这一现象，如瑞金方言中一些有i介音的字，主元音都是e或ɛ。刘雪霞（2006）通过河南陕县原镇店方言蟹摄二等字的读音情况证明：i介音的产生，是与主元音有主要关系的。她观察到北京话已经有介音的字，在陕县方言中无介音，如"街"［kai］，"鞋"［xai］，另一些普通话中有介音，陕县话也有介音，如"戒"［tɕiei］，"皆"［tɕiɛ］，因此她认为蟹摄二等i的有无，是由韵的不同作为条件的，这些差异主要在于韵母主元音舌位的高低。凡有i介音的，都是舌位高的前元音ɛ或e，如"怪、皆"韵；而没有i介音的，都是低元音a，如"佳、蟹"韵。同时，刘参考了武汉方言中，蟹摄见系二等字都没有i介音，声母没有腭化，韵母都读ai，主元音都是低元音a，因此作为i介音的产生与元音的高低有着必然联系。刘宝俊（1998）观察了湘方言及吴方言中，i介音不仅出现在侯、痕、登韵外，还出现在山摄、咸摄及蟹摄开口一等韵中，因此他认为：a元音和e元音韵在现代方言中产生了i介音，实际上是两种不同音变来源的结果，a元音产生i介音，是a元音前移，上升为e/ɛ/æ之后才产生了i介音的，而e元音产生介音i则是历史上早已发生的音变。

但这些解释用在德阳方言的现状中显然有些牵强。蟹摄开口二等见系字在今德阳、成都等西南官话区都有读-iai的例子，主元音为a，但同样出现了i介音。首先我们认为普通话中蟹摄开口二等见系今读-ie韵，并不是主元音衍生出前高性质的i介音，而是由于腭化以后的舌面化声母催生了i介音。同时，由于i的前高特征，带动了中古皆佳韵高化为-ie。而德阳话中-iai韵的产生则并非语音自身演化的结果，应是受其他因素的影响。

我们以"解"为例来观察蟹摄见系字在今天德阳话中的演变情况。"解"字在"解手""解开""解刀"等组合中，大多数人仍读为［kɐi］，韵母为-ɐi。但大多数字文读中均读为-iai韵，这种现象在四川西南官话中普遍存在。另外，叶祖贵（2010）调查河南信阳地区语音情况时也发现有此现象，他认为-iai韵并不是其自然发展的结果，而是受到普通话的影响而出现的，是一种受异质因素影响而形成的音变现象。徐通锵先生（1991）将方言内部自身语音演变称为连续式音变，而受外来强势方言的影响而造成的音变称为"叠置式音变"。笔者在调查时发现德阳地区的-iai韵母的出现，也是一种由于与普通话接触并受其影响而发生的叠置式音变。陈保亚先生（2006）[①]关注过德阳话中此现象，并从语言接触的角度分析了这种方言接触中的叠置现象。他以"解"字为例分析其分布条件，发现方言接触中的叠置现象，见表6-4：

表6-4

德阳话	分布条件
kai51/tɕiai51	解开、解手、解刀
kai51/tɕiai51	解释、解决、解放、调解、分解、缓解、化解、讲解、解毒、解救
tɕiai51	误解、无解、解题、电解、费解、解雇、解禁、解渴、和解、见解

陈保亚先生认为叠置的条件是，说低阶方言者能够在低阶方言和高阶方言之间建立语音对应。我们从上表中发现"解开""解手"组合中大多数人仍读为-ai韵，由于该组合在口语中使用频率非常高，受普通话影响相对较弱，仍顽强地保留了原方言的语音特点；而在使用频率相对较低、书面语特征逐渐凸显的词组中，则发生明显的文白叠置现象，如"解释""解放"等词中，"解"呈现两读情况，读为［kai51］或声母腭化后读［tɕiai51］；在典型的书面用语中，"解"字基本向普通话音靠拢，读为［tɕiai51］。在这一组方言接触现象中，德阳话作为低阶方言，普通话作为高阶方言，德阳人能够通过汉字或语素意识到普通话的tɕ-和德阳话一部分字的k-对应，并可能让德阳话的声母向普通话靠拢，把k-读成tɕ-，这样，高阶方言通过叠置影响了低阶方言的结构特征。

[①] 陈保亚：《从方言接触看濒危方言、濒危特征和濒危机制》，《长江学术》2006年第1期。

同时，我们注意到，德阳方言作为低阶方言在受高阶方言影响时，并不是连同韵母全部产生叠置式音变，只是在韵母前增加了i介音。德阳人在说话过程中意识到普通话与德阳话中蟹摄二等字的对应事实上并不是一种临时的借用，而是基于一种借用原则：最小借入原则。① 低阶方言在引入高阶方言作为文读音时，一般要遵循最小借入原则，即一种语言或方言是一个相对稳定的结构，在借入高阶语言或方言的文读音时应尽量顾及自身音系结构，尽量用已有的音节结构，而不引入新的结构。因此，德阳方言韵母结构中由-ai增加了-iai韵母，而-iai并没有进一步演化为-ie。

"解"等字在德阳话中老派文读为舌根音声母，韵母为-ai韵，受异质因素即普通话影响后，声母腭化，多了一个i介音，但韵母并没有受i牵引而产生高化现象。那么，声母腭化以后的舌面声母后面i介音的出现是何原因？我们可以从发音学的角度，进一步来解释德阳人是如何确定普通话的tɕ-和德阳话一部分字的k-对应。

关于声母腭化后产生介音i的原因，黄侃先生提出过声韵相挟而变理论："凡音之成，合声韵而成。"②"古声既变为今声，则古韵不得不变为今韵，以此二物相挟而变。"③ 他认为声与韵是相互关联制约的，古声母发生变化，必然同时是古韵母发生变化，反之亦然。王力先生（1980）谈到介音i的由来有这样一段分析："本来没有韵头的开口呼，在发展过程中插入了韵头i。这要具备两个条件：（1）必须是喉音字（指影晓匣见溪疑六母）；（2）必须是二等字。总结汉语语音演变的总体规律时王力先生认为："单拿舌头来说，同一时代，舌头的向前移动或向后移动，要看韵母来决定。近代tɕ、tɕʰ、ɕ的形成是一个典型的例子。齐撮呼的k、kʰ、x从后面来，ts、tsʰ、s从前面来，汇合在舌面上，因而舌面的中部正是齐撮呼的韵头i、y的发音部位，同时也正是辅音tɕ、tɕʰ、ɕ的发音部位。但是，一般说来，语音的演变是朝着一定的方向前进的，不是时进时退的。"④

---

① 彭建国：《湘语音韵历史层次研究》，上海师范大学博士学位论文，2006年，第88页。
② 黄侃、黄焯：《文字声韵训诂笔记》，上海古籍出版社1983年版，第143页。
③ 黄侃：《音略》，《黄侃论学杂著》，上海古籍出版社1980年版，第62页。
④ 王力：《汉语史稿》上册，中华书局1980年版，第136页。

从发音学的角度来说，韵头 i 的出现，对韵尾 i 具有排斥作用，且容易带动主元音高化，蟹摄二等字在普通话中完成了 ai > iai > ie 的过程。但在德阳地区，声母腭化后的韵母仍为 -iai，还没有完成主元音的高化。由此我们可以推断 iai > ie 的过程不是一蹴而就的，德阳方言与普通话的接触中，我们看到的只是声母之间的对应影响关系，韵母只发生了 ai > iai 音变，而并没有受普通话影响，高化读为 ie。如此一来，德阳地区蟹摄开口二等字相较普通话来讲仍保留了更古的韵母读音。

第五节　中江话缺少撮口呼现象分析

李蓝（2009）对西南官话进行分区时，将中江话划归到成渝小片，并总结成渝小片的主要特点是"四呼俱全"。实际上，根据我们的调查数据，如果按照这一特征来对成渝小片方言进行划分，中江话无疑是一个例外①。

四川西南官话中，绝大部分地区开合齐撮四呼齐备。德阳大部分地区也具有这一特征，唯独中江话无撮口呼，且这一语音特征并非近几十年才演变而来。张一舟先生（1998）调查中江城区话的结果为：中江话撮口呼混入了齐齿呼。他还对比了《跻春台》使用的中江方言的语言情况，发现早在 100 多年以前中江城区话就已经形成了这一特点，即撮口呼混入齐齿呼。如《跻春台》中的一些误字使用："怨恨"误作"厌恨"，"言"误作"援"，"玉"误作"一"；又如"女、锯、屈"等字等同［u］字押韵。虽然历史语料事实并不充分，但吉光片羽，也让我们管窥到中江话无撮口呼这一特征 100 多年前就已有存在的痕迹，且随着时间的流逝，这一特征并没有受周边方言同化。那么，中江周围的方言都有撮口呼，为什么唯独这个地方缺少撮口呼？我们是否可以假设中江话原本有撮口呼，后来受某种原因影响导致撮口呼消失，那么导致这一结果的原因只有两种：同质因素，即来自语言内部音变规律的影响；另外一种为异质因素，即语言接触等外部因素的影响。

---

① 笔者年幼时就曾听长辈们谈起中江话的一些语音特点，关于 y 读成 i 现象有一段顺口溜："又吹轰（风），又下以（雨），又吃蒽（芋）子又吃一（鱼）。"

在现代汉语普通话中,韵母是 y 或介音是 y 都属于撮口呼。撮口呼的字来源于中古的 [iu] 韵。孙强(2004)认为:"撮口韵字在《类音》之前一直处于一种不稳定的状态,因而各书所载均有乖舛,这是从撮口韵到撮口呼的过渡。撮口韵的确立引起音系结构的调整,最终导致撮口呼的产生,从而形成近代汉语音系四呼的格局,这种格局一直保持到现代汉语普通话中。"

从音节结构本身来看,y 属于舌位高、前、不圆唇元音。发音时,发音器官按照一定的动作协同发音。从发音省力的角度来看,前元音中通常以不圆唇元音为正则元音,圆唇元音为非正则元音,y 则属于非正则元音,发音时在一定程度上比发 i 费力。从省力的角度来看,非正则元音在发音时较正则元音更发生语音上的变化。假设由于发音省力原则促使中江话中的 y 在发音时被改造为 i,那么为什么撮口呼的缺失在德阳地区形成如此不规则的地理分布?且在四川方言西南官话地区绝大部分地区都是四呼俱全类型,如果把撮口呼的缺失归因于语言本身内部发展变异的结果,很难找到令人信服的规律及原因。

我们试图把视线放在影响语言变异的异质因素方面进行观察。西南地区缺少撮口呼的主要有云南昆明、西昌等地。云南省约三分之二的方言点无撮口呼。昆明、玉溪、楚雄、思茅、景宏、曲靖、红河、文山地区除个别县外,一般都没有撮口呼韵母。但云南地区与中江相隔遥远,地理上从云南地区来中江的移民人数很少,不足以影响当地本来的语音面貌。联系到元明清时期的湖广移民,我们将视线放在南方方言中去寻找线索。

20 世纪末崔荣昌先生曾重点关注过中江一带湘方言岛的遗存情况,我们结合中江地区的外来移民史,首先试图从湘方言中寻找线索。周赛红(2004)在清代韵文中找到湘方言遇摄读如止摄的现象,认为湘方言中鱼虞韵读为 i 的现象应在明清时代就已经存在。现代湘方言中精母和来母鱼虞韵读为 i 韵的方言点较多,如长沙、宁乡、湘潭、株洲、安化、韶山、衡阳等地。结合现代湘方言遇摄混入止摄的现象,他进一步解释其演变机制:精组声母是舌尖前音,来母是舌尖中音,声母的发音部位在齿龈或硬腭。韵母 y 是舌面前元音,发音时舌面前和双唇同时起作用,在齿跟和硬腭部位,舌头是凹下去的,这样的发音存在矛盾,解决矛盾的方法之一就是韵母发生变化,即丢失圆唇作用,y 变为 i。① 彭建国也注意到湘方言中大部分地区舌齿音来母和精母字后韵母读为 i 的现象,如"驴"[li],"取"[tsʰi]/[tɕʰi],他认为发生这一音变的主要原因是来母和精母字发音位置本身比较靠前,这使得中古韵母发生 iu > iɯ > iɨ > i 的演变。②

但我们今天在中江话中看到的音变规律是:鱼虞韵不论声母的发音条件,y 韵一律读作 i,这与湘方言中鱼虞的音变条件有所不同。崔荣昌先生(1996)调查四川境内的湘方言时,发现四川境内的湘语韵母特征基本都有撮口呼,只是撮口呼韵母的数量与湖南湘方言相比有增加或减少的现象。崔先生根据实地调查,认为老湖广话遍布于涪江和沱江中下游广大地区,尤其集中在中江、金堂、简阳和乐至四县相连的丘陵地带。其中,老湖广话代表"永兴话"包括了中江境内的 9 区 31 乡和毗邻的金堂县的 2 区 7 乡,人口约 50 余万。而永兴话的韵母系统中包含有一整套的撮口呼韵母,③ 与中江城区方言的无撮口呼情况截然不同。

南方方言中闽粤赣方言中很少有撮口呼,大多数客家话也没有撮口呼,如广东梅县,"雨"韵母读作[i],"云"韵母为[iun]。在这些方言里,普通话的撮口呼大部分归并到齐齿呼。成都周边的客家方言岛,今天仍有部分地区存在遇合三鱼韵字读为齐齿呼的情况,如十陵:"旅"[li45];"娶"[tɕʰi31];"遇"[n̠i31],④ 但由于成都周边客家话长期与成都话接触并受其影响,十陵话大部分遇合三读为齐齿呼,目前作者考察的三圣、龙潭寺、天回等方言点均有撮口呼韵母,撮口呼的出现也成为成都客家话不同于其他地区客家话的重要特征。崔荣昌先生(1996)调查的客家人入川后落业的区县中,就包括了德阳中江。四川境内客家话多有撮口呼韵母,但多寡不等,如西昌客家话仅有一个撮口呼韵母,威远客家话有三个撮口呼韵母等。中江地区自元明清以来多省

---

① 周赛红:《湘方言音韵比较研究》,湖南师范大学博士学位论文,2005 年,第 128 页。
② 彭建国:《湘语音韵历史层次研究》,上海师范大学博士学位论文,2006 年,第 104—106 页。
③ 崔荣昌:《四川境内的湘方言》,台北中研院历史语言研究所 1996 年版,第 25、39—40 页。
④ 郄远春:《成都客家话研究》,北京语言大学博士学位论文,2009 年,第 18 页。

籍移民入川，除了金堂中江地区留存的"老湖广话"，在许多乡村还保留有客家方言，当地人称"土广东话"。笔者对中江县的走访调查也发现，在中江县新中、富兴、建设、瓦店乡一带，今有部分村落仍讲客家话。因此，我们推测今天中江话缺少撮口呼应该是受闽、粤方言和客家话影响而遗留的语音特点。除了中江城区官话缺少撮口呼韵母，中江大部分乡镇方言中也缺少撮口呼，如冯店、苍山等乡镇。一方面中江历史上确有客家人及闽粤两地移民迁入，加之中江地处川中丘陵一带，历史上交通条件落后，与外界交流较少，以及客家人对客家话保守的语言态度，因此，从闽粤赣迁入的方言也在此得以较好地保存，撮口呼读为齐齿呼这一韵母特点也一直保存到今天。

第七章 结论

第一节 德阳方言音系特征总结

一 德阳方言内部的一致性

总体说来,德阳方言内部一致性较高,主要语音特征体现在以下几点:

(一)古全浊声母均已清化,平声读送气音,仄声一般读不送气音,部分古浊声母仄声字今存在读送气现象。

(二)泥来母的分合。泥来母在开口、合口二呼前混读为 l;在齐齿、撮口二呼前,来母字读 l,泥母字读 ȵ。

(三)不分尖团。知庄章声母今基本合流,没有 ts/tsh/s 与 tʂ/tʂh/ʂ 的对立。

(四)影疑母字部分合流,开口一二等字今主要读 ŋ,疑母开口三四等字今读零声母和 ȵ。

(五)以、云母今主要读为零声母字,以 u 为韵母的情况下因摩擦音强烈常常带上 v 声母。

(六)见系开口二等字部分不腭化,仍读开口呼。

(七)船禅两母字部分今读擦音,如"禅、蝉、唇、纯"等。

(八)臻摄合口一三等端泥精组部分字今读开口呼,丢失 u 介音。

(九)假摄开口三等精组见系字读 ie 韵。

(十)蟹山摄合口一等端泥组今读合口呼。

(十一)曾一梗二开口入声帮端知见系字今读 e 韵。

(十二)深臻曾梗入声开口三四等帮端见系字今部分读 ie 韵。

(十三)曾梗入声合口三等见系及通摄入声三等精组见系读 io 韵。

二 德阳方言内部的差异性

（一）非组字与晓匣组合口一二等字的分混。旌阳、罗江、广汉、什邡、绵竹五地非晓组分合规律基本一致，混读条件为当韵母为 u 时，x 混读为 f。旌阳、罗江两点存在个别 f 混读为 x 的情况，但不成规律。中江话非晓组字存在交叉相混的情况，晓组字基本全部混读为 f，而当韵母为 oŋ 时，非组 f 混读为 x。

（二）撮口呼的有无。中江城区方言缺少撮口呼，所有读撮口呼的字读为齐齿呼。

（三）通摄屋韵帮系在今罗江、中江话中读为 u 韵，而什邡、绵竹两地均读为 o，旌阳、广汉两地处于两者中间，部分字读 u，部分读为 o。

（四）咸山摄帮端组开口三四等字在今中江、广汉、什邡、绵竹话中读为 ie 韵，而在旌阳、罗江话中主要读为 e，丢失 i 介音。

（五）流摄明母字在中江话中读为 əu 韵，与其他五区方言读 oŋ 的演化规律不同。

（六）臻摄入声合口一三等帮知系端泥组在今罗江、中江、广汉话中基本读为 u 韵，而在什邡、绵竹两地大部分读为 o，旌阳话处于二者演化之间，部分读为 u，部分读为 o。

（七）有无独立入声调。本次调查结果显示什邡话仍有独立入声调存在，但塞音尾脱落。广汉话入声调处于渐趋消失的过程中。旌阳、绵竹、罗江、中江话入声均已消失，派入阳平调。

第二节 德阳方言的内部结构及层次

通过将德阳方言与成都话、南路话的比较，及内部存在的特殊音变现象的分析，我们可以看出德阳方言内部的复杂性。从历史、地理等因素来看，德阳正处于多地移民方言叠加的混合地带，移民方言中主要以湖广话为主。湖广话与南路话分属于不同的语言层次和来源，这两种方言之间的密切接触，对今天德阳方言的音系结构产生了深远的影响。德阳话既有与成都话相同的湖广话成分，也在内部不同程度地保留了一些南路话底层的语音特征。

（1）什邡话保留了较为完整的入声调，调值主要为中平调，与邻近的彭州、大邑等南路话区域入声独立特征相同。地理位置处于成都与旌阳区之间的广汉，独立入声这一特征已不明晰，文读音中入声调已基本派入阳平，也有研究者调查到广汉话有完整的独立入声调（吴红英，2010），说明广汉话入声独立的特征已渐趋消失。

（2）德阳地区各区县方言深臻曾梗入开口三四等字今仍有部分字读 ie 韵，如"吉、及"等，而没有混入止摄韵，这一特征也属于南路话音系特征的遗留。但这些字在年轻人口语中逐渐读为 i，与普通话接近。

（3）臻入合口一三等帮端知系、通入帮端知系字在德阳部分区县仍保留读 o 韵特征，如"牧、物"等，而没有完全混入模韵，这与入声独立区的彭州、郫县、新都等地特征相同，当属南路话特征的遗留。

一般认为，今天四川东部及中部大部分地区的方言都是由元明清时期湖广移民（尤其是湖北移民）带来的，因此，这一部分地区的方言是在湖北话为主的湖广方言的基础上形成的。但由于明末清初入川移民原籍地的多样性，使得不同方言区的人们与当地语言之间发生语言接触，而语言接触演变的结果可能在不同地区有着不同的结果。德阳地区个别方言点还保留一些外省移民带来的方言特征：

（1）中江话中非晓组的混读规律，与大部分四川地区西南官话不同，而与湖南湘语区大部分方言 x/f 规律相同。这一规律主要由明清时期湖广移民，尤其是湖南湘语区移民带来，在今天中江话中这一特征仍得以保留。

（2）中江话中流摄明母字今仍读 əu 韵，与大部分四川西南官话今读 oŋ 韵的演变规律不同。今湖北、湖南两地方言中较多保留读 əu 韵这一特征，因此我们由此推测中江话中这一特征仍主要由湖广移民带来，且保留至今。

（3）疑影母字的演化规律同北方官话部分方言有明显差异，而与湘赣型方言演化特点非常相似，我们由此追溯德阳乃至四川地区的移民史，推测德阳方言这一特征的形成与赣方言及湖广方言有密切联系。

（4）中江城区官话无撮口呼，这一特征在四川地区西南官话中十分罕见，周围紧邻方言也不见此特征。我们从中江历史上闽粤楚赣等地来的历史移民，推测这一特征与闽、粤及客家方言有密切联系。

由此看来，我们把德阳方言大致可以分为三个部分，东南部的中江地区，中部的旌阳与罗江地区，西北部的绵竹、广汉和什邡地区。西北部的绵竹、什邡、广汉处于湖广话与南路话的叠置混合地带，而中部的旌阳区和罗江县方言基本被湖广话语音特征覆盖，只剩下极个别南路话特征浮出水面。东南部的中江地区由于地理位置的偏僻及外来移民的多元性，植入了部分南方方言语音特征，这些特征在以湖北话为主的湖广话冲击下依然保留了下来。崔荣昌先生（1985）曾将湖广话对四川地区的影响比喻成"汪洋大海"，但崔先生并未指出这一片汪洋大海中是否有原来的土著语言生存。洪惟仁先生（2010）做过这样一个比喻："把连续性的原始语言分布状态看成是地面，新兴的语言或新形式看成是大雨之后的洪水。"我们借用"洪水论"来形容德阳地区方言的形成：元明清时期以湖北、湖南地区为主的湖广移民大量填入四川，其带来的移民方言与土著方言发生了密切而深远的接触，犹如一场洪水漫延了德阳大部分地区。地势较为平坦的旌阳、罗江等地的方言已基本被洪水淹没，而丘陵地区的中江也被洪水覆盖，地势较高的绵竹、什邡方言在洪水来袭的过程中依然有部分特征露出水面，保留了其原有特征。同时，成都作为四川省省会，是整个区域的经济政治中心，而成都话作为区域共同语，也因此具有一定的辐射效应，作为强势方言影响着周边的方言面貌，这种方言的地理扩散使周边的方言逐渐向其靠拢。如果我们将成都话作为湖广话的代表，那么这股洪水将以中心向四周漫延的形式扩展，周边的南路话特征可能也会逐渐被淹没。

参考文献

（一）专著类

北京大学中国语言文学系语言学教研室：《汉语方音字汇》（第二版），语文出版社2003年版。
曹树基：《中国移民史·第六卷》，福建人民出版社1997年版。
曹树基：《中国移民史·第五卷》，福建人民出版社1997年版。
陈保亚：《20世纪中国语言学方法论》，山东教育出版社2001年版。
陈保亚：《语言接触与语言联盟》，语文出版社1996年版。
崔荣昌：《成都话音档》，上海教育出版社1997年版。
崔荣昌：《四川方言与巴蜀文化》，四川大学出版社1996年版。
崔荣昌：《四川境内的湘方言》，"中央研究院"历史语言研究所1996年版。
邓英树、张一舟：《四川方言词汇研究》，中国社会科学出版社2010年版。
丁邦新：《丁邦新语言学论文集》，商务印书馆1998年版。
葛剑雄：《中国人口史·第五卷》，复旦大学出版社2005年版。
葛剑雄：《中国移民史·第一卷》，福建人民出版社1997年版。
何大安：《规律与方向：变迁中的音韵结构》，北京大学出版社2004年版。
何大安：《声韵学中的观念和方法》，大安出版公司1987年版。
黄侃：《黄侃论学杂著》，上海古籍出版社1980年版。
黄侃、黄焯：《文字声韵训诂笔记》，上海古籍出版社1983年版。
黄淑娉、龚佩华：《文化人类学理论方法研究》，广东高等教育出版社2004年版。

李荣：《音韵存稿》，商务印书馆1982年版。

李世平：《四川人口史》，四川大学出版社1987年版。

林焘、王理嘉：《语音学教程》，北京大学出版社1992年版。

林孔翼、沙铭璞：《四川竹枝词》，四川人民出版社1989年版。

刘洪康：《中国人口·四川分册》，中国财政经济出版社1988年版。

刘晓南：《宋代四川语音研究》，北京大学出版社2012年版。

路遇、滕泽之：《中国人口通史》（上册），山东人民出版社2000年版。

史皓元、石汝杰、顾黔：《江淮官话与吴语边界的方言地理学研究》，上海教育出版社2006年版。

侍建国：《历史语言学：方言比较与层次》，中国社会科学出版社2011年版。

四川省地方志编纂委员会：《四川省志·地理志》，成都地图出版社1996年版。

孙晓芬：《清代前期的移民填四川》，四川大学出版社1996年版。

谭红：《巴蜀移民史》，巴蜀书社2006年版。

王福堂：《汉语方言语音的演变和层次》，语文出版社1999年版。

王洪君：《汉语非线性音系学》，北京大学出版社2008年版。

王力：《汉语史稿》（上册），中华书局1980年版。

王士元：《王士元语言学论文集》，商务印书馆2002年版。

吴安其：《历史语言学》，上海教育出版社2006年版。

项梦冰、曹晖：《汉语方言地理学——入门与实践》，中国文史出版社2005年版。

徐大明：《语言变异与变化》，上海教育出版社2006年版。

徐通锵：《历史语言学》，商务印书馆1991年版。

杨时逢：《四川方言调查报告》，台北"中央研究院"历史语言研究所1984年版。

游汝杰：《汉语方言学导论》，上海教育出版社2000年版。

张琨：Tonal Developments among Chinese Dialects，历史语言学集刊第四十六本第四分册1975年版。

张维佳：《演化与竞争：关中方言音韵结构的变迁》（第2版），陕西人民出版社2005年版。

赵元任：《现代吴语的研究》，商务印书馆1928年版。
政协德阳市文史资料研究委员会编：《德阳文史资料选辑》（内部资料）1981—2001年版。
中国社会科学院澳大利亚人文科学院：《中国语言地图集》，朗文出版（远东）有限公司1987年版。
周振鹤、游汝杰：《方言与中国文化》，上海人民出版社1997年版。
朱晓农：《方法：语言学的灵魂》，北京大学出版社2008年版。
朱晓农：《音韵研究》，商务印书馆2006年版。
朱晓农：《语音学》，商务印书馆2010年版。
[比利时] 贺登崧：《汉语方言地理学》，石汝杰、岩田礼译，上海教育出版社2003年版。
[美] 萨丕尔：《语言论》，陆卓元译，陆志韦校订，商务印书馆1991年版。
[日] 桥本万太郎：《语言地理类型学》，余志鸿译，世界图书出版公司2008年版。

（二）学位论文

毕圆：《四川西南彭州等八区市县方言音系研究》，四川师范大学硕士学位论文，2012年。
郭丽：《湖北西南官话音韵研究》，上海师范大学博士学位论文，2009年。
何婉：《四川成都话音系调查研究》，四川师范大学硕士学位论文，2008年。
李冬香：《湖南赣语语音研究》，暨南大学博士学位论文，2005年。
李蓝：《西南官话内部声调与声母的异同》，中国社会科学院语言研究所博士学位论文，1995年。
李霞：《西南官话语音研究》，上海师范大学硕士学位论文，2004年。
李永新：《湘江流域汉语方言地理学研究》，湖南师范大学博士学位论文，2009年。
刘雪霞：《河南方言语音的演变与层次》，复旦大学博士学位论文，2006年。
刘泽民：《客赣方言历史层次研究》，上海师范大学博士学位论文，

2004年。

彭建国：《湘语音韵历史层次研究》，上海师范大学博士学位论文，2006年。

孙越川：《都江堰音系调查》，浙江大学硕士学位论文，2009年。

孙越川：《四川西南官话语音研究》，浙江大学博士学位论文，2011年。

吴红英：《川西广汉五县市语音调查研究》，四川师范大学硕士学位论文，2009年。

郗远春：《成都客家话研究》，北京语言大学博士学位论文，2009年。

向学春：《巴蜀旧志词汇研究》，四川大学博士学位论文，2012年。

肖娅曼：《关于成都话语音的两项调查》，四川大学硕士学位论文，1994年。

易杰：《川西大邑等七县市方言音系调查研究》，四川师范大学硕士学位论文，2010年。

于虹：《关于成都语音的三项调查》，四川大学硕士学位论文，1991年。

张弛：《宜宾、泸州地区数县市方言音韵结构及其方言地理学研究》，四川师范大学硕士学位论文，2012年。

周赛红：《湘方言音韵比较研究》，湖南师范大学博士学位论文，2005年。

（三）单篇学术论文

曹志耘：《汉语方言的地理分布类型》，《语言教学与研究》2011年第5期。

曹志耘：《老枝新芽：中国地理言学研究展望》，《语言教学与研究》2002年第3期。

陈保亚：《从方言接触看濒危方言、濒危特征和濒危机制》，《长江学术》2006年第1期。

陈荣泽：《西南官话的两字组连读变调与轻声》，《西藏民族学院学报》2011年第3期。

崔荣昌：《四川方言的形成》，《方言》1985年第1期。

崔荣昌、李锡梅：《四川境内的老湖广话》，《方言》1986年第3期。

冯菊：《德阳宗族的来源及祠堂的兴废》，载《德阳文史资料选辑·第十四缉》（内部资料）1996年版。

管锡庆：《中江人口的历史与现状》，载《德阳文史资料选辑·第十一缉》（内部资料）1992年版。

郝锡炯、胡淑礼：《关于四川方言的语音分区问题》，《四川大学学报》（哲学社会科学版）1985年第2期。

郝锡炯、甄尚灵、陈绍龄：《四川方言音系》，《四川大学学报》（哲学社会科学版）1960年第3期。

洪惟仁：《插入与包抄：语言地理分布的发展类型》，载《汉语方言的地理语言学研究》，商务印书馆2013年版。

洪惟仁：《台湾的语言地理：不连续分布的解释》，载《首届中国地理语言学国际学术研讨会会议论文集》2010年版。

黄尚军：《湖广移民对四川方言形成的影响》，《川东学刊》（社会科学版）1997年第1期。

黄雪贞：《西南官话的分区（稿）》，《方言》1986年第4期。

黄友良：《明代四川移民史论》，《四川大学学报》（哲学社会科学版）1995年第3期。

蓝勇：《清代四川土著和移民分布的地理特征研究》，《中国历史地理论丛》1995年第2期。

李方桂：《中国的语言和方言》，《民族译丛》1980年第1期。

李蓝：《六十年来西南官话的调查与研究》，《方言》1997年第4期。

李蓝：《西南官话的分区（稿）》，《方言》2009年第1期。

李荣：《汉语方言分区的几个问题》，《方言》1985年第2期。

李树俨：《汉语方言的轻声》，《语文研究》2005年第3期。

李小凡：《汉语方言连读变调的层级和类型》，《方言》2004年第1期。

廖庆、唐磊：《德阳客家话方言特色探讨》，《四川工程职业技术学院学报》2006年第3期。

林茂灿、颜景助：《普通话带鼻尾零声母音节中的协同发音》，《应用声学》1994年第1期。

刘宝俊：《论现代汉语方言中的一等i介音现象》，《华北师范大学学报》（哲学社会科学版）1993年第1期。

刘晓南：《从历史文献看宋代四川方言》，《四川大学学报》（哲学社会科学版）2008年第2期。

吕叔湘：《丹阳方言的声调系统》，《方言》1980 年第 2 期。

罗昕如、吴永存：《从词汇看湘语与西南官话的关系》，《船山学刊》2006 年第 3 期。

牟成刚：《西南官话中古泥来母的今读类型与演变层次》，《文山学院学报》2013 年第 4 期。

潘悟云：《历史层次分析的若干理论问题》，《语言研究》2010 年第 2 期。

乔全生：《晋方言轻唇声母的演变》，《语文研究》2005 年第 1 期。

饶冬梅：《浅析德阳黄许话中的"咖"字》，《四川理工学院学报》（社会科学版）2006 年第 6 期。

沈建民：《〈经典释文〉异读的研究（声母部分）》，载《汉藏语言研究——第三十四届国际汉藏语言暨语言学会议论文集》，民族出版社 2006 年版。

司玉英：《普通话儿童语音习得的个案研究》，《当代语言学》2006 年第 1 期。

宋晖、路越：《有效保护方言文化迫在眉睫》，《中国社会科学报》2011 年第 218 期第 2 版。

苏东来：《〈四川通志〉所反映的元明清移民历史记忆》，《巴蜀史志》2010 年第 3 期。

苏晓青、许井岗：《地理变化对方言分布格局的影响——以苏州邳州方言为例》，载《首届中国地理语言学国际学术研讨会论文集》2013 年版。

孙德平：《柯因内化：江汉油田话的形成》，《语言研究》2012 年第 10 期。

孙强：《论撮口呼的形成》，载《音韵论丛》，中国音韵学研究会，石家庄师范专科学校编，2004 年版。

田恒金：《汉语方言"泥""来"二母相混类型研究》，《河北师范大学学报》（哲学社会科学版）2009 年第 1 期。

汪启明、程曾：《近十年（1997—2007）四川方言市县话研究综述》，《乐山师范学院学报》2008 年第 7 期。

王福堂：《古全浊声母清化后塞音塞擦音送气不送气的问题》，载《语言学论丛第三十六辑》，北京大学汉语语言研究中心，商务印书馆 2007 年版。

王福堂：《绍兴话记音》，载《语言学论丛》（第 3 辑），上海教育出版社 1959 年版。

王健：《从苏皖方言体助词"著"的表现看方言接触的后果和机制》，《中国语文》2008 年第 1 期。

魏钢强：《调值的轻声和调类的轻声》，《方言》2000 年第 1 期。

闻元馨：《德阳县人口概貌》，《德阳市文史资料选辑·第 11 缉》（内部资料）1992 年版。

熊正辉：《官话区方言分 ts tṣ 的类型》，《方言》1990 年第 1 期。

徐亮、杨巍、戚国辉：《汉语学龄前儿童普通话辅音音位习得的自然音系学分析》，《宁波大学学报》（人文科学版）2010 年第 3 期。

徐通锵：《音节的音义关联和汉语的变音》，《语文研究》2003 年第 3 期。

杨波：《四川话入声现象的历史文化透视：论合江方言的形成与发展》，《西南师范大学学报》1997 年第 5 期。

杨秀芳：《汉语方言中全浊声母的清化》，载《台湾学者汉语研究文集·音韵篇》，天津人民出版社 1997 年版。

袁慧：《邵阳县塘渡口方言的代词系统》，《湖南经济管理干部学院学报》2002 年第 10 期。

张光宇《汉语方言的鲁奇规律：古代篇》，《中国语文》2008 年第 4 期。

张敏、柯立、孙上茜：《明末清初"湖广填四川"人口迁徙及其影响》，《常熟理工学院学报》2008 年第 5 期。

张一舟：《〈跻春台〉与四川中江话》，《方言》1998 年第 3 期。

赵学玲：《汉语方言影疑母字声母的分合类型》，《语言研究》2007 年第 4 期。

甄尚灵、张一舟：《〈蜀语〉词语的记录方式与〈蜀语〉音注所反映的音类》，载《李实学术研讨会文集》，语文出版社 1996 年版。

郑张尚芳：《方言介音异常的成因及 e > ia, o > ua 音变》，载《语言学论丛（第 26 辑）》，商务印书馆 2002 年版。

郑张尚芳：《温州方言的连续变调》，《中国语文》1964 年第 2 期。

周及徐：《从移民史和方言分布看四川方言的历史——兼论"南路话"与"湖广话"的区别》，《语言研究》2013年第1期。

周及徐：《从语音特征看四川重庆"湖广话"的来源——成渝方言与湖北官话音系特点比较》，《四川师范大学学报》（社会科学版）2012年第3期。

朱晓农：《腭近音的日化——官话中尚未结束的［jʊŋ］→［ɟʊŋ］音变》，《汉语史学报》2003年第00期。

朱晓农：《元音大转移和元音高化链移》，《民族语文》2005年第1期。

［法］A. 梅耶：《历史语言学中的比较方法》，岑麟祥译，载《国外语言学论文选译》，语文出版社1992年版。

（四）外文文献

Britain, D. and Trudgill, P. Migration, new-dialect formation and sociolinguistic refunctionalisation: reallocation as an outcome of dialect contact, *Transactions of the Philological Society.* 1999 (97), pp. 245 – 256.

Jakobson, R., C. G. M. Fant, and M. Halle. *Preliminaries to Speech Analysis.* Cambridge: M. I. T. Press. 1952.

Kerswill, P. E. Koineization and accommodation. In J. K. Chambers, P. Trudgill & N. Schilling-Estes (eds.), *The Handbook of Language Variation and Change.* Oxford: Blackwell, 2002, pp. 669 – 702.

Martinet, A. Function, structure and sound change. *Word* 8. 1952, pp. 1 – 32.

Ohala, J. J. Phonetic explanations for sound patterns, implications for grammars of competence. In W. J. Hardcastle & J. M. Beck (eds.). *A figure of speech: A festschrift for John Laver.* London: Erlbaum. 2005, pp. 23 – 38.

Trudgill, P. J. *A Glossary of Sociolinguistics.* Edinburgh: Edinburgh University Press. 2003.

Trudgill, P. J. *Dialects in Contact.* Oxford: Blackwell. 1986.

后　记

　　本书是在我的博士论文《四川德阳方言语音演化与接触研究》基础上修改完成的。2016 年我有幸参与了中国语言资源保护工程项目，对德阳方言从语音、词汇、语法及口头文化部分进行了全面调查。这一次调查让我受益良多，也发现了当时论文写作时存在的一些问题和不足，通过对德阳方言再一次的深入调查，我对原稿的调查资料进行了核实和增补，并对原稿的内容及体例加以修改和完善。2019 年至今我有幸来到耶鲁大学语言学系做访问学者，这次访学经历让我有机会接触国外语言调查和田野工作的相关经验及方法，以及系统学习语音学及实验语音学的一些前沿理论和方法。再回首看自己的书稿时，我才惊觉其中尚存很多的不足和问题，还有很多内容尚待深入研究。但木已成舟，书稿出版在即，内心忐忑，恳请各位专家及读者不吝指正！

　　论文能够完成并修改成书出版，得到了太多人的支持和帮助。

　　感谢俞理明先生。2011 年承先生不弃收入门下。从博士论文的选题到写作，先生都倾注了大量心血。印象最深的是我将论文初稿发给先生那天，心中忐忑不安。让我非常感动的是，先生连夜看完了论文，第二天便约见我，准备说一说论文的修改意见。恰逢成都气温骤降，天空还飘起了雪花。为了指导我的论文，先生从远在双流的家中赶到学校，大到论文整体的构思框架、研究角度，小到错别字、古文材料的断句、表格制作的方法，甚至章节之间的格式处理，先生都一一悉心指导，这让我感动不已。先生性格豁达、谦逊，对学生总是给予无私的帮助与指导，同时治学严谨又细致，学术视野开阔，对我们的提问总是几句话就使人茅塞顿开，让我深为敬佩。先生对我的谆谆教诲，我将一直铭记在心。

感谢周及徐先生。周老师是我硕士阶段的导师，也是我进入方言研究领域的领路人。周老师致力于四川方言的研究，在这一领域有很深的造诣。在我博士论文的写作过程中，从论文材料的收集，方言调查过程中遇到的各种问题，方言调查语音材料的校对，周老师都为我提供了无私的帮助和支持。从 2004 年到如今，十几年光阴，周老师对我如慈父般的关怀和帮助让我一直感恩在心。

在我的求学生涯中，有幸受业于雷汉卿老师、杨文全老师、黄尚军老师、刘荣老师、袁雪梅老师、邓英树老师等。论文送审及答辩时承蒙赵振铎老师、向熹老师、汪启明老师、蒋宗福老师等不吝赐教，给出了很多宝贵的指导意见。老师们严谨的学风、无私的奉献、循循善诱的教学风范，令我终生难忘并充满感激。

感谢我的工作单位西华大学的各位领导、同事，书稿写作和修改期间，他们在工作安排上给予了我最大支持。

感谢中国社会科学出版社的领导和编辑们对于本书的出版所给予的大力支持，特别是刘艳编辑给了我很多的帮助和包容。此前书稿已交付刘编辑，排版校稿后少量出版，后因书中表格数据修改调整，征得出版社同意后，经历几轮校对排版，终于得以重新出版。唯一有个缺憾是，原书稿中绘制的一系列语音地图（主要集中在第五章）由于我本人原因等不及送审，本次出版前将其略去。校对排版工作总是牵一发而动全身，刘编辑对工作的一丝不苟和超高效率让我敬佩不已。

感谢我的发音合作人，他们的认真和热情使我能够顺利地完成方言调查录音的工作，他们的善良纯朴和耐心细致也让我终身难忘。

最后，衷心感谢我的家人，我的父母辛苦付出，不仅将我养育成人，现在还在我忙于工作期间帮我照顾孩子，另外感谢我的丈夫，无论在精神上，还是经济上、生活上，他都全力以赴地支持我、包容我，他不善言辞，但他的默默付出总给我力量，使我能够心无旁骛地进行书稿的写作。等到书再次出版的时候，我的儿子小七差不多快五岁了，这几年我忙于工作，没有给他足够多的陪伴，愿时光温柔流走，我会陪伴在旁；愿他幸福长大，尽力去追逐这个世界的精彩。